Sammlung Metzler
Band 243

D1335388

Terence J. Reed
mit vielen Grüßen
für die lange
Zeit!

f. k.
4·5·88

Gerhard R. Kaiser

E.T.A. Hoffmann

J.B. Metzlersche Verlagsbuchhandlung
Stuttgart

CIP-Kurztitelaufnahme der Deutschen Bibliothek

Kaiser, Gerhard R.:
E. T. A. Hoffmann / Gerhard R. Kaiser.
– Stuttgart : Metzler, 1988
(Sammlung Metzler ; Bd. 243)
ISBN 3-476-10243-2

NE: GT

ISBN 3 476 10243 2
ISSN 0558 3667

SM 243

© 1988 J. B. Metzlersche Verlagsbuchhandlung und Carl Ernst Poeschel Verlag GmbH
in Stuttgart · Einbandgestaltung: Kurt Heger
Satz und Druck: Kaisser-Druck GmbH, 7335 Salach
Printed in Germany

Vorwort

Dieser Band beansprucht nicht, jene vollständige und aktualisierte Hoffmann-Bibliographie zu sein, die Hans-Dieter Holzhausen unlängst zu Recht als Forschungsdesiderat genannt hat (MHG 30, 1984, 73–82); wohl aber war ich bestrebt, die wichtigste kritische Literatur nach dem fast ausnahmslos durch Autopsie bestätigten Rang aufzuführen und den Benutzer rasch über den aktuellen Diskussionsstand zu informieren.

Gewidmet ist der Band Günter und Ingrid Oesterle in dankbarer und herzlicher Verbundenheit.

Inhalt

Vorwort V

1. Materialien 1
   1.1. Nachlaß, Handschriften 1
   1.2. Ausgaben 1
      1.2.1. Literarische Werke, Schriften zur Musik 1
      1.2.2. Briefe, Tagebücher 4
      1.2.3. Musikalische Werke 5
      1.2.4. Zeichnungen, Gemälde 5
      1.2.5. Juristische Arbeiten 6
   1.3. Hilfsmittel 6
      1.3.1. Bibliographien, Forschungsberichte, Mitteilungen der E. T. A. Hoffmann-Gesellschaft . . . 6
      1.3.2. Dokumentation, Register, Bildmaterial 7
      1.3.3. Kritische Literatur (Auswahl) 8
         1.3.3.1. Monographien, Sammelbände 8
         1.3.3.2. Kürzere Beiträge 12

2. Leben 17
   2.1. Königsberg (1776–1796) 17
   2.2. Glogau, Berlin, Posen, Płock, Warschau, Berlin (1796–1808) 20
   2.3. Bamberg (1808–1813) 24
   2.4. Dresden, Leipzig (1813–1814) 25
   2.5. Berlin (1814–1822) 27

3. Literarisches Werk, Schriften zur Musik, Briefe und Tagebücher, Zuschreibungen 33
   3.1. Literarisches Werk 33
      3.1.1. »Fantasiestücke in Callots Manier« 33
      3.1.2. »Die Elixiere des Teufels« 45
      3.1.3. »Nachtstücke« 51
      3.1.4. »Seltsame Leiden eines Theater-Direktors« . . . 62
      3.1.5. »Die Serapions-Brüder« 64
      3.1.6. »Lebens-Ansichten des Katers Murr nebst fragmentarischer Biographie des Kapellmeisters Johannes Kreisler in zufälligen Makulaturblättern« 86

		3.1.7.	»Späte Werke«	92
		3.1.8.	Verstreutes (»Nachlese«)	107
	3.2.	»Schriften zur Musik«		109
	3.3.	Briefe		113
	3.4.	Tagebücher		114
	3.5.	Zuschreibungen		116

4. Systematische Forschungsaspekte 119
    4.1. Die Auseinandersetzung mit zeitgenössischen
        Diskursen 119
        4.1.1. Verhältnis zur romantischen Natur-
               und Geschichtsphilosophie 119
        4.1.2. Hoffmann als Jurist 122
        4.1.3. Hoffmann und die zeitgenössische
               Medizin 125
    4.2. Die Wahl zwischen den Künsten 127
        4.2.1. Entscheidung für die Literatur 127
        4.2.2. Hoffmann als Musiker und die
               Bedeutung der Musik für sein
               literarisches Schaffen 128
    4.3. Poetologie 132
        4.3.1. »Serapiontisches Prinzip» 133
        4.3.2. »Besonnenheit« 134
        4.3.3. »Ironie« und »Humor« 136
        4.3.4. »Groteske« und »Arabeske« 137
        4.3.5. »Fülle«, »fester Kern«, »Kaleidoskop« 139
    4.4. Poetik 142
        4.4.1. Erzählpersonal und Handlungsschemata 142
        4.4.2. Motive 144
        4.4.3. Bildlichkeit 145
               4.4.3.1. Verbale Bildlichkeit 145
               4.4.3.2. Bedeutung der bildenden Kunst
                        für den Erzähler Hoffmann 146
        4.4.4. Affinität zum Drama 147
               4.4.4.1. Szenisches Erzählen 147
               4.4.4.2. Bedeutung von Drama und Bühne
                        für den Erzähler Hoffmann 148
        4.4.5. Schockmetaphorik und Synästhesien 149
        4.4.6. Modalisierung und Perspektivismus 151
        4.4.7. Zitathafte Sprache 152
        4.4.8. Autothematik 154
        4.4.9. Leserlenkung 155
    4.5. Binnendifferenzierung des erzählerischen
        Werkes 155
    4.6. Entwicklung 157
    4.7. Literarische Quellen 158

5. Wirkung 169
   5.1. Literarische Wirkung 169
      5.1.1. Deutsches Sprachgebiet 169
      5.1.2. Schottland, England, USA 177
      5.1.3. Frankreich 180
      5.1.4. Rußland / Sowjetunion 184
      5.1.5. Andere Länder 188
   5.2. Musik / Musikkritik 190
   5.3. Bildende Kunst / Illustrationen 193

6. Geschichte, Schwerpunkte und
   Desiderate der Forschung 197
   6.1. Grundlagensicherung 197
   6.2. »Geistesgeschichtliche« Syntheseversuche
      bei fortschreitender Differenzierung 199
   6.3. Weitere Differenzierung,
      Ansätze zu neuer Synthese 201
   6.4. Desiderate der Forschung 204

Register der literarischen Werke H.s
(einschließlich der Libretti) 205

Personenregister 208

Abkürzungen

Zitierte Ausgaben:

FN	Fantasiestücke in Callots Manier. Nachtstücke. Seltsame Leiden eines Theater-Direktors (Winkler)
EM	Die Elixiere des Teufels. Lebens-Ansichten des Katers Murr (Winkler)
SB	Die Serapions-Brüder (Winkler)
SW	Späte Werke (Winkler)
M	Schriften zur Musik (Winkler)
N	Nachlese (Winkler)
HKA	Historisch-kritische Ausgabe von Maassens
W	Sämtliche Werke (Deutscher Klassiker Verlag)
B	Briefwechsel
DüD	E. T. A. Hoffmann. Dichter über ihre Dichtungen
JA	Juristische Arbeiten
T	Tagebücher

Bandzahl römisch, Seitenzahl arabisch.

Zeitschriften, Jahrbücher

AMZ	Allgemeine musikalische Zeitung
Archiv	Archiv für das Studium der neueren Sprachen und Literaturen
CL	Comparative Literature
CG	Colloquia Germanica
DU	Der Deutschunterricht (Stuttgart)
DVjs	Deutsche Vierteljahrsschrift
EG	Etudes germaniques
GLL	German life and letters
GQ	The German quarterly
GR	The Germanic review
GSR	German studies review
GRM	Germanisch-romanische Monatsschrift
JbdSG	Jahrbuch der deutschen Schiller-Gesellschaft
JWGV	Jahrbuch des Wiener Goethe-Vereins
JEGP	Journal of English and Germanic Philology
LJ	Literaturwissenschaftliches Jahrbuch der Görres-Gesellschaft
MHG	Mitteilungen der E. T. A. Hoffmann-Gesellschaft
MLN	Modern language notes
MLQ	Modern language quarterly

MLR	The modern language review
Monats- hefte	Monatshefte für deutschen Unterricht, deutsche Sprache und Literatur
NGS	New German studies
PMLA	Publications of the Modern Language Association of America
RHLF	Revue d'histoire littéraire de la France
RLC	Revue de littérature comparée
SiR	Studies in Romanticism
WB	Weimarer Beiträge
WW	Wirkendes Wort
ZfdPh	Zeitschrift für deutsche Philologie

Die übrigen Abkürzungen nach den in 1.2. nachgewiesenen Ausgaben und der in 1.3. bzw. im Anhang zu den einzelnen Abschnitten aufge-führten kritischen Literatur.

[Rat Krespel] heißt: Titel nicht von Hoffmann.

1. Materialien

1.1. Nachlaß, Handschriften

Von einigen verschollenen Jugendwerken abgesehen, sind nahezu alle literarischen Werke H.s zu seinen Lebzeiten erschienen. Nur ausnahmsweise haben sich Manuskripte erhalten, so die wichtige Erstfassung des *Sandmann* und die Druckvorlage für den *Meister Martin*. Dagegen ist eine Reihe von Manuskripten musikalischer Werke, z.T. in Abschriften, überliefert, die, seinerzeit ungedruckt geblieben, nun im Rahmen der *Ausgewählten Musikalischen Werke* erscheinen. H.-Autographen bzw. -Originalzeichnungen besitzen u.a. das Märkische Museum, die ehemalige Preußische Staatsbibliothek, beide Berlin, die Bayerische Staatsbibliothek Bamberg und das Deutsche Zentralarchiv in Merseburg. Über das Schicksal des H.schen Nachlasses haben von Müller und Schnapp u.a. in ihren unten nachgewiesenen Ausgaben der Briefe, Tagebücher, Zeichnungen, Gemälde und juristischen Arbeiten berichtet.

Literatur zu Nachlaß und Handschriften

von Müller, Hans: Zu E.T.A. Hoffmann: Verzeichnis der Schriftstücke von ihm, an ihn und über ihn, die im Besitze seines Biographen Hitzig gewesen sind, in: Euphorion 9 (1902), 360–372, 10 (1903), 589–592, 11 (1904) 806 f.; wieder in: v. Müller 1974, 23–40;
Schemmel, Bernhard: Die E.T.A. Hoffmann-Sammlung der Staatsbibliothek Bamberg. Zugleich ein Beitrag zur Geschichte der Rezeption E.T.A. Hoffmanns in Bamberg, in: Bibliotheksforum Bayern 6 (1978), 167–187.

1.2. Ausgaben

1.2.1. Literarische Werke, Schriften zur Musik

H. war zu seinen Lebzeiten ein vielgelesener Autor. Nach seinem Tod hielt die Beliebtheit beim Lesepublikum an, wie mehrere Ausgaben der zwanziger, dreißiger und vierziger Jahre des 19. Jh.s bezeugen. Während er in den zahlreichen Literaturgeschichten des 19. Jh.s überwiegend negativ beurteilt wird und eine Wirkung auf die großen Autoren, zumal nach 1848, meist nur kryptisch vorhanden ist, haben die Leser ihn auch in der zweiten Hälfte des 19. Jh.s angenommen. Die von Reimer verlegten und mit Federzeichnungen Theodor Hosemanns versehenen *Gesammelten Schriften* erschienen 1844/45, in zweiter Auflage 1857, in dritter 1871–73 und wurden noch 1922 von Hirschberg für die sogenannte Serapions-Ausgabe übernommen. Gustav Hempel verlegte *E. T. A. Hoffmanns Werke* 1868, 1879 und 1883. Schon im Zeichen des neu erwachten Interesses an H. steht Grisebachs 1900 bzw., vermehrt um die musikalischen Schriften, 1907 erschienene und erstmals mit einem Register versehene Ausgabe. Über die zahlreichen weiteren Ausgaben des 20. Jh.s informieren Voerster, 23, Goedeke 1959, 381–389, sowie, fortlaufend, die MHG. Von besonderem wirkungsgeschichtlichem Interesse sind drei Ausgaben des Aufbau-Verlages (DDR), die sechsbändige Seidels (1958–63), die seit 1963 mehrfach aufgelegte dreibändige Schneiders in der »Bibliothek deutscher Klassiker« und die auf zwölf Bände angelegte, noch nicht abgeschlossene Kruses (1976 ff.).

Für die Forschung maßgebend sind folgende Ausgaben:

1. *Sämtliche Werke. Historisch-kritische Ausgabe mit Einleitungen, Anmerkungen und Lesarten von Carl Georg von Maassen.* Bde. 1–4 und 6–10 (unvollendet), München und Leipzig bei Georg Müller, 1908–28 (die Bände 1–4 liegen in einer zweiten unveränderten Auflage mit dem Erscheinungsjahr 1912 vor).

2. *E. T. A. Hoffmanns Werke in fünfzehn Teilen. Auf Grund der Hempelschen Ausgabe neu herausgegeben mit Einleitungen und Anmerkungen versehen von Prof. Dr. Georg Ellinger,* Berlin und Leipzig, Deutsches Verlagshaus Bong & Co., [2]o. J. (1927) ([1]o. J. [1912]).

3. *[Sämtliche Werke in fünf bzw. sechs Einzelbänden.]* München, Winkler, 1960–65 (81). Gliederung:

    (1). Fantasie- und Nachtstücke. Fantasiestücke in Callots Manier, Nachtstücke, Seltsame Leiden eines Theater-Direktors, 1960;

    (2). Die Elixiere des Teufels, Lebens-Ansichten des Katers Murr, 1961;

    (3). Die Serapions-Brüder, 1963;

    (4). Späte Werke, 1965;

    (5). Schriften zur Musik, Nachlese, 1963.
       Von diesem 5. Band gibt es zwei geringfügig überarbeitete Einzelausgaben:
       Schriften zur Musik. Aufsätze und Rezensionen, 1978;

2

Nachlese. Dichtungen, Schriften, Aufzeichnungen und Fragmente, 1981.
4. *Gesammelte Werke in Einzelausgaben.* Textrevision und Anmerkungen von Hans-Joachim Kruse, Berlin und Weimar, Aufbau-Verlag, 1976 ff. Bisher erschienen, z. T. in mehreren Auflagen, neun
Bände.
5. *Sämtliche Werke in sechs Bänden.* Hrsg. von Wulf Segebrecht und
Hartmut Steinecke unter Mitarbeit von Gerhard Allroggen und
Ursula Segebrecht, Frankfurt a. M., Deutscher Klassiker Verlag,
1985 ff. Bisher erschien Bd. 3 mit den Werken der Jahre 1816–
1820.

Alle Ausgaben bewahren den Lautstand H.s, während sie or-
thographisch in unterschiedlichem Ausmaß modernisieren.
Maassen modernisiert auch die Interpunktion, wohingegen sich
die Herausgeber der Winkler-Ausgabe und der W für die Beibe-
haltung der von der heutigen stark abweichenden Interpunktion
H.s entschieden haben. Ein gewisses Problem stellen die zahlreichen Druckfehler der zugrundegelegten Erstausgaben dar.
Grundlage des Textes sind in der Regel die Erstdrucke bzw. die
Drucke überarbeiteter Fassungen zu Lebzeiten des Autors (vgl.
allerdings Steineckes Plädoyer für die Berücksichtigung der
Erstfassungen, 1983).
  Die Fragment gebliebene Ausgabe von Maassens war edi-
tionsgeschichtlich bahnbrechend. Die kommentierenden, bedingt auch die textphilologisch relevanten Partien der Bände 1–4
und 6–8 (Bd. 9/10 bringt nur den Text des *Kater Murr*) mit
den Hinweisen zur Schreibweise der Erstdrucke bzw. Handschriften sind wichtig für jede einläßliche Auseinandersetzung
mit den *Fantasiestücken,* den *Elixieren des Teufels,* den *Nachtstücken,* den *Seltsamen Leiden eines Theater-Direktors* sowie
den Bänden 2–4 der *Serapions-Brüder.* Während Ellingers
Kommentar im wesentlichen in die Winkler-Ausgabe einge-
arbeitet wurde, dürfen sein einleitendes »Lebensbild« und die
kurzen Einleitungen zu den einzelnen Werken noch ein gewisses Interesse beanspruchen. Vorerst unverzichtbar ist die zweite
Auflage seiner Edition wegen der von Hasselberg erstellten
Register. Der Winkler-Ausgabe kommt das Verdienst zu, der
Renaissance der H.-Forschung seit den sechziger Jahren in
Text, Kommentar und was die Berücksichtigung der kleineren
Werke betrifft, eine gesicherte Grundlage geschaffen zu haben.
Die W versuchen, das Gesamtwerk des Dichters, Musikschrift-
stellers, Briefschreibers, Diaristen, Juristen und Zeichners
H. sowie die Oper *Undine* in chronologischer Ordnung zu
bieten.

Ein Urteil ist vorerst nur über den dritten Band möglich, in dem der Kommentarteil ein knappes Drittel des Textteiles ausmacht. Literaturangaben sowie Informationen über Entstehung, Quellen und Wirkung sind auf dem neuesten Forschungsstand. Für den Stellenkommentar stand nur begrenzt Raum zur Verfügung. Die Hinweise zu Struktur, Thematik und Bedeutung einzelner Werke können teilweise als eigenständiger Forschungsbeitrag gelten. Sollte in den folgenden Bänden die Qualität des dritten gehalten werden, so dürften die Winkler-Ausgabe und die des Aufbau-Verlags als überholt gelten, während Ellinger eventuell – wegen der Register – und mit Sicherheit von Maassen – wegen der in Einleitungen und Stellenkommentaren dokumentierten Materialien sowie des editorischen Apparats – weiterhin unverzichtbar bleiben werden.

Literatur

Hagen, Waltraud u.a.: Handbuch der Editionen. Deutschsprachige Schriftsteller. Ausgang des 15. Jahrhunderts bis zur Gegenwart, Berlin (DDR) 1979, 283–289;
Kron, Wolfgang: Zu Friedrich Schnapps Neuausgabe von Hoffmanns musikalischen Schriften und Nachlese zu Hoffmanns literarischem Werk, in: MHG 10 (1963), 8–15;
Schnapp, Friedrich: Selbstkritische Bemerkungen [zu M/N], in: MHG 11 (1964), 23–37.
Steinecke, Hartmut: Probleme der Hoffmann-Edition, in: MHG 29 (1983), 11–16.

1.2.2. Briefe, Tagebücher

Maßgeblich sind folgende Ausgaben:
Briefwechsel. Gesammelt und erläutert von Hans von Müller und Friedrich Schnapp. Hg. von F. Schnapp, 3 Bde., München 1967–69;
Tagebücher. Nach der Ausgabe Hans von Müllers mit Erläuterungen hg. von Friedrich Schnapp, München 1971.

Literatur

Schnapp, Friedrich: Korrekturen und nachträgliche Bemerkungen zur Neuausgabe des Hoffmannschen Briefwechsels, in: MHG 17 (1971), 36–49;

Segebrecht, Wulf: [Rez. zu B, in:] Anzeiger für deutsches Altertum und deutsche Literatur 81 (1970), 166–180;
Steinecke, Hartmut: [Rez. zu B, in:] ZfdPh 89 (1970), 226–231;
ders.: [Rez. zu T, in:] ZfdPh 90(1971), 601–603.

1.2.3. Musikalische Werke

Über Hoffmanns umfangreiches musikalisches Werk informiert:
Allroggen, 1970.
Im Auftrag der Musikgeschichtlichen Kommission geben Georg von Dadelsen und Thomas Kohlhase die *Ausgewählten musikalischen Werke* H.s heraus. Seit 1971 sind 8 Bde. erschienen, 6 weitere sind in Vorbereitung.
Literaturangaben S. 111 f., 131 f.

1.2.4. Zeichnungen, Gemälde

H.s bildkünstlerisches Werk ist unvollständig erhalten und verstreut publiziert. Wichtigste Teilsammlungen:
Die Zeichnungen E. T. A. Hoffmanns. Zum ersten Mal gesammelt und mit Erläuterungen versehen von Leopold Hirschberg, Potsdam 1921;
Handzeichnungen E. T. A. Hoffmanns in Faksimiledruck. Mit einer Einleitung: E. T. A. Hoffmann als bildender Künstler hg. von Hans von Müller. Textrevision der Erläuterungen von Friedrich Schnapp, Hildesheim 1973.
Wegen der besseren Qualität der Reproduktionen bleibt die Erstausgabe wichtig:
Handzeichnungen in Faksimilelichtdruck nach den Originalen. Mit einer Einleitung: E. T. A. Hoffmann als bildender Künstler [von H. v. Müller]. Hg. von W. Steffen und H. v. Müller, Berlin o. J. (1925).
Über das gesamte bildkünstlerische Werk H.s informieren v. Müller / Schnapp 1973, 22–59.
Die Zeichnungen in Briefen und Tagebüchern sind in B und T reproduziert. N enthält u. a. acht z. T. kolorierte Zeichnungen auf Tafeln. Zahlreiche Gesamt- und Einzelausgaben reproduzieren H.s Vignetten und Umschlagzeichnungen zu eigenen Werken. Wegen der repräsentativen Auswahl und der Reproduktionsqualität besonders zu empfehlen ist Helmkes Biographie (1975). Zu H.s Selbstporträts s. 1.3.2.

Literatur

Hausenstein, Wilhelm: E. T. A. Hoffmann als Zeichner, in: Tagebuch 8, 2, 8. Jan. 1927, 61–65 (Rez. von Steffen / v. Müller 1925);

Helmke, Ulrich: [Rez. von v. Müller / Schnapp 1973, in:] MHG 21 (1975), 62 f.

Maassen, Carl Georg von: Verschollene Zeichnungen E. T. A. H.s, in: Die Bücherstube 4 (1925), 170–183, wieder in: Prang, 122–140.

1.2.5. Juristische Arbeiten

Die maßgebliche Ausgabe:
Juristische Arbeiten. Hg. und erläutert von Friedrich Schnapp, München 1973 [enthält im wesentlichen außer dem wichtigen Schmolling-Gutachten, 1818/19, das Material im Zusammenhang der »Immediat-Untersuchungs-Kommission«, 1819/22].

Literatur

Helmke, Ulrich: [Rez. zu JA, in:] MHG 21 (1975), 61 f.

1.3. Hilfsmittel

1.3.1. Bibliographien, Forschungsberichte, Mitteilungen der E. T. A. Hoffmann-Gesellschaft

Bis zum Erscheinen einer vollständigen und durch Register erschlossenen Bibliographie (vgl. Hans-Dieter Holzhausen: Plädoyer für eine Bibliographie der Werke E. T. A. Hoffmanns, in: MHG 30, 1984, 73–82) bleiben folgende Bibliographien wichtig:

Goedeke, Karl: Grundriß zur Geschichte der deutschen Dichtung aus den Quellen, VIII, Dresden 1905, 468–506, 713 f. (Vf.: Alfred Rosenbaum); 2., ganz neu bearbeitete Auflage, XIV, hg. von Herbert Jacob, Berlin (DDR) 1959, 352–490, 1008–1014 (Vf.: Klaus Kanzog und Wolfgang Kron);

Kanzog, Klaus: Grundzüge der E. T. A. H.-Forschung seit 1945. Mit einer Bibliographie, in: MHG 9 (1962), 1–30;

ders.: E. T. A. H.-Literatur. Eine Bibliographie, in: MHG 12 (1966), 33–38;

ders.: E. T. A. H.-Literatur 1966–1969. Eine Bibliographie, in: MHG 16 (1970), 28–40;

ders.: Zehn Jahre E. T. A. H.-Forschung. E. T. A. H.-Literatur 1970–1980, in: MHG 27 (1981), 55–103;

Salomon, Gerhard: E. T. A. H. Bibliographie. Mit Abbildungen, Berlin, Leipzig ²1927 (¹1924). Reprint: Hildesheim 1963, 1983;

Voerster, Jürgen: 160 Jahre E.T.A.H.-Forschung. 1805–1965. Eine Bibliographie mit Inhaltserfassung und Erläuterungen, Stuttgart 1967 (dazu Rez. von Thomas Cramer, in: Euphorion 61, 1967, 370–74). Forschungsberichte zu Spezialproblemen finden sich in der einschlägigen Sekundärliteratur, z.B. bei Cramer, Köhn, McGlathery. Die eigenständigen Forschungsberichte beschränken sich ausnahmslos auf die Besprechung von Neuerscheinungen eines begrenzten Zeitraums. Am wichtigsten:

Steinecke, Hartmut: Zur E.T.A.H.-Forschung, in: ZfdPh 89 (1970), 222–234;

Seit 1938 erscheinen die *Mitteilungen der E.T.A.H.-Gesellschaft.* Sie haben sich im letzten Jahrzehnt u.a. wegen ihres Rezensionsteils und, seit 1973, ihrer bibliographischen Aktualität zu einem unentbehrlichen Forschungsinstrument entwickelt.

Über die E.T.A.H.-Gesellschaft unterrichtet:

Segebrecht, Wulf: Die E.T.A.H.-Gesellschaft, in: Jb. f. Internationale Germanistik 12 (1980), 1, 204 f.

1.3.2. Dokumentation, Register, Bildmaterial

H.s Äußerungen über eigene Werke sind übersichtlich zusammengestellt in:

E.T.A. Hoffmann. Hg. von Friedrich Schnapp, München 1974 (= *Dichter über ihre Dichtungen,* XIII).

Dieser Band enthält auch eine Zeittafel, die präzise über H.s Lebensdaten informiert (312–387). Zwei weitere Sammlungen dokumentieren H.s Leben und Werk im Spiegel zeitgenössischer Urteile:

E.T.A. H. in Aufzeichnungen seiner Freunde und Bekannten. Eine Sammlung von Friedrich Schnapp, München 1974.

Der umfangreiche Band berücksichtigt Äußerungen bis zum Jahr 1841, enthält u.a. einen wichtigen Anhang »Goethe und Hoffmann« und ist durch Register differenziert erschlossen.

Der Musiker E.T.A. H. in zeitgenössischen Dokumenten. Selbstzeugnisse, Dokumente und zeitgenössische Urteile. Zusammengestellt und hg. von Friedrich Schnapp, Hildesheim 1981.

Aufgrund ihrer Altbestände, der engen Zusammenarbeit mit der E.T.A.H.-Gesellschaft und des kontinuierlichen Ankaufs von Autographen, Erstausgaben, frühen Drucken und Übersetzungen sowie sonstigen Materials hat sich die Bayerische Staatsbibliothek Bamberg zur mit »Hoffmanniana« bestausgestatteten Bibliothek entwickelt.

Bis zum Erscheinen des für die Ausgabe des Deutschen Klassiker Verlages vorgesehenen Registers bleibt das von Felix Hasselberg für die zweite [!] Auflage der Ellingerschen Ausgabe erstellte von größter Wichtigkeit. Gliederung: Geographisches Register (Anhang: Weine), Personenregister (Anhang: Zeitungen, Zeitschriften, Almanache und Taschenbücher), E.T.A.H.s Leben und Werke, untergliedert in 1. Familie und Verwandtschaft, 2. Verkehr, 3. Biographische Einzelheiten, 4. Lektüre (nach Ländern unterteilt sowie mit Abteilungen »Fachwissenschaft« und »Varia«), 5. Chronologisches Verzeichnis der Werke H.s (1. Schriften, 2. Kompositionen, 3. Werke der bildenden Kunst). Ergänzend zu dem Hasselbergs sind die Register zu den verschiedenen Ausgaben Schnapps zu benutzen.

H. hat sich selbst verschiedentlich porträtiert, gelegentlich mit karikaturistischer Tendenz, einmal in humoristisch-kritischer Absetzung gegen Galls kranioskopische Lokalisationslehre, vergleichsweise unverstellt vermutlich in einem verschollenen Kreidebildnis, das Buchhorn in Kupfer stach und dem Hitzig bescheinigte, »fast das ähnlichste« zu sein, welches er »je gesehn« (Hitzig 1823 I, XV, Abb. ebd. gegenüber dem Titelblatt und bei Riemer 1976, Abb. 153). Das »einzig authentische Porträt von fremder Hand« ist eine Bleistiftzeichnung Wilhelm Hensels von 1821, die H. »verjüngt und idealisiert« wiedergibt (ebd., 128, Abb. 141). Umstritten ist, ob das von Gabrielle Wittkop-Ménardeau (1966) und von Helmke (1975) jeweils auf dem Umschlag ihrer Monographien wiedergegebene Porträt ein Selbstbildnis ist. Alle anderen Porträts gehen, direkt oder mittelbar, entweder auf Hoffmann / Buchhorn (in minderem Maß auch auf andere Selbstporträts) oder aber auf Hensel zurück.

1.3.3. Kritische Literatur (Auswahl)

1.3.3.1. Monographien, Sammelbände

Allroggen, Gerhard: E. T. A. Hoffmanns Kompositionen. Ein chronologisch-thematisches Verzeichnis seiner musikalischen Werke nebst einer Einführung in seinen musikalischen Stil, Regensburg 1970;

Asche, Susanne: Die Liebe, der Tod und das Ich im Spiegel der Kunst. Die Funktion des Weiblichen in Schriften der Frühromantik und im erzählerischen Werk E. T. A. Hoffmanns, Königstein/Ts. 1985;

Auhuber, Friedhelm: In einem fernen dunklen Spiegel. E. T. A. Hoffmanns Poetisierung der Medizin, Opladen 1986;

Beardsley, Christa-Maria: E. T. A. Hoffmanns Tierfiguren im Kontext der Romantik. Die poetisch-ästhetische und die gesellschaftliche Funktion der Tiere bei Hoffmann und in der Romantik, Bonn 1985;

Beese, Marianne: E. T. A. Hoffmann. Mit 50 Abbildungen, Leipzig 1986;

Belza, I. F. u. a. (Hg.): Chudožestvennij mir E. T. A. Gofmana, Moskva 1982;

Bergengruen, Werner: E. T. A. Hoffmann, Stuttgart 1939 und öfter;

Bottachiari, Rodolfo: Hoffmann, Roma 1951;

Brinkmann, Richard (Hg.): Romantik in Deutschland. Ein interdisziplinäres Symposion, Stuttgart 1978;

Cohn, Hilde: Realismus und Transzendenz in der Romantik, insbesondere bei E. T. A. Hoffmann, Heidelberg 1933;

Cramer, Thomas: Das Groteske bei E. T. A. Hoffmann, München 1966, ^{2}1970;

Daemmrich, Horst: The Shattered Self. E. T. A. Hoffmann's Tragic Vision, Detroit 1973;

Dahmen, Hans: E. T. A. Hoffmanns Weltanschauung, Marburg 1929;

Dammann, Günter: Antirevolutionärer Roman und romantische Erzählung. Vorläufige konservative Motive bei Christian August Vulpius und E. T. A. Hoffmann, Kronberg/Ts. 1975;

Dattenberger, Simone: Kommunikationsstrukturen im poetischen Werk E. T. A. Hoffmanns, Frankfurt a. M., Bern, New York 1986;

Dobat, Klaus-Dieter: Musik als romantische Illusion. Eine Untersuchung zur Bedeutung der Musikvorstellung E. T. A. Hoffmanns für sein literarisches Werk, Tübingen 1984;

Egli, Gustav: E. T. A. Hoffmann. Ewigkeit und Endlichkeit in seinem Werk, Zürich, Leipzig, Berlin 1927;

Eilert, Heide: Theater in der Erzählkunst. Eine Studie zum Werk E. T. A. Hoffmanns, Tübingen 1977;

Ellinger, Georg: E. T. A. Hoffmann. Sein Leben und seine Werke, Hamburg, Leipzig 1894;

Faesi, Peter: Künstler und Gesellschaft bei E. T. A. Hoffmann, Diss. Basel 1975;

Feldges, Brigitte und *Ulrich Stadler:* E. T. A. Hoffmann. Epoche – Werk – Wirkung. Mit je einem Beitrag von Ernst Lichtenhahn und Wolfgang Nehring, München 1986;

Fühmann, Franz: Fräulein Veronika Paulmann aus der Pirnaer Vorstadt oder Etwas über das Schauerliche bei E. T. A. Hoffmann, Rostock 1979, Hamburg 1980 und öfter;

Girndt-Dannenberg, Dorothee: Untersuchungen zu Darstellungsabsichten und Darstellungsverfahren in den Werken E. T. A. Hoffmanns, Diss. Köln 1969;

Gloor, A.: E. T. A. Hoffmann, der Dichter der entwurzelten Geistigkeit, Zürich 1947;

Görgens, Lutz Hermann: Die Haustiere des Kapellmeisters. Untersuchung zum Phantastischen im literarischen Werk E. T. A. Hoffmanns, Tübingen 1985;

Günzel, Klaus: E. T. A. Hoffmann. Leben und Werk in Briefen, Selbstzeugnissen und Zeitdokumenten, Berlin (DDR) 1976, Düsseldorf 1979 und öfter;

Harich, Walther: E. T. A. Hoffmann. Das Leben eines Künstlers, 2 Bde., Berlin 1920, ^{4}o. J.;

Heilborn, Ernst: E. T. A. Hoffmann. Der Künstler und die Kunst, Berlin 1926;

Helmke, Ulrich: E. T. A. Hoffmann. Lebensbericht mit Bildern und Dokumenten, Kassel 1975;

Hewett-Thayer, Harvey W.: Hoffmann. Author of the Tales, Princeton 1948;

[Hitzig, Julius Eduard:] Aus Hoffmann's Leben und Nachlaß. Hg. von dem Verfasser des Lebens-Abrißes Friedrich Ludwig Zacharias Werners, 2 Bde., Berlin 1823 und öfter, Teildruck der Erstausgabe: E. T. A. Hoffmanns Leben und Nachlaß. Mit Anmerkungen zum Text und einem Nachwort von Wolfgang Held, Frankfurt a. M. 1986;

Jaffé, Aniela: Bilder und Symbole aus E. T. A. Hoffmanns Märchen »Der goldne Topf«, in: Jung, C. G.: Gestaltungen des Unbewußten, Zürich 1950, 237–616, selbständig: Hildesheim 1978;

Jost, Walter: Von Ludwig Tieck zu E. T. A. Hoffmann. Studien zur Entwicklung des romantischen Subjektivismus, Frankfurt a. M. 1921;

Köhler, Gisela: Narzißmus, übersinnliche Phänomene und Kindheitstrauma im Werk E. T. A. Hoffmanns, Diss. Frankfurt a. M. 1971;

Köhn, Lothar: Vieldeutige Welt. Studien zur Struktur der Erzählungen E. T. A. Hoffmanns und zur Entwicklung seines Werkes, Tübingen 1966;

Köppler, Rudolf: E. T. A. Hoffmann am Bamberger Theater. Ein Beitrag zur Kenntnis seiner Persönlichkeit, seiner Werke und der Theatergeschichte Bambergs, Bamberg 1929;

Kuttner, Margot: Die Gestaltung des Individualitätsproblems bei E. T. A. Hoffmann, Düsseldorf 1936;

Lee, Hyun-Sook: Die Bedeutung von Zeichnen und Malerei für die Erzählkunst E. T. A. Hoffmanns, Frankfurt a. M., Bern, New York 1985;

Ljungdorff, Vilhelm: E. T. A. Hoffmann och Ursprunget till hans kunstnärskap, Lund 1924;

Loecker, Armand De: Zwischen Atlantis und Frankfurt. Märchendichtung und Goldenes Zeitalter bei E. T. A. Hoffmann, Frankfurt a. M., Bern 1983;

Magris, Claudio: L'altra raggione. Tre saggi su Hoffmann, Torino 1978, deutsch: Die andere Vernunft. E. T. A. Hoffmann, Königstein/Ts. 1980;

Matt, Peter von: Die Augen der Automaten. E. T. A. Hoffmanns Imaginationslehre als Prinzip seiner Erzählkunst, Tübingen 1971;

McGlathery, James M.: Mysticism and Sexuality. E. T. A. Hoffmann. I: Hoffmann and His Sources, Las Vegas, Bern, Frankfurt a. M. 1981; II: Interpretations of the Tales, New York, Bern, Frankfurt a. M. 1985;

Mistler, Jean: Hoffmann le fantastique, Paris [3]1982 ([1]1927);

Momberger, Manfred: Sonne und Punsch. Die Dissemination des romantischen Kunstbegriffs bei E. T. A. Hoffmann, München 1986;

Mühlher, Robert: Ernst Theodor Amadeus Hoffmann; in: R. M.: Deutsche Dichter der Klassik und Romantik, Wien 1976, 260–524;

Müller, Hans von (Hg.): Zwölf Berlinische Geschichten aus den Jahren 1551–1816. Erzählt von E. T. A. Hoffmann. Nach der Folge der Handlung zusammengestellt und erläutert von Hans von Müller, München 1921;

ders.: Das künstlerische Schaffen E. T. A. Hoffmanns in Umrissen an-
gedeutet, Leipzig 1926, wieder in: v. Müller 1974, 708–40;
ders.: Gesammelte Aufsätze über E. T. A. Hoffmann. Hg. von Friedrich Schnapp, Hildesheim 1974;
Negus, Kenneth: E. T. A. Hoffmann's Other World. The romantic author and his »new mythology«, Philadelphia 1965;
Ochsner, Karl: E. T. A. Hoffmann als Dichter des Unbewußten. Ein Beitrag zur Geistesgeschichte der Romantik, Frauenfeld, Leipzig 1936;
Pikulik, Lothar: Romantik als Ungenügen an der Normalität. Am Bei-
spiel Tiecks, Hoffmanns und Eichendorffs, Frankfurt a. M. 1979;
Prang, Helmut (Hg.): E. T. A. Hoffmann, Darmstadt 1976;
Reimann, Olga: Das Märchen bei E. T. A. Hoffmann, Diss. München
1926;
Reuchlein, Georg: Bürgerliche Gesellschaft, Psychiatrie und Literatur.
Zur Entwicklung der Wahnsinnsthematik in der deutschen Literatur
des späten 18. und frühen 19. Jahrhunderts, München 1986;
Ricci, Jean-F. A.: E. T. A. Hoffmann. L'homme et l'œuvre, Paris 1947;
Riemer, Elke: E. T. A. Hoffmann und seine Illustratoren. Mit 160 Ab-
bildungen, Hildesheim 1976, ²1978;
Rockenbach, Nikolaus: Bauformen romantischer Kunstmärchen. Eine
Studie zur epischen Integration des Wunderbaren bei E. T. A. Hoff-
mann, Diss. Bonn 1957;
Röser, Barbara: Satire und Humor bei E. T. A. Hoffmann. Eine Unter-
suchung der historischen und poetologischen Grundlagen und der
Realisation im Werk, Diss. München 1976;
Safranski, Rüdiger: E. T. A. Hoffmann. Das Leben eines skeptischen
Phantasten, München, Wien 1984, Frankfurt a. M. 1987;
Sakheim, Arthur: E. T. A. Hoffmann. Studien zu seiner Persönlichkeit
und seinen Werken, Leipzig 1908;
Schafer, R. Murray: E. T. A. Hoffmann and Music, Toronto und
Buffalo 1975;
Schaukal, Richard von: E. T. A. Hoffmann. Sein Werk aus seinem Le-
ben dargestellt, Zürich, Leipzig, Wien 1923;
Schenck, Ernst von: E. T. A. Hoffmann. Ein Kampf um das Bild des
Menschen, Berlin 1939;
Scher, Steven Paul (Hg.): Interpretationen zu E. T. A. Hoffmann,
Stuttgart 1981;
Schneider, Marcel: Ernest Théodore Amadeus Hoffmann, Paris 1979;
Schumm, Siegfried: Einsicht und Darstellung. Untersuchung zum
Kunstverständnis E. T. A. Hoffmanns, Göppingen 1974;
Segebrecht, Wulf: Autobiographie und Dichtung. Eine Studie zum
Werk E. T. A. Hoffmanns, Stuttgart 1967 (= Segebrecht 1967 a);
Sucher, Paul: Les sources du merveilleux chez E. T. A. Hoffmann, Paris
1912;
Taylor, Ronald: Hoffmann. A study in romanticism, London 1963;
Tecchi, Bonaventura: Le fiabe di E. T. A. Hoffmann, Firenze 1962;
Toggenburger, Hans: Die späten Almanach-Erzählungen E. T. A.
Hoffmanns, Bern, Frankfurt a. M., New York 1983;

Tretter, Friedrich Giselher: Die Frage nach der Wirklichkeit bei E.T.A. Hoffmann, Diss. München 1961;

Wellenberger, Georg: Der Unernst des Unendlichen. Die Poetologie der Romantik und ihre Umsetzung durch E.T.A. Hoffmann, Marburg 1986;

Werner, Hans-Georg: E.T.A. Hoffmann, Darstellung und Deutung der Wirklichkeit im dichterischen Werk, Weimar 1962, [2]1971;

Wetzel, Christoph: Ernst Theodor Amadeus Hoffmann, Salzburg 1981;

Willimczik, Kurt: E.T.A. Hoffmann. Die drei Reiche seiner Gestaltenwelt, Berlin 1939;

Winter, Ilse: Untersuchungen zum serapiontischen Prinzip E.T.A. Hoffmanns, The Hague 1976;

Wittkop-Ménardeau, Gabrielle: E.T.A. Hoffmann in Selbstzeugnissen und Bilddokumenten, Reinbek 1966 und öfter;

dies.: (Hg.): E.T.A. Hoffmanns Leben und Werk in Daten und Bildern, Frankfurt a.M. 1968;

Wöllner, Günter: E.T.A. Hoffmann und Franz Kafka. Von der »fortgeführten Metapher« zum »sinnlichen Paradox«, Bern und Stuttgart 1971;

Wolzogen, Hans von: E.T.A. Hoffmann, der deutsche Geisterseher, Leipzig o.J. (1922);

Wührl, Paul-Wolfgang: Die poetische Wirklichkeit in E.T.A. Hoffmanns Kunstmärchen. Untersuchungen zu den Gestaltungsprinzipien, Diss. München 1963.

1.3.3.2. Kürzere Beiträge

Béguin, Albert: L'âme romantique et le rêve. Essai sur le romantisme allemand el la poésie française, Paris 1979 ([1]1937), 295–311 und passim;

Berkowski, N.J.: Die Romantik in Deutschland, Leipzig 1979 (Leningrad 1973), 583–677;

Boie, Bernhild: L'homme et ses simulacres. Essai sur le romantisme allemand, Paris 1979, passim;

Brüggemann, Werner: Cervantes und die Figur des Don Quijote in Kunstanschauung und Dichtung der deutschen Romantik, Münster 1958, Kap. II, 5;

Buchmann, Rudolf: Helden und Mächte des romantischen Kunstmärchens. Beiträge zu einer Motiv- und Stilparallele, Leipzig 1910, passim;

Cixous, Hélène: Prénoms de personne, Paris 1974, Kap. I, 1, 2, 4;

David, Claude: Sur Hoffmann, in: Mercure de France 354, Nr. 1219, Mai 1965, 113–119;

Feldt, Michael: E.T.A. Hoffmann. Die Aufhebung der Perspektive und die Karnevalisierung der Kunstverhältnisse, in: M.F.: Ästhetik und Artistik am Ende der Kunstperiode. Textanalytische, kunstphilosophische und zivilisationsgeschichtliche Untersuchungen zur

Prosa von Goethe, E.T.A. Hoffmann und Büchner, Heidelberg 1982, 106–206;

Fischer, Ottokar: E.T.A. Hoffmanns Doppelempfindungen, in: Archiv 63 (1909), 1–22, wieder in: Prang 1976, 28–55;

Freud, Sigmund: Das Unheimliche, in: Imago 5 (1919), 5/6, 297–324; wieder u.a. in: S.F.: Psychologische Schriften, Frankfurt a.M. 1970, 241–274;

Gravier, Maurice: E.T.A. Hoffmann et la psychologie du comédien, in: Revue de la Société d'Histoire du Théâtre 7 (1955), 3/4, 255–277;

Günzel, Klaus: Zu E.T.A. Hoffmanns Entwicklung als Schriftsteller, in: MHG 18 (1972), 17–32, wieder in: Prang 1976, 359–380;

Heine, Roland: Transzendentalpoesie. Studien zu Friedrich Schlegel, Novalis und E.T.A. Hoffmann, Bonn 1974, [2]1985;

Huch, Ricarda: E.T.A. Hoffmann, in: R.H.: Die Romantik. Ausbreitung, Blütezeit und Verfall, Tübingen und Stuttgart 1951 ([1]1902), 528–47;

Just, Klaus Günther: Die Blickführung in den Märchennovellen E.T.A. Hoffmanns, in: WW 14 (1964), 389–397, wieder in: Prang 1976, 292–321, Scher 1981, 30–40;

Karoli, Christa: Ideal und Krise enthusiastischen Künstlertums in der deutschen Romantik, Bonn 1968, passim;

Kayser, Wolfgang: Das Groteske. Seine Gestaltung in Malerei und Dichtung, Oldenburg 1957, Reinbek [2]1960, passim;

Kleßmann, Eckart: E.T.A. Hoffmann, in: Hinderer, Walter (Hg.): Literarische Profile. Deutsche Dichter von Grimmelshausen bis Brecht, Königstein/Ts. 1982, 102–14;

Klotz, Volker: Warum die in Hoffmanns Märchen wohl immer so herumzappeln? Ein paar Hinweise zum 200. Geburtstag von E.T.A. Hoffmann, in: Frankfurter Rundschau, 24.1.76, S. III;

Köhn, Lothar: E.T.A. Hoffmann, in: Polheim,. Karl Konrad (Hg.): Handbuch der deutschen Erzählung, Düsseldorf 1981, 159–171;

Kolkenbrock-Netz, Jutta: Wahnsinn der Vernunft – juristische Institution – literarische Praxis. Das Gutachten zum Fall Schmolling und die Erzählung »Der Einsiedler Serapion« von E.T.A. Hoffmann, in: J.K.-N. u.a. (Hg.): Wege der Literaturwissenschaft, Bonn 1985, 122–144;

Korff, Hermann August: Geist der Goethezeit. Versuch einer ideellen Entwicklung der klassisch-romantischen Literaturgeschichte, IV, Leipzig [2]1958 ([1]1953), 545–639;

Kraft, Herbert: E.T.A. Hoffmann. Geschichtlichkeit und Illusion, in: Ribbat, Ernst (Hg.): Romantik. Ein literaturwissenschaftliches Studienbuch, Königstein/Ts. 1979, 138–162;

Leopoldseder, Hannes: Groteske Welt. Ein Beitrag zur Entwicklungsgeschichte des Nachtstücks in der Romantik, Bonn 1973, passim;

Loquai, Franz: Künstler und Melancholie in der Romantik, Frankfurt a.M., Bern, New York, Nancy 1984, passim;

Maassen, Carl Georg von: Ernst Theodor Amadeus Hoffmann, in: Die großen Deutschen. Neue deutsche Biographie, III, Berlin 1936, 93–112;

ders.: Der grundgescheute Antiquarius. Freuden und Leiden eines Büchersammlers für Kenner und Liebhaber zusammengestellt und mit einem Vorwort versehen von Carl Graf von Klinckowstroem mit einer biographischen Einleitung von Alfred Bergmann, Frechen 1966;

Martini, Fritz: Die Märchendichtungen E. T. A. Hoffmanns, in: DU 7 (1955), 2, 57–78, wieder in: Prang 1976, 155–184;

Mayer, Hans: Die Wirklichkeit E. T. A. Hoffmanns, in: E. T. A. H.: Poetische Werke, Berlin (DDR) 1958, I, S. V–LV, wieder in: H. M.: Von Lessing bis Thomas Mann, Pfullingen 1959, 198–246, Brinkmann, Richard (Hg.): Begriffsbestimmung des literarischen Realismus, Darmstadt 1969, 236–258, Peter, Klaus (Hg.): Romantikforschung seit 1945, Königstein/Ts. 1980, 116–144;

ders.: Die Literatur der künstlichen Paradiese, in: Merkur 24 (1970), 514–521, wieder in: Kundler, Herbert (Hg.): Anatomie des Glücks, Köln 1971, 204–215;

Meixner, Horst: Romantischer Figuralismus. Kritische Studien zu Romanen von Arnim, Eichendorff und Hoffmann, Frankfurt a. M. 1971;

Miller, Norbert: Mutmaßungen über lebende Bilder. Attitüde und »tableau vivant« als Anschauungsform des 19. Jahrhunderts, in: Motte-Haber, Helga de la (Hg.): Das Triviale in Literatur, Musik und bildender Kunst, Frankfurt a. M. 1972, 106–130;

ders.: E. T. A. Hoffmanns doppelte Wirklichkeit. Zum Motiv der Schwellenüberschreitung in seinen Märchen, in: Arntzen, Helmut u. a. (Hg.): Literaturwissenschaft und Geschichtsphilosophie. Festschrift für Wilhelm Emrich, Berlin, New York 1975, 357–372;

ders.: E. T. A. Hoffmann und die Musik, in: Kaleidoskop. Festschrift für Fritz Baumgart, hg. v. F. Mielke, 1977, 267–303, wieder in: Akzente 24 (1977), 2, 114–135, Scher 1981, 182–198;

ders.: Das Phantastische – Innensicht, Außensicht. Nachtstück und Märchen bei E. T. A. Hoffmann, in: Zondergeld, Rein A. (Hg.): Phaicon 3. Almanach der phantastischen Literatur, Frankfurt a. M. 1978, 32–56;

ders.: Ansichten vom Wunderbaren. Über deutsche und europäische Romantik, in: Kleist-Jahrbuch 1980, 107–148;

Milner, Max: La fantasmagorie. Essai sur l'optique fantastique, Paris 1982, Kap. 2 und passim;

Montandon, Alain: Ecriture et folie chez E. T. A. Hoffmann, in: Romantisme 9 (1979), 24, 7–28;

Motekat, Helmut: Vom Sehen und Erkennen bei E. T. A. Hoffmann, in: MHG 19 (1973), 17–27;

Mühlher, Robert: Die Einheit der Künste und das Orphische bei E. T. A. Hoffmann, in: Fuchs, Albert u. a. (Hg.): Stoffe, Formen, Strukturen, München 1962, 345–360, wieder in: Mühlher 1976, 368–397;

ders.: E. T. A. Hoffmann und das Spätbarock, in: JWGV 67 (1963), wieder in: Mühlher 1976, 368–397;

14

ders.: Barocke Vorstufen der romantischen Kunsttheorie E. T. A. Hoffmanns, in: Acta Germanica 3 (1968), 137–152, wieder in: Mühlher 1976, 321–336;

ders.: Festvortrag zum 150. Todestag E. T. A. Hoffmanns, gehalten am 18. Juni 1972 im Bamberger E. T. A. Hoffmann-Theater, in: MHG 19 (1973), 5–17;

Nehring, Wolfgang: E. T. A. Hoffmanns Erzählwerk. Ein Modell und seine Variationen, in: ZfdPh 95 (Hoffmann-Sonderheft 1976), 3–24, wieder in: Scher 1981, 55–73;

Oesterle, Günter: E. T. A. Hoffmann: Des Vetters Eckfenster. Zur Historisierung ästhetischer Wahrnehmung oder Der kalkulierte romantische Rückgriff auf Sehmuster der Aufklärung, in: DU 39 (1987), 1, 84–110;

Pfotenhauer, Helmut: Exoterische und esoterische Poetik in E. T. A. Hoffmanns Erzählungen, in: Jahrbuch der Jean Paul-Gesellschaft 17 (1982), 129–144;

Pikulik, Lothar: Das Wunderliche bei E. T. A. Hoffmann. Zum romantischen Ungenügen an der Normalität, in: Euphorion 69 (1975), 294–319;

Pniower, Otto: E. T. A. Hoffmanns Berlinische Erzählungen, in: O. P.: Dichtungen und Dichter. Essays und Studien, Berlin 1912, 238–269;

Preisendanz, Wolfgang: Humor als dichterische Einbildungskraft. Studien zur Erzählkunst des poetischen Realismus, München 1963, [2]1976, [3]1985, Kap. 2;

ders.: Eines matt geschliffnen Spiegels dunkler Widerschein. E. T. A. Hoffmanns Erzählkunst, in: Foerste, William u. a. (Hg.): Festschrift für Jost Trier, Köln 1964, 411–429, wieder in: Prang 1976, 270–291, W. P.: Wege des Realismus. Zur Poetik und Erzählkunst im 19. Jahrhundert, München 1977, 28–46, Scher 1981, 40–54;

Rotermund, Erwin: Musikalische und dichterische »Arabeske« bei E. T. A. Hoffmann, in: Poetica 2 (1968), 48–69;

Rüdiger, Horst: Zwischen Staatsraison und Autonomie der Kunst. E. Th. A. Hoffmanns poetologischer Standort, in: Jonas, K. W. (Hg.): Deutsche Weltliteratur. Von Goethe bis Ingeborg Bachmann, Tübingen 1972, 90–114;

Schmidt, Jochen: Die Geschichte des Genie-Gedankens in der deutschen Literatur, Philosophie und Politik 1750–1945, Darmstadt 1985, II, 1–39;

Schumacher, Hans: Narziß an der Quelle. Das romantische Kunstmärchen. Geschichte und Interpretationen, Wiesbaden 1977, Kap. 6;

Segebrecht, Wulf: Hoffmanns Todesdarstellungen, in: MHG 12 (1966), 11–19, wieder in: Prang 1976, 322–334;

ders.: E. T. A. Hoffmanns Auffassung vom Richteramt und vom Dichterberuf. Mit unbekannten Zeugnissen aus Hoffmanns juristischer Tätigkeit, in: JbdSG 11 (1967), 62–138 (= Segebrecht 1967 b);

ders.: E. T. A. Hoffmann, in: Wiese, Benno von (Hg.): Deutsche Dichter der Romantik, Berlin 1971, 391–415;

ders.: Heterogenität und Integration bei E. T. A. Hoffmann, in: Romantik heute. Friedrich Schlegel, Novalis, E. T. A. Hoffmann, Ludwig Tieck, Bonn-Bad Godesberg 1972, 45–59, wieder in: Prang 1976, 381–397, Scher 1981, 10–21;

ders.: Krankheit und Gesellschaft. Zu E. T. A. Hoffmanns Rezeption der Bamberger Medizin, in: Brinkmann 1978, 267–290, 304–306;

ders.: Künstler und Bürger. Zu einer gesellschaftlichen Konstellation in der romantischen Literatur, in: Ludwigsteiner Blätter 122 (März 1979), 3–8;

ders.: Beamte, Künstler, Außenseiter. Analogien zwischen der juristischen und der dichterischen Praxis E. T. A. Hoffmanns, in: Imprimatur 11 (1984), 294–307;

Strohschneider-Kohrs, Ingrid: Die romantische Ironie in Theorie und Gestaltung, Tübingen 1960, ²1977, Kap. I, 3 und II, 3;

Tecchi, Bonaventura: Ritratto di Hoffmann, in: B. T.: Romantici tedeschi, Milano, Napoli ²1964 (¹1959), 100–119;

Thalmann, Marianne: E. T. A. Hoffmanns Wirklichkeitsmärchen, in: JEGP 51 (1952), 473–491, wieder in: M. Th.: Romantik in kritischer Perspektive. Zehn Studien, Heidelberg 1976, 44–62;

Vietta, Silvio: Romantikparodie und Realitätsbegriff im Erzählwerk E. T. A. Hoffmanns, in: ZfdPh 100 (1981), 575–591;

Wellek, René: Why Read E. T. A. Hoffmann?, in: Midway 8 (1967), 49–56;

Werner, Hans-Georg: Der romantische Schriftsteller und sein Philister-Publikum. Zur Wirkungsfunktion von Erzählungen E. T. A. Hoffmanns, in: WB 24 (1978), 4, 87–114, wieder in: Scher 1981, 74–97, H.-G. W.: Text und Dichtung, Berlin und Weimar 1984, 202–235;

Wührl, Paul-Wolfgang: Das deutsche Kunstmärchen. Geschichte, Botschaft und Erzählstrukturen, Heidelberg 1984, passim;

Zimmermann, Hans Dieter: Die Aktualität der Romantik. Zum Beispiel E. T. A. Hoffmann, in: Berlin zwischen 1789 und 1848. Facetten einer Epoche. Ausstellung der Akademie der Künste vom 30. August bis 1. November 1981, Berlin 1981, 53–62.

2. Leben

2.1. Königsberg (1776–1796)

H. wurde am 24. Januar 1776 in Königsberg geboren, wo er bis
1796 lebte, um es danach nur noch selten, zuletzt 1804, zu be-
treten. Die Stadt führte eine Existenz am Rande des durch
Friedrich den Großen zur europäischen Großmacht gestärkten
Preußen. Der Stellung an der Grenze des deutschen Sprachgebiets verdankte sie, obwohl die führende Stellung im Ostsee-
handel längst verloren gegangen war, eine gewisse Weltoffen-
heit. Bevor 1813 die preußische Erhebung gegen Napoleon von
Königsberg ihren Ausgang nahm, haben sich die Einwohner
nur bedingt als Preußen gefühlt. Im 17. Jh. verfolgten sie »eine
auf Unabhängigkeit gerichtete Schaukelpolitik [. . .] zwischen
brandenburgischer Landesherrschaft und der polnischen Ober-
lehnsherrschaft« (A. Schöne: Kürbishütte und Königsberg,
München ²1982, 39); und die russische Besetzung während des
Siebenjährigen Krieges wurde durchaus auch als Entlastung
vom strengen Zentralismus Friedrichs und seines Vaters emp-
funden. Die für H. so charakteristische »Doppelexistenz«, der
Versuch, einander widersprechende existentielle Optionen zu
verbinden, läßt sich gewiß nicht auf den Ort seiner Herkunft
zurückführen, doch dürfte Königsberg für diese Disposition einen günstigen Nährboden gebildet haben.

Eltern H.s waren der Hofgerichts-Advokat Christoph Ludwig H. und dessen Cousine Louisa Albertina, geb. Doerffer.
Der Vater entstammte einer seit Generationen in Ostpreußen
ansässigen Familie von Geistlichen und Schulmeistern (Stamm-
tafel in B III, 371–383). Mit der juristischen Laufbahn war ihm
ein sozialer Aufstieg gelungen, und er hatte sich der alten Königsberger Juristenfamilie Doerffer empfohlen. Zwei Jahre nach
H.s Geburt trennten sich die Eltern. 1782 wurde der Vater nach
Insterburg versetzt, wohin er H.s älteren Bruder mitnahm (der
Vater starb 1797, der Bruder, psychisch gefährdet und um 1797
wegen seiner Verschwendungssucht entmündigt, überlebte den
Dichter, zu dem er noch 1817 Kontakt suchte). H.s Mutter, in

ihrer pedantischen Engherzigkeit das Gegenteil des begabten, sorglos-leichtsinnigen Vaters, zog nach der Trennung mit Ernst in ihr Elternhaus zurück, wo ihre verwitwete Mutter, eine geborene Voeteri, sowie drei unverheiratete Geschwister wohnten, der vorzeitig pensionierte Justizrat Otto Wilhelm, Johanna Sophia und Charlotte Wilhelmine Doerffer. Nach dem Scheitern der Ehe in ihrem Selbstbewußtsein getroffen, noch stärker als zuvor kränkelnd, gemütskrank, fiel die Mutter als Erzieherin weitgehend aus; dem Onkel ging jede natürliche Autorität ab. Allein der beiden Tanten hat H. später positiv gedacht. Charlotte Wilhelmine starb schon 1779, und ebensowenig konnte die andere Tante die von der Mutter unausgefüllt gelassene Rolle übernehmen. Die vier im Elternhaus lebenden Doerffer-Geschwister waren, nach den Maßstäben ihrer Zeit, gescheitert, womit auch die soziale Reputation der alteingesessenen Familie abzublättern begann. Psychischen Gefährdungen begegnete H. im Haus der mütterlichen Familie nicht nur in der eigenen Mutter, sondern auch in der Zacharias Werners, die, im Obergeschoß wohnend, den künftigen Dichter als eine Art Messias erzog.

H. war, evangelisch-lutherisch, auf den Namen Ernst Theodor Wilhelm getauft worden (E.T. Amadeus nannte er sich nach dem geliebten Mozart erstmals 1804 auf dem Titelblatt der Partitur des Singspiels *Die lustigen Musikanten* nach Brentano; zu H.s Name, Pseudonymen, Chiffren: Schnapp 1960). Von 1781 bis 1792 besuchte er die angesehene Burgschule, wo man die überkommenen Glaubensgehalte im Geist der Aufklärung interpretierte. Überhaupt war Königsberg durchaus eine vom Geist der Aufklärung geprägte Stadt. Genuin religiöse Erfahrung im Sinne einer personalen Gotteserfahrung blieb H. zeitlebens fremd. Auch in diesem Sinne auf sich selbst verwiesen, wurden für ihn dafür – wie für seine frühromantischen Zeitgenossen – zwei andere Mächte bestimmend: die Kunst und die Liebe bzw. Freundschaft. »Von Jugend auf«, schreibt H. 1818 in einer autobiographischen Skizze für das Brockhaussche *Conversations-Lexicon,* habe er »eine überwiegende Neigung zur Musik gehabt, und dem Studium dieser Kunst seine Nebenstunden gewidmet« (N 332). Königsberg war eine musikliebende Stadt. Hier schon hat H. Aufführungen des *Don Giovanni* und der *Zauberflöte* erlebt, und die Doerffers zählten zu den zahlreichen Familien, die zu abendlicher Hausmusik einluden. Der Klavierunterricht, den ihm der Onkel erteilte, war so pedantisch wie dieser selbst, legte aber doch die Grundlage techni-

18

scher Fertigkeiten, auf denen u. a. der Organist Podbielski auf-
bauen konnte, bei dem H. privaten Unterricht in Generalbaß
und Kontrapunkt nahm. Schon früh gab er seinerseits Musikstunden, und auch eigene Kompositionen fallen schon in die
Königsberger Zeit. Eine andere Begabung, für die bildende
Kunst, wurde durch privaten Unterricht bei dem Maler Saemann gefördert. Literarisch hat H. Mitte der neunziger Jahre
Anregungen durch Werke u. a. von Schiller und Goethe, Swift
und Sterne, Rousseau *(Confessions!)* und Jean Paul, aber auch
durch den heute vergessenen Schauerromancier Grosse erfahren, durchweg Autoren, die noch seinem späteren Werk als
Orientierungsmarken dienten. Aus der Königsberger Zeit ist
u. a. ein Romanfragment, *Der Geheimnisvolle,* bezeugt, von
dem sich ein brieflich mitgeteilter Auszug erhalten hat (B I,
87 f.). Wenn H. sich in den neunziger Jahren nicht zu einer
künstlerischen Laufbahn entschloß, so gewiß nicht, weil er damals zwischen den verschiedenen Begabungen geschwankt
hätte. Fraglos erkannte er noch Jahre später der Musik die erste
Stelle zu. Eher wird es Zweifel daran gewesen sein, ob das eigene musikalische Talent auch ausreiche und, untrennbar damit
verbunden, zugleich Rücksicht auf die Familie, deren Erwartungen er mit der Aufnahme des Jurastudiums (1792–95) und
der sich anschließenden Beamtenlaufbahn erfüllte. Zugleich
wird man darin einen Wunsch nach Rückhalt im Bürgerlichen
sehen dürfen, dem H. ja bei aller Exzentrik bis an sein Lebensende verhaftet blieb.

In Königsberg lernte H. 1787 Theodor Gottlieb Hippel kennen, der, Sohn eines Landpfarrers, als Erbe des Königsberger
Stadtpräsidenten und Schriftstellers gleichen Namens später
geadelt und ein vermögender, einflußreicher Mann wurde.
Beide verband eine enge, in den frühen Jahren innige Freundschaft, die schließlich nicht nur die örtlichen Trennungen, sondern auch die Krisen überdauerte, die aus der wachsenden sozialen Entfernung entsprangen. Nur in dem Schauspieler Ludwig Devrient ist H. noch einmal einem Freund begegnet, dem er
sich annähernd so verbunden fühlte. Er liebte geistreiche Geselligkeit, zeigte sich aber außerordentlich sparsam mit seiner
Freundschaft.

H. hat zeitlebens unter seinem kleinen, als häßlich erfahrenen
Körper gelitten, der ihm, dem sinnlich höchst erregbaren, eine
»Schranke des Begehrens« (Safranski 1984, 86) blieb. Freilich
mußte er nicht durchweg erfolglos begehren. Mit der zehn Jahre
älteren und verheirateten Dora Hatt, die seit 1794 seine Musik-

schülerin war, verband ihn jahrelang ein Verhältnis. Die Familie suchte ihm im Februar 1796 ein Ende zu setzen, indem sie – mit H.s Zustimmung – durch den Onkel Johann Ludwig Doerffer, den zweiten Bruder der Mutter, die Versetzung vom Königsberger Gericht, wo er seit Oktober 1795 als »Auskultator« tätig war, ans Gericht im schlesischen Glogau erwirkte. Erst um die Jahreswende 1797/98 brach die Korrespondenz mit Dora ab, deren außereheliche Interessen nicht auf H. beschränkt geblieben waren.

2.2. Glogau, Berlin, Posen, Płock, Warschau, Berlin (1796–1808)

In Glogau lebte H. in der Familie des Regierungsrats Johann Ludwig Doerffer, seines Patenonkels, mit dessen jüngerer Tochter, seiner Cousine Wilhelmine (»Minna«), er sich 1798 verlobte. Er betrieb sein berufliches Fortkommen und bestand im Juni 1798 das zweite juristische Examen mit dem Vermerk »überall ausnehmend gut«. Zugleich aber verfolgte er künstlerische Ambitionen, durchaus mit dem Ziel, sich eine Alternative zu der Beamtenlaufbahn zu schaffen. An die Literatur dachte er damals zuletzt, zunächst wohl an die Musik, aber auch an die Malerei. In Glogau lernte er den Maler Aloys Molinary kennen, dem er bei der Ausmalung der Jesuitenkirche half (vgl. *Die Jesuiterkirche in G.*). Musikalischen Neigungen bot die kunstliebende Familie Doerffer reichlich Nahrung. Noch am 16. Oktober 1803 notierte H. im Tagebuch: »Ob ich wohl zum Mahler oder zum Musiker gebohren wurde?« (T 59 f.)

Inzwischen schritt er in seinem Juristenberuf fort. Das erfolgreich bestandene zweite Examen erlaubte es ihm, 1798 mit der Familie des Onkels, der zum Obertribunalsrat ernannt worden war, nach Berlin zu ziehen. Er selber war ans Kammergericht versetzt worden, an dem er später dann, von 1814 bis zu seinem Tod, tätig sein sollte. Er lernte Jean Paul kennen, dessen Verlobte mit Minna Doerffer befreundet war, und er freundete sich mit Franz von Holbein an, dem nachmaligen Leiter der Bamberger Bühne. Bei Johann Friedrich Reichardt nahm er Kompositionsunterricht. Mit eigenen Werken hatte er freilich kaum Erfolg. Iffland, Direktor des Nationaltheaters, lehnte eine Aufführung seines Singspiels *Die Maske* ab, und Breitkopf & Härtel sahen sich außerstande, den Verlag von sechs Liedern mit Klavier- und Gitarrenbegleitung zu übernehmen.

Im März 1800 bestand H. sein drittes juristisches Examen, im Mai erfolgte die Ernennung zum Assessor in Posen. Mit dem Ausscheiden aus dem Doerfferschen Familienverband und dem vermutlich recht ungezwungenen Junggesellenleben in Posen (vgl. den Brief vom 25. 1. 1803, B I, 162) gelangte H. zu der Überzeugung, daß eine Ehe mit seiner Cousine Minna »sie und mich«, wie er im Frühjahr 1803 schrieb, »unglücklich gemacht haben würde« (B I, 166). Im März 1802 löste er die Verlobung, und schon im Juli schloß er die Ehe mit der Polin Michaelina (Mischa) Rorer, Tochter des ehemaligen Posener Magistratsschreibers Michael Rorer-Trziński, die ihm bis zu seinem Lebensende eine unauffällige, doch für sein gefährdetes inneres Gleichgewicht wichtige Lebensgefährtin blieb. Er seinerseits hat es ihr mit – nicht eng verstandener – Treue gelohnt und in den Briefen nie anders als positiv über sie gesprochen. Die Ehe war wegen eines Ereignisses so schnell geschlossen worden, das H.s Aufenthalt in Posen ein Ende setzte. Auf einer Fastnachtsredoute waren zu Beginn des Jahres 1802 Karikaturen von Mitgliedern der Posener Gesellschaft und anderen angesehenen Persönlichkeiten verteilt worden. Der Generalmajor von Zastrow wandte sich direkt an den König und verlangte die Bestrafung der Schuldigen. Ohne daß man ihm seine – außer Zweifel stehende – Beteiligung nachwies, wurde H., nun als Regierungsrat, in die polnische Kleinstadt Płock strafversetzt. Von diesem als Exil erlittenen Ort (vgl. B I, 168, Anm. 1) erlöste ihn erst im Frühjahr 1804 die u. a. durch Hippel begünstigte Berufung an die südpreußische Regierung in Warschau. Der so bald nach der Trennung von Minna Doerffer gefaßte Entschluß zu ehelicher Bindung war wohl, bezogen nicht nur auf die folgenreiche Karikaturenaffäre, der mehr oder weniger bewußte Versuch H.s, für die verloren gegangenen Gleichgewichte zu seinen exzentrischen Neigungen einen institutionell abgesicherten Ersatz zu schaffen.

In Posen und vor allem in Płock arbeitete H. verstärkt an eigenen Kompositionen. Eine *Cantate zur Feier des neuen Jahrhunderts* wurde in der Posener Ressource aufgeführt (die erste öffentliche Aufführung einer Komposition H.s, von der wir wissen). Reichardt beurteilte die Vertonung von Goethes *Scherz, List und Rache* zustimmend; und Jean Paul fühlte bei Goethe wegen der Möglichkeit einer Aufführung in Weimar vor. Zugleich versuchte H. sich nun auch wieder literarisch (zur

dreifachen künstlerischen Option in der Płocker Zeit vgl. den
Brief vom 28. 2. 1804, B I, 183). Für ein Preisausschreiben in
Kotzebues »Freimüthigem« verfaßte er das (verschollene) drei-
aktige Lustspiel *Der Preis,* das ihm die Genugtuung einbrachte,
öffentlich »die meiste Anlage zum Lustspieldichter« (N 450) be-
scheinigt zu bekommen (ein Preis wurde nicht vergeben). Ebenfalls im »Freimüthigen« sah er sich mit dem *Schreiben eines Klo-*
stergeistlichen an seinen Freund in der Hauptstadt zum ersten
Mal gedruckt. Unter dem 26. Oktober 1803 vermerkt das Tagebuch: »habe das Blatt zwanzigmahl mit süßen liebevollen Blik-
ken der Vaterfreude angekuckt – frohe Aspecten zur litterari-
schen Laufbahn! – Jezt muß was sehr witziges gemacht werden!« (T 61) Wenn H. auch erst mit dem *Ritter Gluck* zu seiner
»Manier« der Grenzüberschreitung zwischen Alltag und Wunderbarem fand, so zeigte er sich doch schon im *Schreiben eines*
Klostergeistlichen als Autor von Rang. Hier schon ist in der Kritik an den Chören der Schillerschen *Braut von Messina* jener antiklassizistische Ton angeschlagen, der das spätere Werk durchweg bestimmt.
Warschau hat H. als Erlösung aus dem Płocker Exil erfahren.
In der international geprägten Großstadt fand er die Anregungen und Möglichkeiten, derer er bedurfte. Er lernte Julius Eduard Hitzig kennen, der sein erster Biograph werden sollte. Ihm
verdankte er die Bekanntschaft mit der Literatur der Frühro-
mantiker, deren Altersgenosse er war. In näheren Kontakt trat
er nun auch zu Zacharias Werner, dessen *Brautnacht,* erster Teil
des *Kreuzes an der Ostsee,* er vertonte. Überhaupt war H. nun
neben seiner beruflichen Tätigkeit, der er mit leichter Hand, ge-
schickt und erfolgreich nachging, vor allem musikalisch tätig.
Er komponierte u. a. *Die lustigen Musikanten* (nach Brentano),
das Singspiel *Der Kanonikus von Mailand* (Text nach Duval von
Rohrmann) und eine Es dur-Sinfonie. Er trat als Klavierspieler,
als Sänger und vor allem als Dirigent von Rang auf. Er war zweiter Vorsitzender der »Musikalischen Gesellschaft« und maßgeblich beteiligt an der Innenausstattung des von ihr wiederauf-
gebauten Mniszekschen Palastes.
Erstmals griff nun die große Politik in H.s Leben ein. Nach
dem Zusammenbruch Preußens in Jena und Auerstedt besetzten
die Franzosen Polen, das es als Staat seit 1795 nicht mehr gab.
Am 19. Dezember 1806 zog Napoleon in Warschau ein. Die
preußischen Beamten, die den Eid auf die neuen Machthaber
verweigerten, verloren ihre Stellen. H., der zu ihnen zählte,
schickte im Januar 1807 seine Frau mit der 1805 geborenen Cäci-

lia (die noch 1807 sterben sollte) zu den Verwandten nach Posen. Er selbst blieb, vorübergehend schwer erkrankt, noch einige Zeit in Warschau, verließ die Stadt aber im Juni in Richtung Berlin, wo er die ökonomisch schwierigste Zeit seines Lebens durchmachte. Berlin war überflutet von Flüchtlingen, unter ihnen zahlreiche Beamte, denen die Regierung kein Gehalt mehr zahlen konnte. H. sah sich gezwungen, aus der Kunst einen Broterwerb zu machen, da ihm auch seine Bekannten nur ausnahmsweise beispringen konnten. Von einer Reihe in Warschau entstandener Zeichnungen, die er als Kupferstiche vervielfältigen lassen wollte, gelang es ihm nur eine einzige zu verkaufen. Für eine drei Blätter umfassende *Sammlung grotesker Gestalten nach Darstellungen auf dem K. National-Theater in Berlin* fand er keinen Drucker bzw. Verleger. Nicht viel größer war das Interesse an seinen Kompositionen. Der Leipziger Kunstverleger Kühnel lehnte jede Veröffentlichung ab. Das Angebot einer Anstellung im Kühnelschen »Bureau de musique« mußte H. seinerseits wegen des allzu geringen Gehaltsangebots ausschlagen. Werckmeister verlegte die *Trois Canzonettes à 2 et 3 voix* nur auf Kommissionsbasis. Berlin bedeutete für H. aber nicht nur eine Zeit äußerster Not. Er machte wichtige neue Bekanntschaften, u. a. mit Chamisso, dem nachmaligen Serapionsbruder. Er vertiefte sich in das Studium Händels, Glucks und der italienischen Kirchenmusik des frühen 18. Jahrhunderts. Eine Erstfassung des *Ritter Gluck,* mit dessen Veröffentlichung dann 1809 seine eigentliche literarische Laufbahn einsetzen sollte, entstand noch in der Berliner Zeit.

H.s schon in Warschau gehegter Plan einer Übersiedlung nach Wien scheiterte am Mangel entsprechender Geldmittel. Schon bald nach dem Eintreffen in Berlin hatte er sich um eine Stelle als Musikdirektor (Dirigent) »bey irgend einem Theater oder einer PrivatCapelle« beworben (B III, 28 f.). Im November 1807 erhielt er daraufhin vom Grafen von Soden, Leiter des Bamberger Theaters, ein Angebot mit der Auflage, als Probearbeit Sodens Opernlibretto *Der Trank der Unsterblichkeit* zu vertonen. Ende Februar 1808 schon konnte H. die Partitur abschicken. Im April erfuhr er von seinem Engagement zum ersten September, und nach einem längeren Zwischenaufenthalt in Glogau holte er im August seine Frau in Posen zur Reise nach Bamberg ab.

2.3. Bamberg (1808–1813)

H. hat Bamberg in *Meister Wacht* im Todesjahr 1822 rückblikkend verklärt. Tatsächlich machte er in dieser fränkischen Stadt, für deren als südlich erlebte Schönheit er empfänglich war, menschlich wie künstlerisch harte Jahre, »Lehr- und Marterjahre«, wie er selber sagte, durch (Z. Funck [d.i. C.F. Kunz] 1836, 132). Die Spur davon ist seinem Werk ebenfalls eingezeichnet.

Auch in Bamberg hatte die große Politik tief in die Lebensverhältnisse eingegriffen. Das Fürstbistum war 1802 aufgehoben und dem von Frankreich abhängigen Königreich Bayern zugeschlagen worden. Politisch funktionslos lebte hier neben dem Bischof, den H. schätzte, Herzog Wilhelm in Bayern, der sein Herzogtum Berg an den französischen General Murat verloren hatte. Wie schon in Warschau prallten in dieser Lieblingsstadt der Romantiker Altes und Neues, allenthalben sichtbar, aufeinander. H. stellte sich beidem. Er ließ sich an den Hof des Herzogs ziehen und setzte sich der suggestiven Atmosphäre des Katholizismus aus, verkehrte andererseits aber doch vorzugsweise in bürgerlichen Kreisen und zeigte sich begierig, von seinem Freund Marcus, einem führenden Psychiater seiner Zeit, über neueste Einsichten der Seelenkunde informiert zu werden.

H. wurde in Bamberg gut aufgenommen und fand Zugang zu den führenden Kreisen der Stadt. Das Theater freilich, in das er seine beruflichen Hoffnungen gesetzt hatte, brachte ihm zunächst fast nur Enttäuschungen. Graf Soden hatte die Leitung an Heinrich Cuno abgetreten, der sich der Aufgabe nicht gewachsen zeigte und im Sommer 1809 aufgeben mußte. H. selber hatte schon zuvor resigniert. Vorausgegangen war u.a. eine von Orchesterintrigen begleitete mißlungene Aufführung der Oper *Aline, Königin von Golkonda* unter seiner Leitung. Mit Musikstunden und Kompositionsaufträgen mußte er sich durchschlagen, und auch die Verbindung zu Rochlitz, Herausgeber der bedeutenden AMZ, für die er u.a. Beethoven rezensierte, eröffnete nicht die Perspektive einer beruflich gesicherten Existenz. Eine Wende zum Besseren trat erst ein, als das Theater mit Marcus an der Spitze als Aktiengesellschaft neu gegründet wurde und Franz von Holbein, Freund aus der Berliner Leidenszeit, im September 1810 die Leitung übernahm. H. wurde u.a. als Maschinist, Kulissenmaler und Komponist engagiert. Während der zwei Spielzeiten unter seiner und Holbeins Leitung stieg Bamberg zu einer der führenden Provinzbühnen des deutschen

Sprachgebiets auf. Besondere Verdienste erwarb sie sich um Kleist und um Calderón.

Während sich die berufliche und ökonomische Lage nach anfänglichen Schwierigkeiten vorübergehend besserte, sah H. sich von anderer Seite bedroht. Er verliebte sich in Julie (Julia) Marc, die, als er sie 1809 kennenlernte, gerade dreizehn Jahre zählte. Zeugnisse seiner Leidenschaft verzeichnete das Tagebuch seit der Jahreswende 1810/11 in verschlüsselter Form. H. hat Julie seine Liebe nie gestanden, doch kann sie ihr auf Dauer nicht verborgen geblieben sein (vgl. T., 135). Er selbst verklärte sie sich als platonische Künstlerliebe und suchte für das gestaute körperliche Begehren Entlastung u. a. in einer Affäre mit »Demoiselle Neuherr« (T 137), einer Schauspielerin und Sängerin. H.s Liebe zu Julie blieb auch Dritten, der Mutter zumal, nicht verborgen. Zur Katastrophe kam es, als er erfuhr, daß Julie mit dem Hamburger Bankkaufmann Gerhard Graepel verheiratet werden sollte, den er als des geliebten Mädchens völlig unwürdig erachtete. Auf einem Ausflug nach Pommersfelden am 5. September 1812 beleidigte H. in Gegenwart u. a. Julies und seiner eigenen Frau den betrunkenen Graepel, woraufhin ihm die Konsulin Marc den Zutritt zu ihrem Haus untersagte. Später kam es zu einer oberflächlichen Versöhnung. Schon bald nach der Hochzeit im Dezember 1812 reiste das Paar nach Hamburg ab. H. hat Julie nicht wiedergesehen, ihrer jedoch zeitlebens mit Liebe gedacht.

Nachdem Holbein Bamberg in Richtung Würzburg verlassen hatte, war H. dem Theater nur noch lose verbunden. Auch das machte es ihm leicht, Bamberg zu verlassen. Im Februar 1813 erhielt er auf Empfehlung von Rochlitz und Härtel das Angebot, die Musikdirektorstelle bei der zwischen Leipzig und Dresden pendelnden Secondaschen Truppe zu übernehmen. Am 21. April reiste er mit Mischa ab, nachdem er am 18. März, Julias Geburtstag, noch mit dem Verleger und Weinhändler Kunz die *Fantasiestücke in Callots Manier* vertraglich vereinbart hatte. Noch immer aber begriff H. sich in erster Linie als Musiker.

2.4. Dresden, Leipzig (1813–1814)

Die Reise nach Dresden und Leipzig führte H. ins Zentrum des Kriegsgeschehens. In Warschau und Bamberg hatte er Napo-

leon im Triumph gesehen, nun wurde er Zeuge seines Unter-
gangs. H. selbst und seine Frau gerieten mehrfach in große Gefahr (am 9. 5., 20. 5., 30. 8. 1813). Der dämonischen Gestalt
Napoleons und den Schrecken des Krieges, die er vor allem in
der *Vision auf dem Schlachtfelde bei Dresden* festhielt, begegnete H. mit analytischem Interesse, wenngleich er, mitschwim-
mend in der nationalistischen Woge, durchaus leidenschaftlich
anti-französisch und anti-napoleonisch fühlte (vgl., in *Der Dey
von Elba in Paris,* das Wort gegen die »kränkelnden Charakter-
losen«, N 62).

Die Stelle bei der Secondaschen Truppe erfüllte nicht die Erwartungen, die H. in sie gesetzt hatte. Die in Bamberg erfahrenen Enttäuschungen auf dem Theater setzten sich fort und ließen in H. den Entschluß reifen, die Möglichkeit einer Rückkehr
in den Staatsdienst zu prüfen. Spätestens im Juli 1814 sprach er
darüber mit dem inzwischen zum Geheimen Staatsrat avancier-
ten Hippel, den er schon zu Beginn seiner Dresdner Zeit wiedergesehen hatte. Günstiger als die mit Seconda gestaltete sich
die Zusammenarbeit mit Rochlitz, der H.s Musik-Rezensionen
außerordentlich schätzte. In der fast täglichen Konfrontation
mit dem Kriegsgeschehen ist H. künstlerisch außerordentlich
produktiv gewesen. Vermutlich hat er die äußeren Erschütte-
rungen als nicht unwillkommene Ablenkung von dem bedrük-
kenden Julia-Erlebnis erfahren. Er komponierte seine Oper zu
Fouqués *Undine,* schrieb die restlichen Beiträge zu den *Fantasiestücken,* darunter mit dem *Goldnen Topf* eines seiner Meisterwerke, und faßte unmittelbar nach dessen Beendigung den
Plan zu den *Elixieren des Teufels,* dem alsbald die Niederschrift
des ersten Teiles folgte. Es ist, als hätten die Lösung von Bamberg und die widrigen Produktionsbedingungen in Dresden
und Leipzig Energien freigesetzt, vor denen H. selbst erstaunte.
Wenn er sich dennoch nicht entschloß, in der sich abzeichnen-
den Friedenszeit eine künstlerische Laufbahn als Musiker oder
als Schriftsteller anzustreben, so wird man als Grund dafür
außer der Gunst der historischen Stunde und dem Zufall, der
ihn Hippel wiederfinden ließ, nicht nur Verantwortungsgefühl
gegenüber Mischa sehen dürfen, sondern auch das mehr oder
weniger deutliche Bewußtsein, gerade auch als Künstler einer
Verankerung in der bürgerlichen Normalität zu bedürfen (vgl.
die Tagebucheintragungen vom 17. Dezember 1813 und 11. Januar 1814, T 239, 243). Am 24. September 1814 reiste H. von
Leipzig in Richtung Berlin ab, wo ihn einige Tage später ein von
Hitzig zu seinen Ehren arrangiertes Festessen die Bekanntschaft

u. a. mit Chamisso, Tieck, Fouqué, Bernhardi und dem Maler Veit machen bzw. erneuern ließ. Zu Oktoberbeginn nahm er seine amtliche Tätigkeit am Kammergericht wieder auf, an dem er schon während seines ersten Berlinaufenthaltes gearbeitet hatte.

2.5. Berlin (1814–1822)

Als H. in Berlin eintraf, war er auch einer breiteren Öffentlichkeit kein Unbekannter mehr. Schon ein halbes Jahr zuvor waren die beiden ersten Bändchen der *Fantasiestücke* erschienen. Ende Oktober/Anfang November folgte der dritte Band mit dem *Goldnen Topf*, der schon bei seinem Erscheinen die Leser in den Bann schlug, und der Erfolg der 1816 uraufgeführten *Undine* festigte H.s Ruf als eines hervorragenden Künstlers. H. ließ sich zunächst in den hauptstädtischen Salons herumreichen, zog aber bald schon die intimere Freundesrunde vor, die am 12. 10. 1814 als »Seraphinenorden« konstituiert wurde und sich seit der Neugründung am 14. 11. 1818 »Serapionsbrüder« nannte. Ihr gehörten u. a. Hitzig, Salice Contessa, Koreff und, bis zu seiner Weltreise (1815–1818), Chamisso an. In Berlin lernte H. Eichendorff und Brentano kennen, auch mit C. M. v. Weber hatte er näheren Umgang. Eine auf Wahlverwandtschaft beruhende Freundschaft verband ihn mit dem Schauspieler Devrient. Mit ihm und anderen, von denen er vor allem Laune und Witz erwartete, traf er sich vorzugsweise im Weinhaus Lutter und Wegner. Überhaupt mied er die Salons und die »ästhetischen Tees« zunehmend zugunsten öffentlicher Lokale. Aus den allerletzten Lebensjahren ist eine unerwiderte Zuneigung zu der jungen Sängerin Johanna Eunicke bezeugt (vgl. N 119).

Der Erfolg, den er mit der *Undine* zu erringen beabsichtigte, ließ H. noch 1816 hoffen, seine juristische Tätigkeit zugunsten einer Musikdirektorstelle aufgeben zu können. Doch kam er seinen beruflichen Verpflichtungen mit einem Können und einer Sorgfalt nach, die ihm in den Jahresberichten seines Vorgesetzten regelmäßig höchstes Lob einbrachten. Schon bald wurde er Kammergerichtsrat, und 1821 berief man ihn in den Oberappellationssenat des Kammergerichts. Über H.s erfolgreiche Juristenkarriere legte sich erst ein Schatten, als er, selber eher unpolitisch, den Willkürmaßnahmen hoher Beamter in der Zeit der »Demagogenverfolgungen« Widerstand entgegensetzte.

In Berlin erst setzte das ein, was man mit einem etwas mißverständlichen Begriff H.s »Doppelleben« genannt hat. Während der ersten Zeit seiner juristischen Berufstätigkeit, 1796–1806, hatte H. – vor allem als Musiker – nur dilettiert. 1806–1814 waren dann Jahre einer schmerzlichen künstlerischen Selbstfindung in einem ökonomisch kaum abgesicherten Raum gewesen, die am Ende mit dem *Goldnen Topf* und der *Undine* die Gewißheit des eignen Ranges brachten. Nach Wiedereintritt in den Staatsdienst suchte H. quantitativ und qualitativ an die Produktion des Dresdner/Leipziger Jahres anzuschließen, zugleich aber seinen beruflichen Verpflichtungen voll zu entsprechen. Beides gelang ihm, wie sehr er auch während mehrerer Jahre über ein angebliches Nachlassen seiner poetischen Kraft klagen mochte und gelegentlich schwächere Werke mit dem Hinweis auf seine Tätigkeit am Kammergericht entschuldigte. Der Preis, den er zahlte, war seine Gesundheit. Zwar ist er nie der hemmungslose Trinker gewesen, als den man ihn verschiedentlich verleumdete. Doch dürfte das aufreibende Leben, das er zwischen Kammergericht, Lutter & Wegner und der häuslichen literarischen Produktion führte, seinen Körper frühzeitig verbraucht haben. Woran immer er auch starb, die doppelte – berufliche und künstlerische – Belastung der Jahre 1814–1822 dürfte H.s Lebenszeit nicht unerheblich verkürzt haben. Wiederholte Erkrankungen haben ihn jedenfalls, sieht man von einer dreimonatigen Erholungsreise im Sommer 1819 nach Schlesien ab, nicht dazu gebracht, den Raubbau am eigenen Körper zu beenden.

Die letzten drei Lebensjahre waren überschattet von der Tätigkeit in der »Immediat-Untersuchungs-Kommission zur Ermittlung hochverräterischer Umtriebe«. Sie war von Friedrich Wilhelm III. nach den Karlsbader Beschlüssen eingesetzt worden, und H. hatte sich der Ernennung nicht entziehen können. Immer wieder kam es in den folgenden Jahren zwischen H. bzw. seinen streng rechtlich denkenden Kollegen, die sich an das Gesetz hielten, und einem Staatsapparat, der das Recht politisch beugte, zu Konflikten. H., durchaus ohne Sympathie für revolutionäre Hitzköpfe wie Jahn und Follen, deren Fälle er bearbeitete, sah sich einer Arroganz der Macht gegenüber, auf die er schließlich nur noch als Schriftsteller zu antworten wußte. Im *Meister Floh* schrieb er sich seine Empörung insbesondere gegen Karl Albrecht von Kamptz, Direktor im Polizeiministerium und Mitglied des Staatsrats, von der Seele. Noch bevor das Werk bei Wilmans in Frankfurt erschien, erzählte H. in Berliner

Lokalen von dem literarischen Streich, den er Kamptz in der sogenannten Knarrpanti-Episode gespielt hatte. Kamptz, der davon Wind bekam, veranlaßte die Herausgabe der Druckfahnen und nahm die freie Verarbeitung von Untersuchungsprotokollen zum Vorwand, um gegen H. ein Disziplinarverfahren anzustrengen, an dessen Ende die Entlassung oder eine Strafversetzung in die Provinz hätte stehen sollen. Am 22. Februar 1822 wurde H. auf dem Krankenlager, das er nicht mehr verlassen sollte, vernommen. Am darauffolgenden Tag diktierte er seine Rechtfertigungsschrift, zugleich eine seiner wichtigsten poetologischen Äußerungen und eine meisterhaft getarnte neuerliche Verhöhnung des verhaßten Kamptz. In den darauffolgenden Monaten breitete sich schrittweise eine Lähmung aus, die ihm zuletzt kaum noch Bewegung gestattete. Das hinderte ihn freilich nicht daran, literarisch weiter produktiv zu sein und sich selbst mit jenem analytischen Interesse zu betrachten, das er in Dresden dem Krieg zugewandt hatte (vgl. N 361). Den Ausgang des Disziplinarverfahrens hat H. nicht mehr erlebt. Er starb am 25. Juni 1822.

Literatur

Quellen
Funck, Z. [d. i. Carl Friedrich Kunz]: Aus dem Leben zweier Dichter: Ernst Theodor Wilhelm Hoffmann's und Friedrich Gottlob Wetzel's, Leipzig 1836, V–VIII, 1–142, 270 f.; *Hitzig* 1823, 1986; *Schnapp, Friedrich:* E.T.A. Hoffmann in Aufzeichnungen seiner Freunde und Bekannten, München 1974 (maßgebliche Quellensammlung).

Zu Name, Pseudonymen, Chiffren
Schnapp, Friedrich: Hoffmanns Name, seine Pseudonyme und Chiffren, in: MHG 7 (1960), 27–34.

Biographien, biographisch einschlägige Arbeiten
Beese 1986; *Ellinger, Georg:* Lebensbild, in: E.T.A. Hoffmanns Werke in fünfzehn Teilen . . . hg. von G.E., Berlin, Leipzig [2]o. J. (1927), I, S. VII–CXXXI; *Günzel* 1976, 1979 und öfter; *Harich,* 1920 und öfter; *ders.:* Dämon Kunst. Das Leben E.T.A. Hoffmanns. Aus Briefen, Tagebuch und den autobiographischen Stellen seiner Schriften zusammengestellt und eingeleitet, Berlin 1926; *Helmke* 1975; *Kleßmann* 1982; *v. Maassen* 1936; *Mistler* 1982; *Mühlher, Robert:* Ernst Theodor Amadeus Hoffmann. Porträt, in: Mühlher 1976, 260–283; *Ricci* 1947; *Safranski* 1984, 1987; *Schneider* 1979; *Segebrecht* 1967 b; *ders.* 1971; *ders.* 1979; *Wetzel* 1981; *Wittkop-Ménardeau* 1966 und öfter; *dies.* 1968.

Psychologisch, psychoanalytisch, psychiatrisch orientierte biographische Arbeiten

Barine, Arvède [d. i. Cécile Vincens]: Névrosés. Hoffmann – Quincey – Edgar Poe – G. de Nerval, Paris 1898, 1–58; *Cabanès, Augustin:* Hoffmann, in: A. C.: Grands Névropathes, Paris 1935, III, 9–36; *Eyrich, Hedwig:* E. T. A. Hoffmann. Jugend und Entwicklungszeit, in: Zeitschrift für die gesamte Neurologie und Psychiatrie 127 (1930), 498–524; *dies.:* E. T. A. Hoffmanns Bamberger Tagebuch 1803–13. Durchbruch des Schöpferischen, in: Archiv für Psychiatrie 181 (1949), 453–462; *Kihn, B.:* Über E. T. A. Hoffmann, in: Ernst Speer (Hg.): Lindauer Psychotherapiewoche 1950, Stuttgart 1951, 110–121; *Klinke, Otto:* E. T. A. Hoffmanns Leben und Werke. Vom Standpunkte eines Irrenarztes, Braunschweig, Leipzig o. J. (1903); *Kuenemann, Gaston:* E. T. W. Hoffmann. Etude médico-psychologique, Thèse méd. Paris 1911; *Lange-Eichbaum, Wilhelm* und *Wolfram Kurth:* Genie und Irrsinn, München und Basel 1967 ([1]1927), 322 f., 526 f.; *Margis, Paul:* E. T. A. Hoffmann. Eine psychographische Individualanalyse, Leipzig 1911; *Mühlpfordt, Herbert Meinhard:* Vererbungs- und Umwelteinflüsse auf die Brüder Johann Ludwig und Ernst Theodor Hoffmann und deren Auswirkung auf die Persönlichkeitsbildung beider, besonders Ernst Theodors. Eine psychologische Studie … , in: Jahrbuch der Albertus-Universität zu Königsberg / Pr. 17 (1967), 80–146.

Zu einzelnen Lebensstationen

Königsberg (1776–1796)
Kroll, Erwin: Musikstadt Königsberg. Geschichte und Erinnerung, Freiburg i. B., Zürich 1966, 80–88 und passim; *Müller, Hans von:* Die erste Liebe des Ernst Theodor Hoffmann. Mit einigen Nachrichten über die Familien Schlunck und Flottwell, Hatt und Siebrandt nach den Quellen dargestellt, Heidelberg 1955; *Schnapp, Friedrich:* Hoffmanns Brüder, in: MHG 19 (1973), 52–60; *ders.:* Hoffmanns Angehörige in Königsberger Kirchenbüchern der Jahre 1767–1801, in: MHG 22 (1976), 1–9; *ders.:* Hoffmanns Verwandte aus der Familie Doerffer in Königsberger Kirchenbüchern der Jahre 1740–1811, in: MHG 23 (1977), 1–11.

Glogau, Berlin, Posen, Płock, Warschau, Berlin (1796–1808)
Buddensieg, Hermann: E. T. A. Hoffmann und Polen, in: Mickiewicz-Blätter 4 (1959), 12, 145–191; *Felzmann, Fritz:* Michalina. Ein Frauenschicksal, in: MHG 26 (1980) 5–15; *Greiff, Joachim:* Minna Doerffer. Hoffmanns Glogauer Cousine und Braut, in: Schlesien 14 (1969), 21–29; *Kosim, J.:* Ernst Theodor Amadeus Hoffmann in Warschau 1804 – 1807, in: Zeitschrift für Slawistik 24 (1979), 5, 615–636; *Müller, Hans von:* Hoffmann, Julius v. Voß und Holbein in Berlin, in: Mitteilungen des Vereins für die Geschichte Berlins 24 (1907), 7, 1–5, wieder in: v. Müller 1974, 155–171; *ders.:* Aus Hoffmanns Herzensgeschichte 1796–

1802, in: Deutsche Rundschau, Bd. 137, Nov. 1908, 252–260, wieder in: v. Müller 1974, 207–220; *ders.:* Fragmente einer Biographie E. T. A. Hoffmanns. Erstes Stück: Letzte Monate in Posen und Aufenthalt in Płock, Anfang 1802 bis März 1804, in: Deutsche Rundschau, Bd. 157 (1913), 418–445 und 158 (1914), 92–117, wieder in: v. Müller, 382–453; *ders.:* Hoffmann als Regierungsrat und als verjagter Offiziant, in: Mitteilungen des Vereins für die Geschichte Berlins 39 (1922), 58–60, wieder in: v. Müller 1974, 611–616; *ders.:* E.T.A. Hoffmann und Jean Paul, Minna Doerffer und Caroline Richter, Helmine von Chézy und Adelheid von Bassewitz. Ihre Beziehungen zueinander und zu gemeinsamen Bekannten im Rahmen der Zeitgeschichte. Unter Mitwirkung von Eduard Berend … Erstes [einziges] Heft, enthaltend den kritischen Teil und die Darstellung der Vorgänge bis zu Hoffmanns Verheiratung 1802, Köln 1927; *Textor, Hermann:* E.T.A. Hoffmann und Polen (1800–1807). Ein Beitrag zur deutschen Geisteskultur in Polen, in: Deutsche Monatshefte in Polen 1 (11), 3, Sept. 1934, 78–92.

Bamberg (1808–1813)
Ament, Wilhelm: E.T.A. Hoffmann in Bamberg. Kurzer Führer zu Stätten der Erinnerung und durch die Sammlung im E.T.A. Hoffmann-Haus, Bamberg 1951; *Baumgart, Wolfgang:* E.T.A. Hoffmann in Bamberg, in: Wolfgang Buhl (Hg.): Poetisches Franken, Würzburg 1971, 131–156; *Lesky, Albin:* E.T.A. Hoffmanns Julia-Erlebnis, in: ZfdPh 66 (1941), 219–238, wieder in: A. L.: Gesammelte Schriften, Bern und München 1966, 611–628; *Mühlher, Robert:* E.T.A. Hoffmanns Bamberger Jahre, in: LJ 21 (1980), 75–88; *Segebrecht, Wulf:* Neues zum »Neuen Lese-Institut« des C. F. Kunz, in MHG 23 (1977), 50–56; *ders.:* Weinhändler, Buchhändler, Literat. Vor 200 Jahren wurde Carl Friedrich Kunz geboren, in: MHG 31 (1985), 59–68; *Vodosek, Peter:* Eine Bibliothek der Goethe-Zeit. Das »Königlich Privilegirte neue Leseinstitut« des Carl Friedrich Kunz zu Bamberg, in: JWGV 77 (1973), 110–133.

Dresden, Leipzig (1813–1814)
Müller, Hans von: Hoffmanns Beziehungen zu Dresden und Leipzig, in: v. Müller 1974, 689–706.

Berlin (1814–1822)
Böschenstein-Schäfer, Renate: Das literarische Leben 1800–1850, in: Hans Herzfeld (Hg.): Berlin und die Provinz Brandenburg im 19. und 20. Jahrhundert, Berlin 1968, 657–699 (über H. speziell: 683–687); *Günther, Hans:* E.T.A. Hoffmanns Berliner Zeit als Kammergerichtsrat, Berlin 1976; *Hermsdorf, Klaus:* Literarisches Leben in Berlin. Aufklärer und Romantiker, Berlin (DDR) 1987; *Kruse, Hans-Joachim* (Hg.): E.T.A. Hoffmann. Ein Künstlerleben im Berlin der Jahre 1814–1822, Berlin und Weimar 1987; *Leuschner, Joachim:* E.T.A. Hoffmann und Berlin, in: Jahrbuch für Brandenburgische Landesgeschichte 36

(1985), 80–101; *Martin, Marietta:* Le Docteur Koreff (1786–1851). Un aventurier intellectuel sous la restauration et la monarchie de juillet, Paris 1925 (Reprint: Genève 1977); *Oppeln-Bronikowski, Friedrich von:* David Ferdinand Koreff. Serapionsbruder, Magnetiseur, Geheimrat und Dichter. Der Lebensroman eines Vergessenen. . ., Berlin, Leipzig 1928; *Schnapp, Friedrich:* Der Seraphinenorden und die Serapionsbrüder E.T. A. Hoffmanns, in: LJ 3 (1962), 99–112; *Wirth, Georg:* Taubenstraße No. 31. III. Etage. Hoffmanns Wohnung in Berlin, in: MHG 28 (1982), 36–44; *Zimmermann* 1981.

Zur möglichen Todesursache
Kron, Wolfgang: Dreimal Hoffmans Todeskrankheit, in: MHG 14 (1968), 39–43.

Reisen
Felzmann, Fritz: E.T. A. Hoffmanns Reise nach Prag, in: JWGV 76 (1972), 117–136; *Kroll, Erwin:* E.T. A. Hoffmann und Schlesien, in: Aurora 23 (1963), 93–100.

Zu Hoffmanns möglichem Antisemitismus
Geiger, Ludwig: E.T. A. Hoffmann und die Juden Berlins, in: Allgemeine Zeitung des Judentums, 29.5.1914; *Holtze, Friedrich:* [Hoffmanns »Brautwahl«:] Einleitung, in: Schriften des Vereins für die Geschichte Berlins, Heft XLIII, 1910, 46–72, 150–54.

3. Literarisches Werk, Schriften zur Musik, Briefe und Tagebücher, Zuschreibungen

3.1 Literarisches Werk

3.1.1. »Fantasiestücke in Callots Manier.
Blätter aus dem Tagebuche eines reisenden Enthusiasten.
Mit einer Vorrede von Jean Paul«

Die »eigenen Vorreden der Verfasser«, merkte Jean Paul in seiner recht verhaltenen »Vorrede« zu den *Fantasiestücken* an, seien »ordentlicher Weise nichts [...] als offene Selberrezensionen« (FN 7). Eine solche »Selberrezension« schrieb H. im einleitenden Fantasiestück *Jaques [!] Callot*. Unter Berufung auf den lothringischen Kupferstecher Callot postulierte der Titel seiner ersten Buchveröffentlichung die Befruchtung der Dichtkunst durch bildende Kunst und Musik, die beide im Begriff des Fantasiestücks angesprochen sind. Vor allem aber erhob er, fast überdeutlich (»Fantasie«, »Manier«, »reisender Enthusiast« [zum Begriff »E.« Karoli 1968, Mühlher 1976, 297, 317–320]), das Überschreiten des Gewöhnlich-Alltäglichen zum Programm. In unüberbietbarer Prägnanz entwirft, daran anschließend, das erste Fantasiestück, das »Vorwort« (B I 400), indem es Callot romantisierend auslegt, H. s eigene Poetik. Ihr wesentlich zugehörig sind: die Anstrengung, mit einem Minimum an Mitteln ein Maximum an Wirkung zu erzielen, die – paradoxerweise – vollendete Skizze; die Verbindung von »heterogensten Elementen« und »Komposition«, die, obwohl klassischen Formulierungen nahe, gegen die »schwierigen Kunstrichter« des Klassizismus abgehoben wird; vor allem aber, modern gesprochen, die Verfremdung der automatisierten Wahrnehmung.

Im durchgehaltenen Bezug auf Callot ist das erste Fantasiestück in eben dem Maße, wie es programmatische »Selberrezension« ist, Auseinandersetzung mit den ästhetischen Programmen von Lessing (der für eine scharfe Trennung zwischen bildender Kunst und Literatur eingetreten war) über Goethe (dessen Abwertung der »Manier« gegenüber dem »Stil« widerrufen wird) bis hin zu F. Schlegel (dem wichtigsten Theoretiker der romantischen Ironie) (Prawer, 1976).

Der Vergleich des ersten *Fantasiestücks* mit dem zweiten, *Ritter Gluck*, das fünf Jahre zuvor entstanden und publiziert worden war, zeigt, daß H. in *Jaques Callot* poetologisch kodifizierte, was er poetisch längst entwickelt hatte. Weist schon der Titel *Ritter Gluck. Eine Erinnerung aus dem Jahre 1809* ein Störsignal auf (der historische Gluck war 1787 gestorben), so steigert sich die dadurch ausgelöste Irritation bis zur Pointe des Schlußsatzes, in dem sich das geheimnisvolle Gegenüber des als Ich-Erzähler auftretenden reisenden Enthusiasten mit den Worten »Ich bin der Ritter Gluck!« (FN 24) zu erkennen gibt. Die Erzählung gilt seit der Wiederentdeckung H. s als ein Höhepunkt seiner Kunst. Kontrovers blieb freilich ihre Auslegung.

Schmidt versteht den Ritter Gluck als »Projektion des in der Erzählung selbst auftretenden Ich-Erzählers« (1985, II, 13). Anlaß zu Bedenken gegen diese Deutung gibt indes nicht nur H. s Brief an Rochlitz vom 12.1.1809, in dem unter gleichzeitiger Berufung auf dessen psychiatrische Studie *Der Besuch im Irrenhause* von einer »wirklichen Begebenheit in Berlin« die Rede ist, die dem »kleinen Aufsatz« »zum Grunde« liege (B I, 261), sondern – gewichtiger – der Text selbst, der den Erzähler gerade im Augenblick des Erwachens aus der »Traumwelt« mit dem Fremden zusammenführt (FN 14f.). Der »Ritter Gluck« ist, wenigstens partiell, tatsächlich »wahnsinnig«, wobei das Skandalon der Erzählung darin besteht, gerade dem Geisteskranken bzw. geistig Gefährdeten, der sich für Gluck ausgibt, kritische Einsicht in die Mängel des zeitgenössischen Musiklebens in den Mund zu legen und – wie auch immer gehemmte – geniale Kreativität zuzuschreiben. Damit schlägt die Erzählung ein Thema an, das insbesondere die sich anschließenden *Kreisleriana* mannigfach variieren.

Mit den *Kreisleriana* enthalten die *Blätter aus dem Tagebuche eines reisenden Enthusiasten* »kleine größtenteils humoristische Aufsätze« (FN 26) von stellenweise ausgeprägt tagebuchartigem Charakter, die, wie eingangs fingiert wird, Freunde bzw. Schüler des verschwundenen Johannes Kreisler dem reisenden Enthusiasten zur Abschrift überließen (FN 26). Die erste, sechs Texte umfassende Serie der *Kreisleriana* bildet das dritte Fantasiestück. Sie ist im Wechsel von enthusiastisch-begeistertem und ironisch-satirischem Ton genau abgestimmt und kontra-

34

stiert als Ganze mit den ernst gehaltenen Nachbarerzählungen *Ritter Gluck* und *Don Juan*, mit denen sie in den Themen der Musik bzw. ihrer gesellschaftlichen Profanation und des »Wahnsinns« als produktivem Grund und Gefährdung des Künstlers übereinkommt. Unterhalb dieser Ebene der großen Themen sorgt ein eng geknüpftes Netz motivlicher bzw. bildlicher Entsprechungen für die innere Kohärenz der *Kreisleriana* und ihre Einbindung in die *Fantasiestücke* insgesamt. Im weitgehenden Verzicht auf ein erzählerisches Kontinuum kommen die *Kreisleriana* überein; in sich freilich sind sie stark differenziert, wobei sich grob vier Gruppen unterscheiden lassen: die stark bekenntnishafte Rede *(Johannes Kreisler, des Kapellmeisters, musikalische Leiden)*, die enthusiastische Musikkritik, die verbal die empfangenen Eindrücke zu evozieren sucht *(Ombra adorata!, Beethovens Instrumental-Musik,* [vgl. M 34–51, 118–144])*, die tief ironische Rollenprosa *(Gedanken über den hohen Wert der Musik, Der vollkommene Maschinist)* sowie die Sammlung unverbundener Prosastücke, deren innere Spannweite vom Trocken-Aphoristischen bis zum lyrischen Aufschwung reicht *(Höchst zerstreute Gedanken)*.

Don Juan. Eine fabelhafte Begebenheit, die sich mit einem reisenden Enthusiasten zugetragen, führt, wie schon der *Ritter Gluck,* den Enthusiasten als Ich-Erzähler ein. Er berichtet von einem höchsten Kunsterlebnis, einer Aufführung des *Don Giovanni,* der »Oper aller Opern« (FN 73), und besonders von der Begegnung mit der Sängerin der Donna Anna. Nun erst geht dem Erzähler die Einsicht auf, daß Mozarts Titelheld nicht ein gemeiner »Bonvivant« (FN 74), sondern ein »durch des Erbfeindes List« Verführter ist, der im Wahn lebt, »daß [. . .] durch den Genuß des Weibes, schon auf Erden das erfüllt werden könne, was bloß als himmlische Verheißung in unserer Brust wohnt« (FN 75). Als entscheidenden Gegenspieler Don Juans, der »zuletzt alles irdische Leben matt und flach« findet und sich in »frevelndem Hohn gegen die Natur und den Schöpfer« auflehnt (FN 75f.), begreift der Erzähler Donna Anna, »die ein frommes Gemüt davon [!] rettete, des Satans geweihte Braut zu bleiben« (FN 77). Mit dieser christlich-traditionell formulierten Absage an die Sexualität als Weg zum »Unendlichen« korrespondiert und kontrastiert des Erzählers »fabelhafte« Begegnung mit der Sängerin der Donna Anna; denn während nach seiner Deutung die Anna der Oper ihre Rache an dem Verführer nicht lange überleben wird, resultiert der Tod der Sängerin aus dem Umstand, daß »ihr ganzes Leben [. . .] Musik« ist (FN 71).

Beide sind »frommen« Gemütes; jener wird »wollüstiger Wahnsinn« (FN 77), dieser »der zauberische Wahnsinn ewig sehnender Liebe«, der sich nur im Gesang ausspricht (FN 71), zum Verhängnis. Während *Ritter Gluck* beim gänzlich Unwahrscheinlichen, der Gluck übertreffenden Genialität des geheimnisvollen Passanten, stehenbleibt, scheint *Don Juan* Unmögliches zu artikulieren: Die Sängerin der Donna Anna befindet sich zugleich auf der Bühne und in der Loge des Enthusiasten, und wiederum in der Loge scheint sie, während sie andernorts stirbt, gegenwärtig zu sein. H. sprach am 2. 2. 1813 von »Ueberspannung« und »Geisterseherey« (B I, 365), seinen Enthusiasten selber läßt er »eine Art Somnambulism« bekennen, der ihn in »geheimen Beziehungen« mit dem »wunderbaren Weibe« »innig« verband (FN 71). Die spiegelbildliche Zuordnung von Donna Anna und ihrer Sängerin und der schockhafte Einbruch philiströser Normalität am Ende beider Teile der Erzählung weisen als ein geheimes Zentrum des *Don Juan* jene zutiefst erotische, im bürgerlichen Alltag unterdrückte »Sehnsucht« aus, die in normwidriger Sexualität und radikaler Kunst – entgegen den Oberflächenwertungen der Erzählung – zu prinzipiell gleichberechtigten Ausdrucksformen findet, ohne daß ihr je Erfüllung zuteil werden könnte.

Die *Nachricht von den neuesten Schicksalen des Hundes Berganza* knüpft ausdrücklich an Cervantes' »exemplarische Novelle« *Gespräch zwischen Cipion und Berganza, Hunden des Auferstehungshospitals* sowohl in der dialogischen Form und im humorvollen Ton als auch in wichtigen Gesprächsthemen und in zahlreichen Einzelmotiven bzw. Gestaltungsmomenten an. Auch die Thematisierung der Wahrscheinlichkeit des Berichteten findet ein Echo. Innerhalb der *Fantasiestücke*, zwischen dem *Don Juan* und dem *Magnetiseur*, kommt dem *Berganza* entsprechend dem schon in der Abfolge der *Kreisleriana* Nr. 1–6 beobachtbaren Prinzip ironisch-humoristischer Variation Kontrastfunktion dadurch zu, daß die Erzählung bei allem Ernst komisch durchstimmt bleibt. Die lockere Form des Gesprächs, auf die zugleich Goethes Verdeutschung von Diderots *Neveu de Rameau* eingewirkt hat, erlaubt es scheinbar assoziativ-zwanglos, tatsächlich aber geleitet von jenem Prinzip des »inneren Zusammenhangs«, für das neben Shakespeare Calderón als literarisches Muster genannt wird (FN 129 f.), die Fragen nach Kunst und Gesellschaft zu stellen, die schon im Mittelpunkt der vorausgehenden Fantasiestücke standen. Obwohl Kreisler wieder auftritt und Cäcilia sogar durch den Namen der

Heiligen der Musik ausgezeichnet wird, tritt im *Berganza* doch die Dichtkunst in den Vordergrund (Prawer 1977, 289 nennt Berganza geradezu »a symbol [. . .] of the Romantic poet«). Die im Motiv des »ästhetischen Tees« bei H. allenthalben anzutreffende Gesellschaftskritik gewinnt hier andererseits mit den Ausfällen gegen Cäcilias Ehemann Georg und die kuppelnde Schwiegermutter eine sonst nicht mehr erreichte Schärfe. In sie ist H.s Julia-Erlebnis unübersehbar eingegangen.

Der Magnetiseur. Eine Familienbegebenheit wurde als »Versuch, die Handlung von verschiedenen Blickpunkten aus [. . .] aufzubauen«, von Ohl nach dem Kriterium der von der Novelle geforderten »Einheit und Gradlinigkeit der Handlung« extrem negativ gewertet (1955, 21 f.). Diese Einschätzung übersieht das semantische Gewicht der perspektivischen Differenzierungen sowie der spiegelbildlichen Entsprechungen u. a. zwischen dem dämonischen Major, dem der Baron einst auf der Ritterakademie begegnet war, und Alban, dem magnetisierenden Arzt der Rahmenerzählung, der schließlich eine ganze Familie vernichtet. Sie verkennt zugleich, daß die theoretische Erörterung des Magnetismus, der Versuch einer »Amalgamierung von Zeitwissen und dichterischer Phantasie«, die traditionelle geschlossene Novellenform sprengen mußte (Nettesheim 1975, 56). Gegenüber dem befreundeten Bamberger Psychiater Speyer erhob H. den Anspruch, im *Magnetiseur* »eine noch unberührte neue Seite des Magnetismus« zu »entwickeln« (13. 7. 1813, B I, 398), einen Anspruch, den er eine Woche später gegenüber Kunz nur insofern einschränkte, als er von einer »noch nicht poetisch behandelten Seite desselben«, der »Nachtseite«, sprach (B I, 400). In Alban bzw. dem doppelgängerischen Major gelang H. eine Gestalt, in der sich menschliche Hybris wissenschaftlicher Kenntnisse und Fähigkeiten zum Zwecke eines ichsteigernden Machtrauschs bedient. Alban kommt dadurch einerseits in die Nähe der Euphemie der *Elixiere des Teufels,* andererseits in die jener machtbesessenen Naturwissenschaftler zu stehen, die das Spätwerk H.s wiederholt höhnischer Kritik überantwortet.

Schon den Zeitgenossen galt *Der goldne Topf. Ein Märchen aus der neuen Zeit* als ein Hauptwerk des Dichters, wie es auch für H. selber während der folgenden Jahre den Maßstab schlechthin des ihm literarisch möglichen Gelingens abgab. Das schon im *Ritter Gluck* erprobte und in *Jaques Callot* begründete Verfahren eines aus dem Alltag hervortretenden Wunderbaren (vgl. B I, 408, 19. 8. 1813) wird nun erstmals als tragfähig auch für eine Erzählung größeren Umfangs erkannt, wobei H. als besonders schwierig die »Spannung und Aufmerksamkeit« hervorhebt, die nötig waren, »um ganz in Ton und Takt zu bleiben« (4. 3. 1814, B I, 445). Die schockhaften oder auch gleitenden Übergänge zwischen der Welt des Alltags und der Welt des – verstörend oder beseligend – Wunderbaren, die dem Studenten Anselmus in der Rauerin, dem Äpfelweib, und im Archivarius Lindhorst begegnet, sind mit nie mehr überbotener Meisterschaft gestaltet. Die Rauerin, die karikaturistisch verhäßlicht wird, verkörpert die bürgerlichen Erwartungen, denen sich Anselmus gegenübersieht, während Lindhorst für die aus der »Sehnsucht [. . .], welche dem Menschen ein anderes höheres Sein verheißt« (FN 198), geborene Poesie steht. Der Kampf zwischen beiden spiegelt im Bereich des Wunderbaren selbst die konstitutive Differenz zwischen bürgerlichem Alltag und der quasi religiösen Sehnsucht nach dessen Transzendierung. Sein Verlauf markiert die Etappen eines Bewußtseinsprozesses, an dessen Ende Anselmus' Entscheidung für das »Leben in der Poesie« steht, »der sich«, wie der Schlußsatz in Form einer rhetorischen Frage sagt, »der heilige Einklang aller Wesen als tiefstes Geheimnis der Natur offenbaret« (FN 255). Die »tiefere Deutung«, von der H. gegenüber Kunz sprach (4. 3. 1814, B I, 445), ist in der geschichtsmythologischen Erzählung von Lindhorsts Herkunft aus dem Geisterreich im Werk selbst schon angelegt. Entscheidend freilich, daß H. bereits im *Goldnen Topf* Schuberts dogmatische geschichts- bzw. naturphilosophische Versöhnungsverheißungen (s. u. 4.1.1.) auf die Kunst (Poesie) begrenzt und zusätzlich psychologisch perspektiviert (vgl. Sucher 1942, 47). Angesichts der seit seinem Erscheinen anhaltenden Wertschätzung wie auch wegen der Vielschichtigkeit des Märchens überrascht es nicht, daß es eines der am häufigsten analysierten Werke H.s ist, wobei die Aufmerksamkeit neuerer Analysen in Übereinstimmung mit veränderten Fragestellungen der Literaturwissenschaft überhaupt vorzugsweise jenen motivlichen, kompositorischen und theoretisch-reflexiven Momenten gilt, in denen Dichtung (Schreiben, Kunst) sich selbst zum Gegenstand wird (Heine 1974, Nygaard 1983, Oesterle 1988). Damit ist ein zentrales Moment des Werkes und der zugrundeliegenden romantischen Theoreme in den Mittelpunkt der Erörterung getreten, und zugleich werden die bereits vorliegenden ideengeschichtlichen, tiefenpsychologischen und strukturanalytischen Beiträge beispielsweise von Bollnow (1951), Jaffé (1950) und De Loecker (1983) sinnvoll ergänzt.

Hitzig berichtet, H. habe »außer sich vor Vergnügen und Spannung« gelauscht, als er ihm *Peter Schlemihls wundersame Geschichte* von Chamisso vorgelesen habe; »ziemlich unglücklich« sei ihm dann in *Die Abenteuer der Silvester-Nacht* die Variation des Schattenverlustes durch Erasmus Spikhers Verlust des Spiegelbildes geraten (Chamisso: Sämtliche Werke, hg. von W. Feudel und Ch. Laufer, München, Wien 1982, II, 20). Das Urteil, das erst in jüngster Zeit einer angemesseneren Einschätzung zu weichen beginnt, verkennt, in welch hohem Maße H. sich trotz größter motivlicher Nähe erzähltechnisch und auch thematisch von der Vorlage entfernt. An die Stelle der linearen Ich-Erzählung Chamissos ist die außerordentlich beziehungsreiche Verschränkung dreier Stimmen getreten (Herausgeber, reisender Enthusiast und Spikher). Spikhers Erzählung von der Kurtisane Giulietta und die Wiederbegegnung des reisenden Enthusiasten und der geliebten Julie spiegeln sich wechselseitig bis ins Detail einzelner Motive und Formulierungen hinein und setzten den Leser selbst jener Suggestion der erotischen Entgrenzung aus, die in der Handlung zum Thema wird (Betonung der Identitäts- und Sprachkrise durch Kontje, 1985). *Die Abenteuer der Silvester-Nacht* sind, weniger eine »vordergründig nichts als triviale Liebesgeschichte«, hinter der »ansatzweise die Konturen eines nicht zur Gänze säkularisierten religiösen Dramas sichtbar« werden (Berger 1978, 113), als vielmehr eine christlich eingekleidete Auseinandersetzung mit der zerstörenden Gewalt gesellschaftlich unterdrückter Sexualität. Dies bezeugt sowohl die Zuordnung Julies und der »tölpischen, spinnenbeinichten Figur« ihres Ehemanns (FN 260) zu Giulietta und dem teuflischen Dappertutto als auch die scharfe Ironie, in die Sphikhers »fromme Hausfrau« (FN 270) getaucht erscheint. Ausgesprochen erotisch sind die metaphorischen Oppositionsfelder des Kalt-Winterlichen einerseits und andererseits des Glühend-Feurigen. Der »dicke stinkende Dampf«, in dem Giulietta und Dappertutto verschwinden (FN 282), zitiert gewiß uralte Teufelstraditionen, deutet indes, in Verbindung mit dem »magischen Duft« der Kurtisane, von dem zuvor die Rede war (FN 280), viel unmittelbarer auf eine Erregungskurve hin, in der das Physische des Geschlechtsaktes und seine psychosozialen Stigmatisierungen untrennbar verbunden sind. Gerade indem er sich, wie im *Berganza,* darauf einließ, die ganz persönlichen Beziehungen zu Julia Marc auszuphantasieren (in Julie/Giulietta ging daneben als literarisches Vorbild u. a. die Julia aus Tiecks *Pokal* ein), vermochte H. von der kollektiven Psyche seiner Zeit Zeugnis abzulegen.

Nachdem *Die Abenteuer der Silvester-Nacht* wie zuvor schon *Der Magnetiseur* von der Kunst als zentralem Thema weggeführt hatten, stellt sich die zweite, sieben Texte umfassende Reihe der *Kreisleriana* als abschließende Reprise wesentlicher kunstspezifischer Motive und Themen der *Fantasiestücke* I bis V und VII dar. Zugleich wird, vor allem im Mittelstück *Nachricht von einem gebildeten jungen Mann* (d. i. Milo, der Affe), die Kritik an der Gesellschaft, ein Moment *aller* vorausgehenden Fantasiestücke, weitergeführt (zur Kritik an Galls materialistischer Schädellehre: Oehler-Klein 1987, 193–196). Vorrangig in ihrer Kunstfeindlichkeit rückt die Gesellschaft in den Blick, wie andererseits das Motiv des »Davonlaufens«, des »Verschwindens«, der »Flucht« des Künstlers und die Verwahrung gegen die gesellschaftliche Ausgrenzung seines »Wahnsinns« die Verschränkung der thematischen Hauptstränge vermitteln. Von solcher Verschränkung bestimmt ist häufig die Sprache der *Kreisleriana* selbst, besonders in der *Nachricht von einem gebildeten jungen Mann* und im *Musikfeind,* in denen in Rollenprosa vom Standpunkt selbstzufriedener Normalität aus im einen Falle die philiströs verkommene Bildungs- und Kunstkonzeption, im anderen die tiefe Begabung eines Kreisler nahestehenden jungen Mannes zur Sprache kommt (vgl. die umgekehrte Perspektive im *Brief des Barons Wallborn an den Kapellmeister Kreisler).* Gerade wegen der Heterogenität der Formen besticht die innere Einheit auch dieser zweiten Reihe der *Kreisleriana,* die zugleich Teil und selbst schon Abbild jener sich vom Klassizismus abkehrenden Einheit sind, die die *Fantasiestücke* in einem Maß einlösen, das durch kein späteres Werk H.s übertroffen worden sein dürfte. Indem *Johannes Kreislers Lehrbrief* als »Insiegel« gegen Ende ein Kreuz zeichnet (FN 327), wird die Kunst in die Nachfolge Christi gerückt und der Künstler als radikal einsamer, aus der Erfahrung des Todes schaffender Mittler zum Göttlichen verklärt. Das Gegengewicht zu dieser Verklärung bilden die wenige Zeilen zuvor angesprochene Möglichkeit eines »dämonischen Mißbrauchs der Musik« (FN 327) und die abschließende Pointe, die Kreisler als Urheber des an ihn selbst gerichteten *Lehrbriefes* ausweist, wodurch alle Geltungsansprüche auf die Perspektive des Einsamen, der keinerlei Garantien außerhalb seiner selbst findet, zurückbezogen werden.

H. waren Überarbeitungen grundsätzlich zuwider (vgl. M 313). Dennoch hat er die *Fantasiestücke* für die zweite und letzte Auflage zu seinen Lebzeiten (1819) stilistisch durchgesehen und um einige Passagen gekürzt. Der wichtigste der Textverluste, über die v. Maassen, ebenso wie über die übrigen Varianten informiert (HKA I, 442–480), betrifft *Prinzessin Blandina. Ein romantisches Spiel in drei Aufzügen,* das, bewußt fragmentarisch, in das dritte Stück der zweiten *Kreisleriana, Kreislers musikalisch-poetischer Klub,* eingelassen war (Text: FN 712–748). Schon am 24. 5. 1815 hatte H. die *Prinzessin Blandina* gegenüber Kunz als sein »schwächstes Produkt« bezeichnet (B II, 57), womit er der Vernachlässigung auch noch in der neuesten Forschung Vorschub leistete (s. freilich Feldmann 1971, 153). Dabei kann das ergötzliche Dramenfragment nicht nur neben Tiecks Märchenkomödien bestehen, die es zusammen mit Gozzi entscheidend angeregt haben (ob es seinerseits auf Büchners *Leonce und Lena* eingewirkt hat, bleibt zu prüfen). Es ist zugleich ein wichtiges Glied in H.s Entwicklung und gibt überdeutlich Tendenzen des erzählerischen Werkes zu erkennen: Fiktionsironie, Reflexion konventioneller Kompositionsschemata und der eigenen Stellung in der literarischen Reihe, Spannung zwischen unterschiedlichen Stilhöhen und sprachlichen Registern, zitathafte Sprache, grotesk-zeugmatische Zusammenstellungen. Die starke Bildlichkeit, die Komik und die ausgesprochen dramatische Komposition von H.s Erzählungen, verdanken sich wesentlich auch H.s Bühnenerfahrungen, wie sie in die *Prinzessin Blandina* sehr viel direkter Eingang gefunden haben. Während das romantische Drama eines Tieck und Brentano Lesedrama blieb, zog der Verfasser der *Prinzessin Blandina* sehr bald die Konsequenz, nurmehr dramatisch zu erzählen.

Für die beiden ersten Bände der ursprünglich in vier Bänden erschienenen *Fantasiestücke* hatte H. je eine Titelvignette geschaffen (Abbildung u. a. bei Helmke 1975, 75), die beide jene Spannung zwischen »geheimen Andeutungen« und »Skurrilität« ausdrücken, von denen die Callot-Vorrede spricht (FN 12 f.; vgl. H.s Kommentar , B I, 413).

Literatur

Zu den »Fantasiestücken« allgemein
Müller-Seidel, Walter, Nachwort, FN, 749–770;*Ohl, Hubert:* Der reisende Enthusiast. Studien zur Haltung des Erzählers in den »Fantasiestücken« E. T. A. Hoffmanns, Diss. Frankfurt a. M. 1955; *Stanley, Pa-*

tricia: »Phantasiestücke [!] in Callots Manier« in the light of Friedrich
Schlegel's theory of the arabesque, in: GSR 8 (1985), 399–419.

Zum Begriff »Enthusiasmus«
Karoli 1968; *Mühlher 1976, 297, 317–320.*

»Jaques Callot«
Cramer 1966, 1970; *Manheimer, Viktor:* Die balli von J. Callot. Ein
Essay, Potsdam 1921, 50–57; *Prawer, Siegbert:* Die Farben des Jacques
Callot. E. T. A. Hoffmanns »Entschuldigung« seiner Kunst, in: Wissen
und Erfahrungen . . . Festschrift für Hermann Meyer . . . hg. von Alex-
ander von Bormann, Tübingen, 1976, 392–401; *Schaukal, Richard von:*
Jacques Callot und E. T. A. Hoffmann, in: GRM 11 (1923), 156–165;
Segebrecht 1967 a, 123–132.

»Ritter Gluck«
Dattenberger 1986, 31–64; *Dobat* 1984, 119–137; *Karoli, Christa:* Ritter
Gluck. Hoffmanns erstes Fantasiestück, in: MHG 14 (1968), 1–17; wie-
der in: Prang, 335–358; *Köhn* 1966, 35–43; *Scher, Steven Paul:* E. T. A.
Hoffmann's »Ritter Gluck«. The Platonic Idea, in: S. P. Sch.: Verbal
Music in German Literature, New Haven, London 1968, 56–78;
Schmidt 1985, II, 12–19; *Schöne, Albrecht:* Interpretationen zur dichte-
rischen Gestaltung des Wahnsinns in der deutschen Literatur, Diss.
Münster 1951, 122–135, 213–215; *Spiegelberg, Hartmut:* Der »Ritter
Gluck« von NN (1809) als Wegweiser zum dichterischen Schaffen des
Komponisten und bildenden Künstlers in Sprache E. T. A. Hoffmann,
Diss. Marburg 1973; *Wittkowski, Wolfgang:* E. T. A. Hoffmanns musi-
kalische Musikerdichtungen »Ritter Gluck«, »Don Juan«, »Rat Kre-
spel«, in: Aurora 38 (1978), 54–74.

»Kreisleriana« I und II
Asche 1985, 97–111 (»Johannes Kreislers Lehrbrief«); *Castein, Hanne:*
Nachwort zu: E. T. A. H.: Kreisleriana, Stuttgart 1983, 141–153; *Célis,
Raphaël:* L'art et l'aspiration à l'unité »magique« de la vie dans le romantisme allemand. Méditations sur les affinités destinales des »Kreisleriana« d'E. T. A. Hoffmann et de R. Schumann, in R. C. (Hg.): Littérature et musique, Brüssel 1982, 111–137; *Dahlhaus, Carl:* E. T. A. Hoffmanns Beethoven-Kritik und die Ästhetik des Erhabenen, in: Archiv
für Musikwissenschaft 38 (1981), 79–92; *Dobat* 1984, 155–167; *Görgens*
1985, 59–72 (»Nachricht von einem gebildeten jungen Mann«); *Jost*
1921, 45–75 (Tiecks/Wackenroders Berglinger und Kreisler); *Kolb,
Jocelyne:* E. T. A. Hoffmann's »Kreisleriana«. A la Recherche d'une
Forme Perdue, in: Monatshefte 69 (1977), 1, 34–44; *Magris, Claudio:*
Introduzione, in: E. T. A. Hoffmann: Dolori musicali del direttore
d'orchestra Giovanni Kreisler, Milano 1984, 5–12; *Oehler-Klein: Sigrid:*
Die Schädellehre Franz Joseph Galls in Literatur und Kritik des 19.
Jahrhunderts, Diss. Gießen 1987, 193–196 (»Nachricht von einem ge-
bildeten jungen Mann«); *Wittkowski, Wolfgang:* Stufe und Auf-

schwung. Die vertikale Grundrichtung der musikalischen Struktur in Hoffmanns »Kreisleriana I«, in : Steven Paul Scher (Hg.): Literatur und Musik, Berlin 1984, 300–311; *Wöllner* 1971, 115–133 (»Nachricht von einem gebildeten jungen Mann«).

»Don Juan«

Dobat 1984, 138–155; *Kaiser, Hartmut:* Mozarts »Don Giovanni« und E. T. A. Hoffmanns »Don Juan«. Ein Beitrag zum Verständnis des »Fantasiestücks«, in: MHG 21 (1975), 6–26; *Prieur, Jérome:* Le feu aux lèvres. Les miroirs crevés. (Sur le »Don Juan« d'Hoffmann), in: Obliques 5 (1978), 23–45; *Patzelt, Johanna:* Erfüllte und verfehlte Künstlerliebe. Ein Versuch über das Menschenbild E. T. A. Hoffmanns in seinem Phantasiestück (!) »Don Juan«, in: JWGV 80 (1976), 118–148; *Wellbery, David E.:* E. T. A. Hoffmann and Romantic Hermeneutics. An Interpretation of Hoffmann's »Don Juan«, in: SiR 19 (1980), 455–473; *Wittkowski, Wolfgang:* E. T. A. Hoffmanns musikalische Musikerdichtungen »Ritter Gluck«, »Don Juan«, »Rat Krespel«, in: Aurora 38 (1978), 54–74.

»Nachricht von den neuesten Schicksalen des Hundes Berganza«

Brüggemann 1958, 216–218; *Chambers, Ross:* The Artist as Performing Dog, in: CL 23 (1971), 312–324; *Görgens* 1985, 24–57; *Prawer, Siegbert S.:* »Ein poetischer Hund«. E. T. A. Hoffmann's »Nachricht von den neuesten Schicksalen des Hundes Berganza« and its Antecedents in European Literature, in: Aspekte der Goethezeit, hg. von Stanley Corngold u. a., Göttingen 1977, 273–292.

»Der Magnetiseur«

Köhler 1972, 184–257; *Müller-Funk, Wolfgang:* E. T. A. Hoffmanns Erzählung »Der Magnetiseur«, ein poetisches Lehrstück zwischen Dämonisierung und neuzeitlicher Wissenschaft, in: Heinz Schott (Hg.): Franz Anton Mesmer und die Geschichte des Mesmerismus, Stuttgart 1985, 200–214; *Nettesheim, Josefine:* E. T. A. Hoffmanns Phantasiestück »Der Magnetiseur«, Ein Beitrag zum Problem »Wissenschaft« und Dichtung, in: JWGV 71 (1967), 113–127, wieder in: J. N.: Poeta doctus oder Die Poetisierung der Wissenschaft von Musäus bis Benn, Berlin 1975, 39–56.

»Der goldne Topf«

Bollnow, Otto Friedrich: Der »goldne Topf« und die Naturphilosophie der Romantik. Bemerkungen zum Weltbild E. T. A. Hoffmanns, in: Die Sammlung 6 (1951), 203–216, wieder in: O. F. B.: Unruhe und Geborgenheit im Weltbild neuerer Dichter, Stuttgart 1953 und öfter, 207–226; *Dahmen, Hans:* Studien zu E. T. A. Hoffmanns »Goldner Topf«, Diss. Marburg 1925; *Egli* 1927, 61–92; *Fühmann, Franz:* Fräulein Veronika Paulmann aus der Pirnaer Vorstadt oder Etwas über das Schauerliche bei E. T. A. Hoffmann, in: Fühmann 1980, 55–115; *Harper, Anthony* und *Norman Oliver:* What really happens to Anselmus? »Impermissible« and »irrelevant« questions about E. T. A. Hoffmann's »Der goldne Topf«, in: NGS 11 (1983), 113–22; *Heine* 1974, 1985, 154–198; *Hofe, Gerhard vom:* E. T. A. Hoffmanns Zauberreich Atlantis. Zum Thema des dichterischen Enthusiasmus im »Goldnen Topf«, in: Text & Kontext 8 (1980), 1, 107–126; *Jaffé* 1950, 1978; *Köhler* 1972, 34–112; *Loecker* 1983, 26–67; *Marhold, Hartmut:* Die Problematik dichterischen Schaffens in E. T. A. Hoffmanns Erzählung »Der goldne Topf«, in: MHG 32 (1986), 50–73; *McGlathery* II, 1985, 111–125; *Mühlher, Robert:* Liebestod und Spiegelmythe, in: E. T. A. Hoffmanns Märchen »Der goldne Topf«, in: ZfdPh 67 (1942), 21–56, wieder in: R. M.: Dichtung der Krise, Wien 1951, 41–95; *Nehring* 1976, 1981; *Nygaard, L. C.:* Anselmus as Amanuensis. The Motif of Copying in Hoffmann's »Der goldne Topf«, in: Seminar 19/2, Mai 1983, 79–104; *Oesterle, Günter:* E. T. A. Hoffmann: »Der goldne Topf«, in: Erzählungen und Novellen des 19. Jh.s, I, Stuttgart 1988, 181–220; *Pikulik, Lothar:* Anselmus in der Flasche. Kontrast und Illusion in E. T. A. Hoffmanns »Der goldne Topf«, in: Euphorion 63 (1969), 341–370; *Preisendanz, Wolfgang* [2]1976, 87–105; *Schmidt, Jochen:* Der goldne Topf als dichterische Entwicklungsgeschichte. Nachwort zu der Ausgabe des Märchens, Frankfurt a. M. 1981, 145–75; *Stadler, Ulrich:* »Der goldne Topf«, in: Feldges/Stadler 1986, 64–85; *Sucher, Paul:* »Introduction« zum »Goldnen Topf«, in: E. T. A. Hoffmann: Le Vase d'or (Der goldne Topf), Les Mines de Falun (Die Bergwerke zu Falun), Paris 1942, 15–49; *Tatar, Maria Magdalene:* Mesmerism, Madness, and Death in E. T. A. Hoffmann's »Der goldne Topf«, in: SiR 14 (1975), 365–389; *Wellenberger* 1986, 127–168; *Willenberg, Knud:* Die Kollision verschiedener Realitätsebenen als Gattungsproblem in E. T. A. Hoffmanns »Der goldne Topf«, in: ZfdPh (Hoffmann-Sonderhefte 1976), 93–113, wieder in: Scher, 98–116; *Wührl, Paul-Wolfgang* (Hg.): E. T. A. Hoffmann: »Der goldne Topf«. Erläuterungen und Dokumente, Stuttgart 1982; *ders.:* E. T. A. H.: »Der goldne Topf«. Die Utopie einer ästhetischen Existenz, Paderborn 1988.

»Die Abenteuer der Silvester-Nacht«

Berger, Willy R.: Drei phantastische Erzählungen. Chamissos »Peter Schlemihl«, E. T. A. Hoffmanns »Die Abenteuer der Silvester-Nacht« und Gogols »Die Nase«, in: Arcadia, Sonderheft 1978, 106–138; *Giraud, Jean:* E. T. A. Hoffmann: »Die Abenteuer der Silvester-Nacht«. Le double visage, in: Recherches germaniques 1 (1971), 109–145; *Kontje, Todd:* Biography in Triplicate. E. T. A. Hoffmann's »Die Abenteuer der Silvester-Nacht«, in: GQ 58 (1985), 348–60; *Kuttner* 1936, 24–33; *Magris* 1980, 21–23; *Wilpert, Gero von:* Der verlorene Schatten. Varianten eines literarischen Motivs, Stuttgart 1978, 57–67.

»Prinzessin Blandina«

Feldmann, Helmut: Die Fiabe Carlo Gozzis. Die Entstehung einer Gattung und ihre Transposition in das System der deutschen Romantik, Köln, Wien 1971, 148–153.

»Die Elixiere des Teufels. Nachgelassene Papiere
des Bruders Medardus eines Kapuziners.
Herausgegeben von dem Verfasser der Fantasiestücke
in Callots Manier«

H.s erster Roman erschien im Berliner Verlag Duncker und
Humblot Mitte September 1815 (Bd. 1) bzw. im Mai 1816 (Bd.
2). Der erste Teil war unmittelbar nach Reinschrift des *Goldnen
Topfes* im März/April 1814 in einer von Krankheit und existen-
tieller Not geprägten Periode entstanden. Für den zweiten sind
keine genauen Daten der Niederschrift bekannt, doch dürfte
diese in eine Zeit fallen, in der mit dem Erscheinen der *Fantasiestücke* und Hippels Fürsprache bei den preußischen Autoritäten
H.s Lebensschiff in ruhigere Gewässer zu gelangen begann.
Chronologisch wie systematisch bestehen enge Beziehungen
zwischen den *Elixieren* und insbesondere dem ersten Teil der
Nachtstücke.

Die Titel der sieben Abschnitte geben den Umriß der Handlung: »Die Jahre der Kindheit und das Klosterleben«, »Der Ein-
tritt in die Welt«, »Die Abenteuer der Reise«, »Das Leben am
fürstlichen Hofe« (1. Bd.), »Der Wendepunkt«, »Die Buße«,
»Die Rückkehr in das Kloster« (2. Bd.). Durch das Teufelselixier verführt, erwacht in dem Kapuzinermönch Medardus die
sexuelle Lust, die er, von seinem Prior nach Rom entsandt, mit
allen Mitteln, auch dem des Mordes, zu stillen sucht. In dem
Maße, wie die Handlung voranschreitet, wird in einer zeitlichen
Gegenbewegung schrittweise die Vorgeschichte des Medardus
und des auf seiner Familie lastenden Fluches enthüllt, wobei der
Leser schwerlich alle genealogischen Filiationen zu durch-
schauen vermag (Stammtafeln u. a. in HKA II, Anhang und in
Nehrings Ausgabe der *Elixiere*, Stuttgart 1975, 356; zur »Ak-
tualität des Themas einer pränatalen Beeinflussung« vgl. v.
Matts Hinweis auf Goethes *Wahlverwandtschaften*, 1971, 130,
Anm. 14). Mit der Lösung des Fluches, die definitiv erst der
Tod bringt, endet der Roman (von dem kurzen »Nachtrag des
Paters Spiridion« abgesehen). Während M. G. Lewis (vgl. Horn
1923, Zehl Romero 1979) seinen Ambrosio in *The Monk*, an den
H. in den *Elixieren* anknüpft und auf den er ausdrücklich Bezug
nimmt, in ewiger Verdammnis enden läßt, geht Medardus den
Weg der »Buße«. Darin eine christliche Umdeutung bzw. Ak-
zentuierung sehen zu wollen, wäre freilich verfehlt. Der noch in
die Bamberger Zeit fallende Besuch in einem Kapuzinerkloster
hatte auf H. eher atmosphärisch-ästhetisch gewirkt, und die

Opposition zwischen »Kloster« und »Welt«, innerhalb derer sich im Roman des Medardus Geschichte entwickelt, ist im wesentlichen ein Kunstgriff, um im literarischen Medium der bekennenden Autobiographie (Segebrecht 1967), der Klostergeschichte (Strauss 1921), des Geheimbundromans (Thalmann 1923) und des pikarischen bzw. Abenteuerromans (Nehring 1975) die Grundfrage nach den verborgenen Triebkräften des Menschen, nach ihrer Erkennbarkeit wie nach ihrer Beherrschbarkeit, zu stellen.

»Oneiros der Traumgott« habe ihn zu dem Roman »inspirirt«, schreibt H. während der Niederschrift des ersten Teiles an Kunz (24. 3. 1814, B I, 454). Im außerordentlich dichten Vorwort legt der fiktive Herausgeber dem Leser nahe, »die sonderbaren Visionen des Mönchs für mehr [zu] halten, als für das regellose Spiel der erhitzten Einbildungskraft«; wenig später heißt es: »Nachdem ich die Papiere des Kapuziners Medardus recht emsig durchgelesen [. . .], war es mir [. . .], als könne das, was wir insgemein Traum und Einbildung nennen, wohl die symbolische Erkenntnis des geheimen Fadens sein, der sich durch unser Leben zieht, es festknüpfend in allen seinen Bedingungen, als sei *der* aber für verloren zu achten, der mit jener Erkenntnis die Kraft gewonnen glaubt, jenen Faden gewaltsam zu zerreißen, und es aufzunehmen, mit der dunklen Macht, die über uns gebietet« (EM 7 f.). Dem »geheimen Faden« und der »über uns« gebietenden »dunklen Macht« des Vorworts entspricht im Text selbst ein ganzes Spektrum begrifflicher bzw. metaphorischer Äquivalente: das »dunkle Verhängnis« (EM 155), die »finstre Macht« (EM 153), das »geheimnisvolle Spiel des Schicksals« (EM 177) usw. Alle diese Formulierungen laufen auf einen Widerruf bzw. auf eine gewichtige Einschränkung der idealistischen Überzeugung von der individuellen Autonomie hinaus, lassen trotz des frommen Endes im Kloster keinen Raum für die christliche Vorstellung eines gnädig waltenden Gottes und erhalten ihre konkrete Bestimmung im wesentlichen erst durch die zentralen, sexuell geprägten Motive, Konfigurationen und Konstruktionsmomente des Werkes, durch dessen »gleichsam tiefenpsychologische Optik« (Müller-Seidel 1964, 672).

Gegenüber der traditionellen Abwertung der *Elixiere*, die vereinzelt bis in jüngste Urteile nachwirkt, ist als Qualität dieses Werkes gerade geltend zu machen, daß die im Vorwort angesprochene Thematik für alle Ebenen des Textes bestimmend wurde: nicht nur für den Aufbau und die Bildlichkeit bzw. Motivik, sondern selbst noch für den Stil, in dem man bis zur Gegenwart eine entscheidende Schwäche H.s zu erkennen glaubte. Wenn der »possierliche Belcampo« (EM 97) »Apage Satanas apage, apage, Ahasverus, allez-vous-en!« ausruft (EM 98 f.), so ist der zitathaft-artifizielle Charakter seiner Rede in Funktion nicht nur des humoristischen Kontrapunkts zu sehen, sondern er spiegelt zugleich in der Distanz zur eigenen Sprache jenes Problem, das im Motiv des Doppelgängers im thematischen Zentrum steht. Grundsätzlich ist bei H. mit der Möglichkeit parodistischer Rede zu rechnen. Die Identität der Person und damit ihre Erkennbarkeit wie auch ihre sprachliche Artikulation werden so tief fragwürdig, daß gerade an bedeutungsschweren Stellen statt indikativischer Setzungen Modalverben, Konjunktiv, abtönende Adverbien u. a. hervortreten (z. B. EM 79). An Stellen gesteigerter Affektivität hat es H. verstanden, das vorherrschende Gefühl, ja den »Wahnsinn« »selbst« sprechen zu lassen (z. B. EM 182). Und auch dort noch, wo sich die Sprache in Klischees zu erschöpfen scheint, sind Momente, rhythmischer Art beispielsweise (vgl. die musikalischen Tempobezeichnungen im Brief an Kunz vom 24. 3. 1814, B I, 454), eingegangen, die dem Klischee in der Potenzierung neue Kraft abgewinnen (»Ein Blitz fuhr durch mein Innres, mein Atem stockte, die Pulse schlugen, krampfhaft zuckte das Herz, zerspringen wollte die Brust!«, EM 153).

Als eine Stärke H.s hat man seit jeher seine Bildlichkeit erkannt, was zumal für die *Elixiere* gilt. Der in wahnsinniger Rede beschworene Kampf auf dem Dach ist von ebenso visionärer Eindringlichkeit wie die Szene, in der Medardus Viktorin durch seinen Zuruf in den »jähen, entsetzlichen Abgrund« stürzt (EM 46 f.; zum Bild des Abgrunds in der dt. Lit., u. a. bei H.: Doppler, Alfred: Der Abgrund. Studien zur Bedeutungsgeschichte eine Motivs, Graz, Wien, Köln 1968; Kurzfassung: Der Abgrund des Ichs. Ein Beitrag zur Geschichte des poetischen Ichs im 19. Jahrhundert, Wien, Köln, Graz 1985;), die Passage, in der Medardus seinen »Doppeltgänger«, der sich nicht abschütteln läßt, auf dem Rücken durch den Wald trägt (EM 207 f.), und die Höllenvision der »Köpfe [. . .] mit Heuschreckenbeinen« und des »auf der eigenen Brust [. . .], die zur Geige worden«, streichenden Konzertmeisters (EM 222). Die großen Bilder in die H.s bildkünstlerische Schulung – u. a. durch Breughel – eingegangen ist, haben denn auch die Illustratoren vielfältig inspiriert. »Oneiros« teilte ihnen den Charakter alptraumhaft gesteigerter Wirklichkeit mit. Überhaupt sind die Übergänge zwischen (fiktiver) Realität und (fiktiver) Irrealität gleitend, wozu außer den verschiedenen Verfahren der Modalisierung auch spezifische Motive wie die Übergänglichkeit von Gemälde und Person (v. Matt 1971) und die auffällige Rekurrenz von Requisiten, Namen, ja ganzer Handlungskonstellationen gehört (mit demselben Messer, mit dem Medardus Hermogen tötet, hatte sein Vater den Prinzen umgebracht).

Für das, was dem Menschen als das überwältigend-bedrohliche andere in ihm selbst gegenübertritt, für den Familienfluch, wie er sich in einer Sexualität zeigt, die zu ihrer Befriedigung auch nicht vor dem Mord zurückschreckt, und den daraus entspringenden, drohenden »Wahnsinn« hat H. insbesondere auch kompositorische Äquivalente geschaffen. Selbst noch die bewußt gesetzten humoristischen Intermezzi sind eng auf das zentrale Thema bezogen: Die Geschichte des Iren Ewson, der seit 22 Jahren täglich sein Hotelzimmer kündigt, ausreitet und zurückkehrt, als sei nichts geschehen, demonstriert am Beispiel eines harmlosen Spleens die gleitenden Grenzen von Normalität und Geisteskrankheit; die komische Szene mit dem bestechlichen Richter endet mit des Medardus Identifizierung als »Blutbruder« durch das »wahnsinnige« Bettelweib (EM 83); Belcampos grotesker Spott gar steigert durch seine Komik den Eindruck des Unheimlichen, handelt es sich in seiner Rede über Medardus doch um die eines selbst von Geisteskrankheit Bedrohten (zu Belcampo als positivem Vertreter der »anderen Vernunft«: Magris 1980, 75 f.; zum literarischen Typ des Barbiers: Martens 1960).

Freud hat in seinem Essay *Das Unheimliche* (zuerst 1919) im Blick auf die *Elixiere* vier Ausformungen des »Doppelgängertums«, der Entfremdung vom eigenen Selbst unterschieden: »Ich-Verdoppelung« (z. B. in der Kerkerszene), »Ich-Teilung« (»Die [Uniform] schleuderte ich hinab in den Abgrund‹, antwortete es aus mir hohl und dumpf, denn ich war es nicht, der diese Worte sprach, unwillkürlich entflohen sie meinen Lippen«, EM 47), »Ich-Vertauschung« (der Förster, der Viktorin für Medardus hält) und die (schon belegte) »beständige Wiederkehr des Gleichen« (Freud 1970, 257). Das thematische Interesse, das diese Motivvariationen zu erkennen geben, bestimmt auch die fiktiv autobiographische Erzählsituation. Das rückblickend erzählende Ich des Medardus ist nicht mit jenem identisch, von dem er jeweils berichtet, und wie dieses sich im Verlauf der erzählten Handlung wandelt, unterliegt jenes im Prozeß des erinnernden Erzählens Schwankungen (Magris 1980,

67). Medardus selbst spricht am Ende seiner Vita von »Schmerz und Wonne, Grauen und Lust – Entsetzen und Entzücken «, die in seinem Innern »stürmten«, als er sein »Leben« schrieb (EM 288). Daß ihn sein Fortschreiten in der Welt in einer subtil komponierten Gegenbewegung immer tiefer in die Vergangenheit führt, die als Familienfluch auf ihm lastet, ist ein weiteres Konstruktionsmoment, mit dessen Hilfe die in den *Elixieren* omnipräsente Entmächtigung des Ich in Szene gesetzt wird.

Die christlichen Momente des Romans sind nicht zu übersehen. Sie wörtlich zu nehmen verbietet nicht allein H.s biographisch belegte Ferne zu Religion und Kirche, sondern das Werk selbst. Ebensowenig aber geht es an, sie als prinzipiell beliebige Artikulationen des eigentlichen Frageinteresses abzuwerten; denn die Gegenüberstellung von »Kloster« und »Welt«, der gläubig verehrten heiligen Rosalie und der sündig begehrten Aurelie usw. zeugt von einem Dualismus der Wahrnehmung, des Erlebens und der Wertung, wie er bei H. allenthalben in fundamentalen Oppositionen wie den zwischen Kunst und Gesellschaft oder zwischen Künstlerliebe und verteufelter Sexualität, ja selbst noch in der Mikrostruktur oppositioneller Metaphernfelder (erdige Dumpfheit vs. idealischer Flug u. a.) faßbar ist. Mit allem Vorbehalt darf man bei H. von einem innerweltlich gewendeten Dualismus metaphysischer Provenienz sprechen. Das mit dem Teufelselixier verbundene Thema sexueller Triebhaftigkeit steht im Zentrum des Werkes, ohne daß sich in ihm freilich die Bedeutung jener Bilder und Erzählstrukturen erschöpfte, die das Ich, wie es mit einer bevorzugten Metapher heißt, als den »wogenden Wellen des Zufalls preisgegeben« zeigen (EM 100). Die Sexualität ist den *Elixieren* zufolge der wichtigste, nicht aber der einzige Bereich, in dem sich der Gedanke souveräner menschlicher Selbstbestimmung als illusorisch erweist. Dies wird zumal in der Gestalt der »übermenschlichen« Euphemie deutlich (vgl. Magris' Hinweise auf Nietzsche, 1980, 25, 63, 71 f.), die zwar, wie Medardus, zu morden bereit ist, um ihre Lust zu befriedigen, deren tiefstes Wollen aber der Herrschaft über andere Menschen gilt. Sie, die »es aufzunehmen« wagt »mit der dunklen Macht, die über uns gebietet« (Vorwort des »Herausgebers«, EM 8), scheitert verblendet.

Die Bilder und Metaphern H.s (der Mensch als Gefangener, als Opfer der Wellen, am Abgrund) antizipieren vielfach Nietzsche. Das Thema des Familienfluchs nimmt Ibsens *Gespenster* vorweg. Die Erfahrung der Welt und des in der Zeit sich wandelnden Ich als hermeneutisches Problem und dessen erzähleri-

sche Umsetzung deuten auf den konjunktivischen Möglich-
keitsstil eines Musil und auf Prousts Suche nach dem archimedi-
schen Punkt in der verfließenden Zeit voraus. Daß H. zu der
Identititätsdiffusion durch Medardus' Rückkehr ins Kloster ein
Gegengewicht schafft, wird man unter diesem Aspekt als Versuch lesen dürfen, extremen Gefährdungen zum Trotz an der
rationalen und moralischen Selbstbehauptung des Menschen
festzuhalten (Müller-Seidel 1964, 676–679; Segebrecht 1967a).
Daß diese Behauptung aber erst unter den Bedingungen des
Klosterlebens und des Todes gelingt, ist nicht allein der Tradition des Klosterromans zuzuschreiben, auf die H. in den *Elixieren* zurückgreift, sondern selbst von höchster semantischer
Wertigkeit. Drei Jahre nach Erscheinen des zweiten Teiles kom-
mentierte H. in den Rahmengesprächen der *Serapions-Brüder*
durch den Mund Cyprians den Grenzcharakter seines ästhetischen Experiments: »immer glaubt ich, daß die Natur gerade
beim Abnormen Blicke vergönne in ihre schauerlichste Tiefe
und in der Tat selbst in dem Grauen, das mich oft bei jenem seltsamen Verkehr befing, gingen mir Ahnungen und Bilder auf,
die meinen Geist zum besonderen Aufschwung stärkten und
belebten.« (SB 29)

Literatur

Cramer, Karin: Bewußtseinsspaltung in E. T. A. Hoffmanns Roman
»Die Elixiere des Teufels«, in: MHG 16 (1970), 8–18; *Daemmrich,
Horst S.:* »The Devil's Elixirs«: Precursor of the Modern Psychological
Novel, in: Papers on language and literature 6 (1970), 374–386; *ders.*
1973, 93–107; *Feldges, Brigitte:* »Die Elixiere des Teufels«, in: Feldges/
Stadler, 194–216; *Freud, Sigmund* 1919/1970; *Girndt-Dannenberg*
1969, 81–142; *Horn, Wilhelm:* Über das Komische im Schauerroman.
E. T. A. Hoffmanns »Elixiere des Teufels« und ihre Beziehungen zur
englischen Literatur, in: Archiv 78 (1923), 146, 153–163; *Köhn* 1966,
44–90; *Kutzer, Elisabeth:* Zum Stammbaumroman in der neueren Literatur, Diss. Leipzig 1929; *Magris* 1980, 53–80 und passim; *Martens,
Wolfgang:* Der Barbier in Büchners »Woyzeck«. Zugleich ein Beitrag
zur Motivgeschichte der Barbiersfigur, in: ZfdPh 79 (1960), 361–381;
v. Matt 1971, 55–67; *McGlathery, James M.:* Demon Love. E. T. A.
Hoffmann's »Elixiere des Teufels«, in: CG 12 (1979), 1/2, 61–76; *ders.*
II, 1985, 48–56; *Meixner* 1971, 155–230; *Moering, Renate:* Musikalität
und Zwielicht. Zwei Formprinzipien in E. T. A. Hoffmanns »Elixieren
des Teufels«, in: JWGV 75 (1971), 56–73; *Nehring, Wolfgang:* Nachwort zu E. T. A. Hoffmann: Die Elixiere des Teufels, Stuttgart 1975/
1984, 357–375; *ders.:* E. T. A. Hoffmann: »Die Elixiere des Teufels«

(1815/16), in: Lützeler, Paul Michael (Hg.): Romane und Erzählungen der deutschen Romantik. Neue Interpretationen, Stuttgart 1981, 325–350; *Olson, Susanne:* Das Wunderbare und seine psychologische Funktion in E. T. A. Hoffmanns »Die Elixiere des Teufels«, in: MHG 24 (1978), 26–35; *Raff, Dietrich:* Ich-Bewußtsein und Wirklichkeitsauffassung bei E. T. A. Hoffmann. Eine Untersuchung der »Elixiere des Teufels« und des »Katers Murr«, Rottweil 1971; *Schäfer, Ludger:* Symbole des Individuationsprozesses in E. T. A. Hoffmanns »Die Elixiere des Teufels«, Diss. Düsseldorf 1976; *Schissel von Fleschenberg, Otmar:* Novellenkomposition in E. T. A. Hoffmanns »Elixieren des Teufels«. Ein prinzipieller Versuch, Halle 1910; *Schöne, Albrecht:* Interpretationen zur dichterischen Gestaltung des Wahnsinns in der deutschen Literatur, Diss. Münster 1951, 171–184, 216 f.; *Schroeder, F. von:* Genealogische Fragen in E. T. A. Hoffmanns »Die Elixiere des Teufels«, in: Der Herold 8 (1976), 1, 133–149; *Segebrecht* 1967 a, 189–205 und passim; *Stöckli, Rainer:* Die Rückkehr des romantischen Romanhelden in seine Kindheit, St. Gallen 1969, 153–169; *Strauss, Heinz:* Der Klosterroman von Millers »Siegwart« bis zu seiner künstlerischen Höhe bei E. T. A. Hoffmann. Ein Beitrag zur Literaturgeschichte des 18. Jahrhunderts, Diss. München 1921; *Thalmann, Marianne:* Der Trivialroman des 18. Jahrhunderts und der romantische Roman. Ein Beitrag zur Entwicklungsgeschichte der Geheimbundmystik, Berlin 1923 (passim); *Zehl Romero, Christiane:* M. G. Lewis' »The Monk« and E. T. A. Hoffmann's »Die Elixiere des Teufels«. Two Versions of the Gothic, in: Neophilologus 63 (1979), 3, 574–582.

3.1.3. »Nachtstücke. Herausgegeben von dem Verfasser der Fantasiestücke in Callots Manier«

Die *Nachtstücke*, H.s zweiter Zyklus, erschienen Ende 1816 bzw. Ende 1817 (beide Teile gaben als Erscheinungsjahr 1817 an). Die erste Niederschrift des *Ignaz Denner,* der ursprünglich unter dem Titel *Der Revierjäger* für die *Fantasiestücke* vorgesehen war (Lesarten: HKA III, 387–408), stammt von 1814; als zweite Erzählung ist *Der Sandmann* am »16. Novbr. 1815 Nachts 1 Uhr« abgeschlossen worden. Zu diesem Zeitpunkt auch schon faßte H. den Titel *Nachtstücke* für die ganze Sammlung ins Auge (vgl. das Faksimile in W III, gegenüber 920). Die übrigen Erzählungen sind jeweils kurz vor Erscheinen der beiden Teile entstanden.

Die *Nachtstücke* hatten wenig Erfolg und wurden zu Lebzeiten des Autors nicht mehr aufgelegt. H. selber, der sich eher distanziert äußerte, ließ wohl noch am ehesten *Das Majorat* gelten. Obwohl weniger auffällig als die *Fantasiestücke* und die späteren *Serapions-Brüder,* bildet auch diese zweite Sammlung eine Einheit. Das gilt sowohl unter entstehungsgeschichtlichem Aspekt (Steinecke, W III, 943–947, 952 f.) als auch unter dem der Komposition: Insbesondere die Aufhellung in den jeweils abschließenden Erzählungen, *Das Sanctus* und *Das steinerne Herz,* weist auf eine gewollte Beruhigung ähnlich jener hin, die in den *Serapions-Brüdern* u. a. die kommentierende Freundesrede leistet (Schütz 1955). Ihre Einheit erlangen die *Nachtstücke* (d. m. bildnerische Darstellung einer nächtlichen Szene in helldunkler Farbgebung, Leopoldseder 1973) vor allem aber durch die »Nacht«. Sie ist Handlungszeit (etwa der Begegnung des Enthusiasten mit Berthold in der *Jesuiterkirche),* zugleich aber, figürlich gebraucht, als Thema des Unheimlichen und Schaurig-Bedrohlichen allgegenwärtig (Kindesschlachtung im *Ignaz Denner,* Vergewaltigung einer Somnambulen im *Gelübde* usw). Einzelne Ausschnitte aus dem Dunkel werden, in Anlehnung u. a. an den von H. geschätzten Rembrandt, in helles Licht getaucht, und noch die konkrete Farbgebung ist häufig durch die »Nacht« bestimmt (Dominanz des Grauen, Schwarzen und Weißen im *Majorat).* Gegen das Licht, das der Begriff der Aufklärung metaphorisch evoziert, setzt H., wie in anderer Weise Novalis' *Hymnen an die Nacht,* die *Nachtwachen des Bonaventura* und Schuberts *Ansichten von der Nachtseite der Naturwissenschaft,* das Nächtliche. Freilich tut er dies nicht in gegenaufklärerischer Absicht, sondern vielmehr mit der Zielsetzung, ungerechtfertigte Geltungsansprüche der Ratio zu kritisieren, zugleich aber, um auf die gefährliche Dialektik jeder Vertiefung in die Nachtseite der Psyche hinzuweisen. Dieser doppelten Intention entspricht der Wechsel zwischen extrem suggestiver Lesereinbeziehung und ironisch-humoristischer Distanzierung, die, wie auch die Aufhellung am Ende beider Teile, dem Leser die verlorene Distanz wiederzuerlangen erlaubt.

Das erste der *Nachtstücke, Der Sandmann,* war es, mit dem Scott eine Abwertung H.s verband, die das weitere Urteil des 19. Jh.s in hohem Maße bestimmen sollte. Gerade diese Erzählung ist es umgekehrt, der im Anschluß an bzw. im Widerspruch zu Freuds Analyse in *Das Unheimliche* ein selbst innerhalb der H.-Renaissance der letzten 25 Jahre alles überragendes Interesse gilt. Vorab in Form, Motivik und Thema der Erzählung selbst hat man die Gründe von Widerstand und Faszination zu suchen. Thema ist die aus einem in der Kindheit erlittenen Schock entspringende Wahrnehmungskrise des Studenten Nathanael, die ihn schließlich in den Tod führt. Dem Thema entspricht ein außerordentlich dichtes Motivgewebe um das primäre Wahrnehmungsorgan Auge (Blicke, drohender Augenverlust, »Perspektiv«, sprechende Namen Coppola bzw. Coppelius [ital. coppa = Augenhöhle] u. a.), das dem Werk eine, auch aus dem Vergleich mit der Erstfassung (vgl. Hohoff 1988; Berücksichtigung auch schon in HKA III, 354–387 und teilweise in W III, 971–973, 976–978), als Intention des Autors ablesbare, aufs höchste gesteigerte innere Bezüglichkeit verleiht. Mit dem Thema korrespondiert auch die Form der Erzählung, die auf eine perspektivische Relativierung nahezu alles Ausgesagten hinausläuft. Der erste Teil besteht aus drei ohne jegliche Einmischung eines Erzählers präsentierten Briefen: einem Brief Nathanaels an Lothar (der dessen Schwester, Nathanaels Verlobte Clara, erreicht), einem Brief Claras an Nathanael (in dem durch Clara auch Lothar spricht, den sie um Rat gefragt hatte) und wieder einem Brief Nathanaels an Lothar (in dem, in der Erwiderung auf Claras Brief, zugleich Clara und Lothar zu Wort kommen). Die Erzählerrede des zweiten Teils ist den perspektivischen Personenreden des ersten nicht konsequent auktorial übergeordnet, sondern ihrerseits, wie beispielsweise die Schilderung Claras belegt, perspektivisch gebrochen. Schließlich ist der Erzählung zu Beginn des zweiten Teiles, in der Erörterung möglicher Erzählanfänge, eine Reflexionsebene eingestaltet, die alle künstlerische Rede, mithin auch die des *Sandmann* selbst, als Realisierung jeweils nur einer Möglichkeit unter anderen relativiert. Wo dergestalt die perspektivische Relativierung vorherrscht, erscheint fast alles ins Licht einer tiefen Ambivalenz getaucht. Dies gilt nicht nur für Nathanael, der seine Verlobte als »lebloses, verdammtes Automat« traktiert (FN 348), wohingegen er die Puppe Olimpia beseelt wähnt, sondern gerade auch für die lebenskluge Clara, deren späterem bürgerlichen Glück die Ironie des Schlusses gilt. Wenn es aber zutrifft, daß mit der perspektivischen Radikalisierung die Ambi- bzw. Polyvalenz aller Wirklichkeit konstitutiv für den *Sandmann* ist, sind alle Deutungen in erhöhtem Maße der Gefahr ausgesetzt, die Komplexität des Werkes durch vereindeutigende Sinnzuweisungen zu unterbieten. Das gilt für Freuds These (1919), im Motiv der bedrohten Augen formuliere H. die aus der ödipalen Konstellation entspringende Kastrationsangst, wie für Schmidts Deutung (1985), derzufolge wir es mit einem Angriff auf den romantischen Subjektivismus zu tun hätten. So sehr sie auch voneinander abweichen, kommen diese Interpretationen doch darin überein, daß sie den Text in seinem gestalteten wie in seinem eigens thematisierten Perspektivismus nicht hinreichend ernst nehmen und vorgeformten Rastern subsumieren. Im Perspektivismus und im traumartigen Übergang von figürlich-metaphorischer und gegenständlich-ereignishafter Rede das vielleicht radikalste Erzählexperiment H.s, korrespondiert *Der Sandmann* doch vielfältig mit dem übrigen Werk, vor allem mit der ihm auch kompositorisch verbundenen Erzählung *Das öde Haus*, mit der der zweite Teil der *Nachtstücke* einsetzt.

Die im *Sandmann* radikal formulierte Ambivalenz von Wahrnehmung, Erkenntnis und Handeln scheint das folgende Nachtstück, *Ignaz Denner*, nicht minder radikal zu verneinen: Die Wahrnehmungstrübung, die Andres in der Begegnung mit Ignaz erfährt, löst sich nach langen Wirren auf, Herkunft und Machenschaften des Teufelsbündlers werden im Verlauf der Kriminaluntersuchung geklärt, und die moralischen Gewichte zwischen dem »satanischen« Titelhelden und seinem »frommen« Gegenspieler sind eindeutig verteilt. Indes legt die Schärfe der Opposition zum *Sandmann* die Frage nahe, ob es denn wirklich eine sei. *Ignaz Denner* sollte ursprünglich unter dem Titel *Der Revierjäger* im vierten Band der *Fantasiestücke* erscheinen und dürfte von H. weniger wegen Kunzens Qualitätsbedenken als vielmehr deswegen zurückgezogen worden sein, weil er für sein sorgfältig komponiertes erstes Buch kein – wie immer im einzelnen unterschiedenes – Duplikat der *Abenteuer der Silvester-Nacht* wünschte. In der *Silvester-Nacht* wird die wiederholt als »fromm« apostrophierte Frau Spikhers ohne Frage ironisiert und erscheint so ins Zwielicht der Ambivalenz getaucht. Als »fromm« bzw. der »inneren Stimme« des Gewissens folgend qualifiziert H. auch Andres, den Revierförster, und zwar mit solch leitmotivischer Insistenz, daß man das vom Teufelsbündler gesprochene Wort vom »gottesfürchtigen Narren« Andres (FN 381) als Legitimation zu einer Lektüre gegen den Strich ansehen darf. Gerade aus der zugespitzten Eindeutigkeit entspränge so die Ambivalenz, die der *Sandmann* und die *Silvester-Nacht*, gewiß deutlicher, in perspektivisch-ironischer Rede vermitteln. Außer dem Unbehagen an der die gesellschaftliche Gewalt verinnerlichenden Moral des hungerleidenden Untertanen Andres sprechen also auch werkübergreifende Zusammenhänge für die Plausibilität von Fühmanns Versuch, den lange vernachlässigten *Ignaz Denner* aufzuwerten, indem man ihn gegen die kontradiktorischen Oberflächenwertungen als Geschichte deutscher Knechtseligkeit liest (Fühmann 1980, 143). Während Fühmann seine sozialpsychologische Deutung auf die Figur des Andres stützt, argumentiert Schmidt (1983), psychoanalytisch und religions- / mythengeschichtlich, im wesentlichen von der Genealogie des Titelhelden her und spricht von »des Kinderfressers [. . .] Auflehnung gegen die göttliche Zeichenordnung« (29).

Auf den vergleichsweise hellen Schluß des *Ignaz Denner* folgt mit *Die Jesuiterkirche in G.* eine schrittweise sich verdunkelnde Erzählung, bevor der erste Teil der *Nachtstücke* mit dem *Sanctus* ein fast heiter-humoristisches Ende findet. Sowohl in der *Jesuiterkirche* als auch im *Sanctus* tritt der »reisende Enthusiast« auf, im ersten Fall als derjenige, der in der Rahmenerzählung von der Begegnung mit dem Maler Berthold berichtet, im zweiten Fall als eine der Hauptpersonen des in der dritten Person erzählten Rahmens, und zwar diejenige, die ihre Überlegenheit über die anderen durch das Erzählen der Binnengeschichte beweist. *Jesuiterkirche* und *Sanctus* verhalten sich wie ernst getragenes Thema – es geht jeweils um das Versagen künstlerischer Produktivität – und komisch gebrochene Variation. Das Thema der Kunst war ja in den *Fantasiestücken* zentral gewesen, woraus sich die Wiederaufnahme des Enthusiasten gerade in diesen beiden *Nachtstücken* erklären dürfte.

Berthold, den der Enthusiast in der *Jesuiterkirche* als ein »auf den Tod verwundetes Gemüt« trifft (FN 420), war einst zur Ausbildung seiner künstlerischen Fähigkeiten nach Italien gezogen, hatte bei dem von Goethe geschätzten Landschaftsmaler Philipp Hackert gelernt (vgl. Goethes *Philipp Hackert*, 1811), um sich schließlich von diesem in der Suche nach einer »Auffassung der Natur in der tiefsten Bedeutung des höhern Sinns, der alle Wesen zum höheren Leben entzündet« (FN 429), zu entfernen. Als ihm sein »Ideal« (FN 432) in Gestalt einer leibhaftigen Frau begegnet, vermag er endlich den eigenen Ansprüchen zu genügen, bis er schließlich, nachdem er die »Vision« (FN 433) geehelicht hatte und Vater geworden war, abermals künstlerisch versagt. Ein einst begonnenes Gemälde kann er erst vollenden, als der Enthusiast ihm den Vorwurf macht, Weib und Kind ermordet zu haben. Die Berechtigung dieses von ihm selber zurückgewiesenen Vorwurfs bleibt offen, wie auch der Schluß nicht im Sinne eines gewissen Selbstmordes zu lesen ist. Deutlich stellt H. das Gefährdete echten, unbedingten Künstlertums heraus: durch das Versagen der Produktivität auf allen Entwicklungsstufen Bertholds (nach der Ausbildung in Deutschland, nach der bei Hackert, nach Erreichen der Meisterschaft), nicht minder deutlich durch den Mythos vom »vermessenen« Prometheus, dem die quälende Beschränkung auf das »Gemessene« eines handwerklich-geometrischen Malens folgt (FN 418 f.), auch durch die Gefährdung aller sittlichen Maßstäbe (vgl. die Gestalt Cardillacs in *Das Fräulein von Scuderi*).

Das Sanctus, in dem es um den Stimmverlust einer Sängerin geht, greift im einzelnen Motiv (dem Wunsch des bizarren Kapellmeisters z. B., der Arzt möge die ihrer Stimme verlustig Gegangene umbringen) wie im glücklichen Ausgang (Heilung Bettinas durch die spiegelbildliche Erzählung des Enthusiasten) komisch auf, was *Die Jesuiterkirche* in ungemildertem Ernst entfaltet. Gegenüber der scharfen Ironie der *Jesuiterkirche,* wie sie u. a. in Bertholds Äußerungen und in denen des Enthusiasten über den materialistisch-philiströsen Professor zum Ausdruck kommt, setzt H. hier ein humoristisches Gegengewicht. Deutlich wird diese Absicht in dem fein abgestimmten Wechsel der Töne innerhalb der Erzählung und in der souveränen Distanz zu dem musikbesessenen Kapellmeister, zur romantischen Medizin wie auch zu dem ihr rationalistisch opponierenden »Doktor« und schließlich, am Ende, auch gegenüber dem alles beherrschenden Enthusiasten selbst.

»Noch mehr als die Landschaft«, schreibt Gaston Bachelard, »ist das Haus ein *état d'âme* – eine ›Stimmung‹« (Poetik des Raumes, Frankfurt a. M., Wien, Berlin 1975, 102). Dies gilt gewiß für die Erzählung *Das öde Haus,* die den zweiten Teil der *Nachtstücke* eröffnet. Das – im ganzen Zyklus häufig vorkommende – Adjektiv »öde« gibt nicht nur ein Rätsel auf, sondern auch einen Ton an. Es zielt auf die Differenz der »mit geschmackvollem Luxus ausstaffierten Prachtgebäude« (FN 461) zu dem einen scheinbar verlassenen, verkommenen Haus, aber auch auf dessen Bewohner, ja auf Theodor selber, den Erzähler und Protagonisten der Binnengeschichte, der am Ende als »Spalanzanische Fledermaus« (FN 488), als Einsamer bezeichnet wird, dem gerade aus seinem überlegenen »sechsten Sinn« (FN 459) existentielle Gefahren erwachsen. Im Rahmen sprechen drei Freunde von der Überlegenheit der »wirklichen Erscheinungen im Leben« über »alles, was die regste Fantasie zu erfinden trachte« (FN 459), und vom Unterschied zwischen dem »Wunderlichen« und dem »Wunderbaren«. Gesprächssituation und Inhalt der Rede deuten wie auch die Binnenerzählung, in der »sich beides, das Wunderliche und Wunderbare, auf [. . .] recht schauerliche Weise« mischen (FN 460), auf die *Serapions-Brüder* voraus. Der erörterten Unterscheidung gemäß gelingt es Theodor in der Binnenerzählung wohl, in das geheimnisvolle Haus einzudringen und in mühsamer Anstregnung etwas über dessen Bewohner zu erfahren; doch lösen sich keineswegs alle Rätsel auf, ja letztlich bekräftigt die fortgesetzte Verstehensbemühung die Irritation, die sie ausgelöst hatte. Dazu tragen in hohem Maße die besonders zahlreichen, dem Mesmerismus entnommenen Motive bei, als dessen Vertreter H. seinen Freund Koreff in der Figur des Doktor K. auftreten läßt (auch sonst enthält die in xxx^n, d. i. Berlin, spielende Erzählung eine ganze Reihe von Anspielungen; dazu erzähltheoretisch: Kanzog 1976). Das Interesse gilt hier indes, anders als im *Magnetiseur*, weniger dem Mesmerismus als solchem, auch nicht so sehr der (mit dem von der romantischen Medizin beschriebenen Ferngefühl verbundenen) poetisch-erotischen Entgrenzung (dazu Mühlher 1976) als vielmehr dem Problem der Wahrnehmung und des Verstehens. Darin – wie auch in zahlreichen Details – variiert diese Erzählung den *Sandmann*, von dem sie sich andererseits durch die stärkere Dialogfähigkeit ihres Protagonisten unterscheidet (Steinecke, W III, 1007). In diesem zentralen Thema auch ist begründet, daß für Bessières Theorie des Fantastischen gerade *Das öde Haus*, im Widerspruch zum Urteil des Autors (»taugt nichts«, B II, 160) wichtig wurde (1974, 105).

Wie zahlreiche Erzählungen H.s ist *Das Majorat* zweigeteilt. Theodor, der Ich-Erzähler, berichtet im Rahmen von einem Arbeitsbesuch, den er mit seinem Oheim auf dem Majoratssitz der von R. . .schen Familie machte. Er verliebte sich in Seraphine, die Frau des Majoratsherrn Roderich, und nur mit Mühe gelang es dem entschlossen auftretenden Oheim, ihn der aus dieser Beziehung entspringenden Gefahr zu entreißen. Auf sie blickt er gegen Ende der Erzählung im Abstand mehrerer Jahre, nach dem Tod des Alten und dem Erlöschen der R. . .schen Familie, zurück. In die Ich-Erzählung eingelassen ist der in der dritten Person gehaltene Bericht des Oheims, der Theodor über den Ursprung des auf der R. . .schen Familie lastenden Fluchs, die Stiftung eines Majorats, eines nach dem Ältestenrecht zu vererbenden Gutes, informiert. Roderich, Großvater des gegenwärtigen – ebenfalls Roderich geheißenen – Majoratsherrn, hatte den »Stamm«, den er »für die Ewigkeit zu pflanzen« gedachte, »im ersten Aufkeimen zum Tode« vergiftet (FN 559). Verbunden sind die beiden Teile u. a. durch die Person des Oheims, der als Justitiar die Geschichte des Majorats über drei Generationen begleitete, durch die düster-bedrohliche, »öde«, mit allen schauerromantischen Requisiten beschworene Atmosphäre des halbverfallenen Schlosses und vor allem durch den an

Kleists *Bettelweib von Locarno* anknüpfenden Spuk (vgl. SB 928), den nachtwandelnden Diener Daniel, der den Majoratsherrn der zweiten Generation im halben Einverständnis mit dessen Bruder ermordet hatte (Reminiszenz des Sturm und Drang-Themas der feindlichen Brüder; zu den Bezügen auf Schillers Romanfragment *Der Geisterseher:* Negus 1959). Der Oheim warnt den sich der aufkeimenden Liebe zu Seraphine überlassenden Theodor: »du stehst in achtlosem Wahnsinn auf dünner Eisdecke« (FN 510). Damit wird nicht nur moralisierend auf die drohende Verfehlung im konkreten Fall, sondern mehr noch analytisch-grundsätzlich auf die Situation des aus den religiösen Bindungen entlassenen, modernen Menschen abgehoben. H. zielt nicht – tendenziös – auf eine Restauration des in der Person des Oheims verkörperten Christentums ab, sondern diagnostizierend auf den neuzeitlichen Subjektivismus, den die Erzählung sowohl im vermeintlich grenzenlosen Recht der Liebenden (dem auch die Kunst dienstbar gemacht wird) als auch in der mit dem Majorat verbundenen Gier nach Besitz, persönlicher Geltung bzw. Befriedigung von Rachegelüsten in Szene setzt. Seit Scott, der das positive Urteil des 19. Jh.s über das *Majorat* maßgeblich prägte, hat man die Erzählung zu einseitig, vom Standpunkt des Oheims aus, als moralisierende Kritik gelesen. H. ist aber nicht nur der Fürsprecher der im Justitiarius verkörperten konventionellen Sittlichkeit (deren religiöse Begründung er ohnehin nicht teilt), sondern paradoxerweise – wie Mozart der Don Giovannis – auch Anwalt der von der Konvention verurteilten subjektiven Ansprüche.

Auf das *Majorat,* das etwa die Hälfte des zweiten Teiles der *Nachtstücke* ausmacht, folgen zwei kürzere, bislang wenig beachtete Erzählungen. *Das Gelübde,* die erste, dunklere, knüpft sowohl in Thema und Motiv, *Das steinerne Herz,* die zweite, hellere, die den Zyklus beschließt, zumindest thematisch an Kleist an.

Im *Gelübde* wird das aus der *Marquise von O. . .* bekannte Motiv der ohne Wissen der Frau erfolgten Empfängnis mit dem u. a. aus dem *Amphitryon* und dem *Zweikampf* bekannten Motiv der erotischen Doppelgängerschaft verbunden. Zugleich widerruft H., worauf Steinecke (W III, 1025) hinwies, die positive Lösung von Kleists *Marquise.* Während des polnischen Aufstands unter Kośiuszko verlobt sich Hermenegilda mit Stanislaus. Den mit seinen geschlagenen Landsleuten Heimgekehrten weist sie ab. Daraufhin beschließt er, an der Seite der Franzosen weiter für die Befreiung Polens zu kämpfen, die sie als Ehebedingung genannt hatte. Sie wird von Xaver, der Offizier in französischen Diensten wie der geliebte Stanislaus und überdies dessen Verwandter ist, aufgesucht und schließlich nach vorausgegangenen Verwechslungen mit dem Geliebten in einem Zustand traumhaft-schwärmerischer Ekstase, in dem sie glaubt, von Stanislaus geehelicht zu werden, verführt. Während in der *Marquise von O . . .* der Verführer eins mit dem Geliebten ist, ist es hier ein vom »sichern Takt fürs Böse« (FN 574) und »toller Leidenschaft« (FN 583) getriebener erotischer Schwindler. Damit aber entfällt die Voraussetzung für ein glückliches Ende. Hermenegilda, die das Gelübde abgelegt hat, nie werde »die Welt mehr das Antlitz schauen, dessen Schönheit den Teufel anlockte« (FN 585), stirbt kurz nach der Entbindung. Ihr Kind kommt durch Verschulden Xavers zu Tode. Dieser selbst vergräbt sich in einem italienischen Kloster. Zwar klärt H. – wie schon Kleist – den Ursprung der geheimnisvollen Schwangerschaft auf, doch bleibt anderes, gemäß dem Postulat, nicht alles mit dem »historischen Besen« reinzukehren (SB 355), ohne Lösung, insbesondere das dem Mesmerismus verpflichtete Motiv der zeitlichen Koinzidenz von Hermenegildas Vision von Stanislaus' Tod und dessen tatsächlichem Ableben.

Auch für *Das steinerne Herz* ist der Mesmerismus wichtig geworden (Hofrat Reutlinger und sein Freund Exter sind »entschiedene Mesmerianer«, FN 594), und wiederum geht es um ein spezifisch Kleistsches Thema: Das Vertrauen, das Hermenegilda in der vorausgehenden Erzählung ihrem Verführer verweigert, erweicht hier schließlich das »steinerne Herz« des seelisch tief verwundeten Reutlinger, und er nimmt Max, den Sohn seines feindlichen Bruders, und Julie, die namensgleiche Tochter der von ihm selbst einst geliebten Geheimen Rätin Foerd, an Kindesstatt an. Das Gewicht des später im *Meister Floh* vertieften Vertrauens-Themas wird dadurch freilich beträchtlich verringert, daß H. hier das intertextuelle Geflecht, in dem die Erzählung steht, ausdrücklich reflektiert und so der in der Handlung entwickelten Thematik die Selbstreflexion des Werkes als eines künstlerischen Arrangements überordnet. Das kommt in einzelnen Zitaten wie dem aus der *Asiatischen Banise* Ziglers zum Ausdruck (FN 592) wie auch in den Reutlingers Herz geltenden abschließenden Worten »Es ruht!«, die eingestandenermaßen den Schluß von Jean Pauls *Hesperus,* auch in der graphischen Auszeichnung, aufnehmen (FN 609), vor allem aber in der Beschreibung der »Arabesken« in Reutlingers Landhaus, ihrer »wunderlichsten Verschlingungen« (FN 587), die sich,

Ausdruck der »bittersten Ironie des irdischen Treibens« (FN 588), als Poetik der vorliegenden – in ihrer Kürze außerordentlich komplizierten – Erzählung lesen lassen. Deren Schlußstellung ist mithin keineswegs zufällig. Der Forschung ist erst unlängst durch Lees (1985), Oesterles (1985) und Steineckes (W III, 1029) Hinweise auf die Poetik der Arabeske die Möglichkeit eines fruchtbaren Zugangs gewiesen worden.

Literatur

Allgemein

Anz, Thomas: Nachwort zu: E.T. A. Hoffmann: Nachtstücke, München 1984, 297–308; *Janßen, Brunhilde:* Spuk und Wahnsinn. Zur Genese und Charakteristik phantastischer Literatur in der Romantik, aufgezeigt an den »Nachtstücken« von E.T. A. Hoffmann, Frankfurt a. M., Bern, New York 1986; *Kayser, Wolfgang:* Die Nachtgeschichte, in: Kayser 1957, 72–81; *Leopoldseder* 1973; *McGlathery* II, 1985, 56–78; *Miller* 1978, 32–56; *Mühlher, Robert:* Nachwort zu E.T. A. Hoffmann: Nachtstücke. Der Sandmann. Das öde Haus. Das steinerne Herz, Hamburg 1964, 97–136, wieder in: Mühlher 1976, 447–477; *Müller-Seidel, Walter:* Nachwort zu FN, 749–770; *Pikulik, Lothar:* Nachwort zu E.T. A. Hoffmann: Nachtstücke, Frankfurt a. M. 1982, 346–367; *Schütz, Christel:* Studien zur Erzählkunst E.T. A. Hoffmanns. E.T. A. Hoffmann als Erzähler. Untersuchungen zu den »Nachtstücken«, Diss. Göttingen 1955; *Wührl, Paul-W.:* Dämonismus in Tiecks Manier. Das Wunderbare als feindliches Prinzip des Nachtstücks, in: P.-W. W.: Das deutsche Kunstmärchen, Heidelberg 1984, 238–282.

»Der Sandmann«

a) Zum Text

Hohoff, Ulrich: E.T. A. Hoffmann: »Der Sandmann«. Textkritik, Edition, Kommentar, Berlin und New York 1988.

b) Kritische Literatur

Auhuber 1986, 55–75; *Brantly, Susan:* A Termographic Reading of E.T. A. Hoffmann's »Der Sandmann«, in: GQ 55 (1982), 324–335; *Ellis, John M.:* Clara, Nathanael and the Narrator: Interpreting Hoffmann's »Der Sandmann«, in: GQ 54 (1981), 1–18; *Giraud, Jean:* E.T. A. Hoffmann et son lecteur. Procédés d'écriture et initiation à la poésie dans une page du »Sandmann«, in: Recherches germaniques 3 (1973), 102–124; *Hartung, Günter:* Anatomie des Sandmanns, in: WB 23 (1977), 9, 45–65, wieder in: E.T. A. Hoffmann: Nachtstücke, Leipzig 1984, 313–338; *Just* 1964, 1976, 1981; *Köhn* 1966, 91–108 und passim; *Lehmann, Hans-Thies:* Exkurs über E. T. A. Hoffmanns »Sandmann«. Eine texttheoretische Lektüre, in: Dischner, Gisela und Richard Faber (Hg.): Romantische Utopie. Utopische Romantik, Hildesheim 1979, 301–323; *v. Matt* 1971, 76–86 und passim; *Milner* 1982, 40–63; *Nehring* 1976, 5–10; *Prawer, Siegbert S.:* Hoffmann's uncanny guest. A reading of »Der Sandmann«, in: GLL 18 (1964/65), 297-308; *Preisendanz* 1964, 1976, 1977, 1981; Schmidt 1985, II, 19–33; *Slessarev, Helga:* Bedeutungsanreicherung des Wortes: Auge. Betrachtungen zum Werke E. T. A. Hoffmanns, in: Monatshefte 63 (1971), 358–371; *Stadler, Ulrich:* »Der Sandmann«, in: Feldges / Stadler, 135–152; *Tatar, Maria M.:* E. T. A. Hoffmann's »Der Sandmann«. Reflection and Romantic Irony, in: MLN 95 (1980), 585–608; *Walter, Jürgen:* Das Unheimliche als Wirkungsfunktion. Eine rezeptionsästhetische Analyse von E. T. A. Hoffmanns Erzählung »Der Sandmann«, in: MHG 30 (1984), 15–33; *Wawrzyn, Lienhard:* Der Automaten-Mensch. Hoffmanns Erzählung vom »Sandmann« . . ., Berlin 1976, [2]1982.

c) Die Diskussion im Anschluß an Freud

Aichinger, Ingrid: E. T. A. Hoffmanns Novelle »Der Sandmann« und die Interpretation Sigmund Freuds, in: ZfdPh 95 (Hoffmann-Sonderheft 1976), 113–132; *Cixous, Hélène:* La Fiction et ses fantômes. Une lecture de l'»Unheimliche« de Freud, in: Poétique 10 (1972), 199–226, erweitert in: Cixous 1974, 13–106; *Freud* 1919 und oft; *Kittler, Friedrich A.:* »Das Phantom unseres Ichs« und die Literaturpsychologie. E. T. A. Hoffmann – Freud – Lacan, in: F. A. K. und Horst Turk (Hg.): Urszеnen. Literaturwissenschaft als Diskursanalyse, Frankfurt a. M. 1977, 139–166; *Köhler* 1971, 258–291; *Kofman, Sarah:* Le double e(s)t le diable. L'inquiétante étrangeté de »L'homme au sable« (»Der Sandmann«), in: S. K.: quatre romans analytiques, Paris 1973, 135–181; *Mahlendorf, Ursula:* E. T. A. Hoffmann's »Der Sandmann«. The Fictional Psycho-Biography of a Romantic Poet, in: American Imago 32 (1975), 217–239, wieder in: U. M.: The wellsprings of literary creation, Columbia 1985, 16–38, dt. in: Claire Kahane (Hg.): Psychoanalyse und das Unheimliche, Bonn 1981, 200-227; *Obermeit, Werner:* »Das unsichtbare Ding, das Seele heißt«. Die Entdeckung der Psyche im bürgerlichen Zeitalter, Frankfurt a. M. 1980 (4. Teil); *Weber, Samuel:* The sideshow, or: remarks on a canny moment, in: MLN 88 / 6 (Dez. 1973), 1102–1133, dt. in: Kahane (s. o. unter Mahlendorf), 122–147.

»Ignaz Denner«

Fühmann, Franz: »Ignaz Denner«, In: Fühmann 1980, 117–143; *Schmidt, Hans-Walter:* Der Kinderfresser. Ein Motiv in E. T. A. Hoffmanns »Ignaz Denner« und sein Kontext, in: MHG 29 (1983), 17–30.

Die »Jesuiterkirche in G.«

Dobat 1984, 210–215, 217; *v. Matt* 1971, 178-181 und passim.

»*Das Sanctus*«
Auhuber 1986, 93–100; *Loquai* 1984, 251–254.

»*Das öde Haus*«
Auhuber 1986, 19–21, 75-81, 155–158; *Bessière, Irène:* Le récit fantasti-
que: la poétique de l'incertain, Paris 1974, 103–105; *Kanzog, Klaus:* Ber-
lin-Code, Kommunikation und Erzählstruktur. Zu E. T. A. Hoff-
manns »Das öde Haus« und zum Typus »Berlinische Geschichte«, in:
ZfdPh 95 (Hoffmann-Sonderheft 1976), 42–63; *Milner* 1982, 63–76;
Vitt-Maucher, Gisela: Die wunderliche wunderbare Welt E. T. A.
Hoffmanns, in: JEGP 75 (Hoffmann-Sonderheft 1976), 515–530.

»*Das Majorat*«
Diebitz, Stefan: »Überhaupt eine gehässige Sache«. E. T. A. Hoffmanns
Erzählung »Das Majorat« als Dichtung der Hybris und der Nieder-
tracht, in: MHG 32 (1986), 35–49; *Heinisch, Klaus J.:* E. T. A. Hoffmann: »Das Majorat«, in: K. H.: Deutsche Romantik. Interpretationen, Paderborn 1966, 171–181; *Jennings, Lee B.:* The Anatomy of
»Spuk« in two Tales of E. T. A. Hoffmann, in: CG 17 (1984), 1/2, 60–
78; *Kanzog, Klaus:* E. T. A. Hoffmann und Karl Grosses »Genius«, in:
MHG 7 (1960), 16–23; *Negus, Kenneth:* The Allusions to Schiller's
»Der Geisterseher« in E. T. A. Hoffmann's »Das Majorat«. Meaning
and Background, in: GQ 22 (1959), 341–355.

»*Das Gelübde*«
Brüggemann 1958, 214–216; *Korff* 1953/1958, 611–15; *v. Matt* 1971,
107 f., 143–149.

»*Das steinerne Herz*«
Auhuber 1986, 159–170; *Lee* 1985, 208–210; *Oesterle, Günter:* Ara-
beske und Roman. Eine poetikgeschichtliche Rekonstruktion von
Friedrich Schlegels »Brief über den Roman«, in: Grathoff, Dirk (Hg.):
Studien zur Ästhetik und Literaturgeschichte der Kunstperiode, Frank-
furt a. M., Bern, New York 1985, 238 f.

3.1.4. »Seltsame Leiden eines Theater-Direktors.
Aus mündlicher Tradition mitgeteilt vom Verfasser
der Fantasiestücke in Callots Manier«

Eine sehr viel weniger umfängliche erste Fassung der von der
Forschung vernachlässigten *Seltsamen Leiden* (FN 611–707),
die im Spätherbst 1818 mit der Jahreszahl 1819 erschienen, war
1817 unter dem Titel *Die Kunstverwandten* im »Dramaturgischen Wochenblatt in nächster Beziehung auf die Königlichen
Schauspiele zu Berlin« veröffentlicht worden (für Steinecke, der

Die Kunstverwandten erstmals vollständig wiedergibt, können beide Werke als »selbständig« betrachtet werden, W III, 1039). Zwischen den *Kunstverwandten/Seltsamen Leiden* und der *Prinzessin Brambilla* (1821) besteht ein äußerlich loser, sachlich aber – vor allem in der Einschätzung Gozzis und im Humorkonzept – tiefgehender Zusammenhang. Geht es in dem »Capriccio« darum, den eitlen Schauspieler Giglio Fava zur Selbsterkenntnis und mit ihr zum wahren Kunstverständnis zu führen, so mißt die überwiegend dialogisch gehaltene Erzählung das weite Feld der Bühne von so handgreiflichen Erörterungen wie denen zur Beleuchtung bis zu dem für H.s Ästhetik konstitutiven Humorkonzept aus. Der nähere Anlaß, H.s Verärgerung über den Bassisten Fischer, der sich geweigert hatte, den Kühleborn der *Undine* zu singen (zum zeitgeschichtlichen Hintergrund: HKA IV, S. VII-LXXXII und 274–329), ist in den *Seltsamen Leiden* in die Diskussion der verschiedenen Schauspieler-Eigenheiten eingegangen, die H. schon in Bamberg gelegentlich schmerzlich berührt hatten. Er erscheint aber aufgehoben in der grundsätzlichen Stellungnahme für das vor allem von Ludwig Devrient gegen den nach Berlin verpflichteten Pius Alexander Wolff, Goethes Lieblingsschauspieler, verkörperte antiklassizistische Darstellungsideal (Eilert 1977, 170–175). Dessen Fundierung bildet das – die scharfe Trennung des Komischen und des Tragischen negierende – Werk des als »heilig« apostrophierten Shakespeare (FN 626; Fühmann 1980, 14: »das Prägnanteste, was von einem Dichter deutscher Zunge [. . .] zu Shakespeare je gesagt worden ist«). So gelesen, geben die *Seltsamen Leiden* nicht nur den aktuellen Hintergrund für die *Prinzessin Brambilla* zu erkennen, sondern stellen in Übereinstimmung mit der frühromantischen Forderung einer poetischen Reflexion der Poesie eine der wichtigsten programmatischen Äußerungen H.s überhaupt dar. Vom Theater wird nicht nur gehandelt, sondern das wunderbar leichte Werk verdankt der Sprache und der Komik der Bühne eine Frische und Lebhaftigkeit, die sich, obwohl das inhaltlich Verhandelte gelegentlich zeitgebunden ist, nicht verbraucht haben.

Literatur

Eilert 1977, passim; *Gravier, Maurice:* E. T. A. Hoffmann et la psychologie du comédien, in: Revue d'histoire du théâtre 7 (1955), 3/4, 255–277; *Steinecke:* W III, 1038–1072.

3.1.5. »Die Serapions-Brüder. Gesammelte Erzählungen und Märchen. Herausgegeben von E. T. A. Hoffmann«

Einem Vorschlag des Berliner Verlegers Reimer folgend, versammelte H. in den *Serapions-Brüdern* die Mehrzahl seiner bislang nur verstreut erschienenen kleineren Werke. Die vier Bände zu je zwei Abschnitten erschienen im Februar 1819 (1, 2), Oktober 1820 (3) und Ostern 1821 (4). Der Titel sollte zunächst, laut Ankündigung im Ostermeßkatalog 1818, nach der Berliner Freundesrunde der Jahre 1814–16 *Die Seraphinenbrüder* lauten; er wurde dann aber, nachdem diese sich anläßlich von Chamissos Heimkehr von der Weltreise am 14. November 1818, dem Namenstag des heiligen Serapion (an dem geheimnisvollerweise der wahnsinnige Anachoret starb, von dem die erste Erzählung berichtet), unter dem Namen »Serapionsbrüder« neu konstituierte, entsprechend geändert (zum Biographischen: Schnapp 1962, Günzel 1986).

In der Nachfolge Boccaccios hatten Goethe – in den *Unterhaltungen deutscher Ausgewanderten* – und Tieck – im *Phantasus* – jeweils eine gesellige Runde einzelne Erzählungen im Rahmen kommentieren lassen. Insbesondere der *Phantasus* ist für die *Serapions-Brüder* wichtig geworden. Ausdrücklich nennt das Vorwort Tieck als einen »vollendeten Meister«, und es bezeichnet die in den *Phantasus* »eingeflochtenen Gespräche« als »die tiefsten scharfsinnigsten Bemerkungen über Kunst und Literatur«. Ferner warnt es vor einem dem eigenen Werk »nachteiligen Vergleich« (SB 7). Den Vergleich freilich besteht H. glänzend, auch was die innere Einheit seines Zyklus betrifft. Dies ist nicht allein den neugeschriebenen Gesprächen der Freunde zu danken, sondern auch dem spezifischen Arrangement der *Erzählungen und Märchen* sowie dem Umstand, daß H. seit dem *Ritter Gluck* ein in allen Variationen außerordentlich einheitliches Werk geschaffen hatte.

Die insgesamt acht Abschnitte, die jeweils drei oder vier Erzählungen zusammenfassen, entsprechen acht wöchentlichen Sitzungen der Freundesrunde. Stärker als die eher von praktischen Erwägungen geleitete Band-Einteilung sind sie inhaltlich bestimmt. Das Prinzip der Geselligkeit macht sich in ihnen gleichermaßen in der Abstimmung der einzelnen Erzählungen untereinander und im spezifischen Gleichgewicht zwischen Binnenerzählung und einleitender bzw. kommentierender Freundesrede geltend (Schütz 1955). So legitim daher die isolierte Betrachtung einzelner Erzählungen unter genetischen und dichtungstheoretischen Gesichtspunkten bleibt, so unabdingbar ist es andererseits, den Stellenwert jeder einzelnen Erzählung im übergreifenden Zusammenhang der *Serapions-Brüder* zu berücksichtigen.

Der erste Abschnitt/Freundesabend vereinigt außer einigen kürzeren anekdotenhaften Einschüben vier Erzählungen: zwei titellose (die erste über den wahnsinnigen Grafen P**, der sich für den Anachoreten Serapion hält [gemeinhin zitiert als *Der Einsiedler Serapion*, Erzähler: Cyprian]) und die gewöhnlich unter dem nicht von H. stammenden Titel *Rat Krespel* wiedergegebene, sodann *Die Fermate* und *Der Dichter und der Komponist* (alle drei von Theodor). Im Wechselspiel mit der Freundesrede konstituieren sie eine aufsteigende Linie, denn im Erzählen und dessen mehrstimmiger Kommentierung erfolgt eine Wiederannäherung der Freunde, die sich zu Beginn verlegen mühen, an die schon Jahre zurückliegenden Freundesabende anzuknüpfen, am Schluß aber die »herrliche Serapions-Verwandtschaft« »benedeien«, »die uns mit einem ewigen Band umschlingt« (SB 98 f.). Die Binnenerzählungen ziehen in Übereinstimmung mit der wiederholt angesprochenen Stufung »Wahnsinn« – »Spleen« – »gesunde Vernunft« (SB 30, 51) in der Abfolge Serapion (Graf P**), Krespel, Lauretta/Teresina (*Die Fermate*) und Ludwig/Ferdinand (*Der Dichter und der Komponist*) eine klare Linie. Sie reicht von der Gefangenschaft des »Wahnsinnigen« im eigenen Ich über den einzelgängerischen, skurrilen Krespel (für beide ist Cervantes wichtig geworden, Brüggemann 1958, 220–225) zur oberflächlichen Geselligkeit der beiden Sängerinnen, um schließlich im Gespräch des Dichters mit dem Komponisten jene wahrhaft dialogische Qualität zu gewinnen, die die Freunde zu Beginn des Abends ersehnen und zu der sie in einer Engführung von Rahmen- und Binnenerzählung am Ende zurückfinden. Auch der Ernst, mit dem die Freunde im Rahmen versuchen, sich diskutierend und anhand von Beispielen über die rechte Form von Geselligkeit zu verständigen, die doppelte Abgrenzung gegen philiströses Beharren und »wahnsinniges« Überspringen der Wirklichkeit deuten darauf hin, daß Geselligkeit für den Künstler – von Künstlern handeln sämtliche Binnenerzählungen – zugleich eine Gefahr und ein unabdingbares Korrektiv darstellt. In der Affinität von Künstlertum und »Wahnsinn« knüpft H. an die *Fantasiestücke* an; freilich verstärkt er durch die Betonung der Geselligkeit den Akzent auf dem ebenfalls schon früher vorhandenen Gegengewicht.

Von den vier Binnenerzählungen des ersten Tages ist *[Rat Krespel]* die bekannteste, wenngleich sie wegen ihrer Komplexität nur verhältnismäßig selten zum Gegenstand einer genauen Untersuchung gemacht wurde. Die Erzählung von Serapion findet meist nur im weiteren Zusammenhang des »serapiontischen Prinzips« (s. 4.3.1.) bzw. der Zurechnungs-/Wahnsinnsthematik Beachtung (vgl. Kolkenbrock-Netz' Analyse der Erzählung im Kontext des Schmolling-Verfahrens, 1985) wie *Der Dichter und der Komponist* nur als Vorwegnahme des Wagnerschen Gesamtkunstwerks. Nur selten wurde auch *Die Fermate* zum Gegenstand einer Untersuchung gemacht (zur Vorlage Hummels und ihrer Umsetzung: Scheyer 1973, Schweitzer 1973; Abbildung der Vorlage auch bei Helmke 1975, 99). *[Rat Krespel]*, *Die Fermate* und *Der Dichter und der Komponist* verdienen insgesamt Aufmerksamkeit als Ausformungen einer konsequent fiktional umgesetzten Philosophie, Geschichte und Technik der Musik. Die Diskussionen des Komponisten Ludwig mit dem Dichter Ferdinand sind zugleich poetologisch bedeutsam und fügen sich so dem autoreflexiven Grundstrom ein, der Rahmen und Binnenerzählungen der *Serapions-Brüder* durchzieht. In der *Fermate* fällt die spezifische Engführung von Theodors musikalischer Entwicklung und seines sexuellen Reifeprozesses auf, bis hin zu jenem Punkt, an dem er die beiden italienischen Sängerinnen durchschaut hat und zu der Einsicht gelangt ist, das im weiblichen Gesang aufscheinende »Überirdische« nicht »in die irdische ärmliche Beengtheit« eines Liebesverhältnisses, einer Ehe gar ziehen zu dürfen (SB 74). Auch im komplizierter gebauten *[Rat Krespel]* (Erstfassung in B III, 43–61) werden Kunst und Geschlechtlichkeit, in engerer Verschränkung noch, thematisch. Als verdecktes Leitmotiv durchzieht die Spannung von Konstruktion und Destruktion den Text (Aufrichten der Wände/nachträgliches Einschlagen der Öffnungen, Zerlegen/Bauen der Geigen, Gesang/Tod Antonies). Sie findet in Krespels spannungsgeladen-irritierendem Verhalten ihre mimisch-gestische Entsprechung, in Antonie aber eine gesteigerte Verkörperung, in welcher der Absolutheitsanspruch der Kunst, wie ihn besonders die Korrespondenz zwischen ihr und der »Königin der Geigen« zum Ausdruck bringt, über alle soziale Gefährdung hinaus mit dem Tod in Verbindung gebracht wird. Mit der künstlerischen Grundlagenreflexion verbunden ist das Thema des Begehrens. Angelegt in Krespels Trennung von Angela bzw. seiner Witwenschaft sowie im Verjagen von Antonies Verlobtem, findet es seinen Ausdruck im – verbotenen – Gesang, in dem ihre »wonnetrunkene Begeisterung« mit dem »Entzücken« zusammenstimmt, in dem Krespel »schwamm« (SB 48), und endlich, nach Übertretung des Verbots, in ihrem Tod, der zugleich Liebestod ist (Cixous 1974).

Gegenüber den ersten vier Erzählungen tritt in denen des zweiten Abends trotz des *Artushofes* das Thema der Kunst in den Hintergrund. *Ein Fragment aus dem Leben dreier Freunde* (Ottmar) erzählt von der Werbung dreier Freunde um dasselbe Mädchen, wobei die feine Komik des Werkes in die Pointe mündet, daß es eher zweifelhaft erscheint, ob der schließlich erfolgreiche Prätendent wirklich zu beglückwünschen ist. Im vergleichsweise ernsteren, insgesamt jedoch ebenfalls »heitern gemütlichen« (SB 169) *Artushof* Cyprians wird, umgekehrt, Traugotts Verfehlen der Felizitas eher positiv als Sieg der Kunst gewertet (worauf allerdings noch der Ausblick auf eine künftige Ehe mit Dorina in Rom folgt). Im »trüben Ton« (SB 170) sind dann *Die Bergwerke zu Falun* (Theodor) gehalten, die von Elis Fröbom erzählen, der am Tag seiner Hochzeit mit der ausnehmend positiv gezeichneten Ulla dem Sog der »Bergkönigin« erliegt. Ausdrücklich um die »trübe Stimmung mit einemmal« zu »vernichten« (SB 198), erzählt Lothar sodann zum Abschluß das »Kindermärchen« von *Nußknacker und Mausekönig,* das mit der Traumhochzeit der kleinen Marie Stahlbaum und des durch ihre Liebe erlösten Nußknackers endet (Wiedergabe der beiden von H. geschaffenen Vignetten in Ewers' Neuausgabe der Kindermärchen, 1987, 66, 144; vgl. H.s Kommentar, B II, 116). Mit dem Thema der Ehe jeweils verbunden, ja sogar es teilweise überlagernd, sind andere thematische Komplexe: der alltägliche Spuk *(Fragment;* vgl. den Hinweis auf Kleists *Bettelweib von Locarno,* SB 105), die künstlerische Berufung *(Artushof),* die Ich-Spaltung *(Bergwerke zu Falun),* die kindliche Phantasie *(Nußknacker).* Unter psycho- bzw. parapsychologischen, entwicklungsgeschichtlichen und sozialen Aspekten steht mithin wieder das serapiontische Thema einer Grenzüberschreitung des Alltagsbewußtseins im Mittelpunkt.

Gegenüber dem ersten Abend ist die verbindende Freundesrede kurz gehalten, doch von unverändert hoher Bedeutung. Zu Beginn wird, in der doppelten Abgrenzung gegen den eitlen Rationalisten Leander, der in die Runde aufgenommen werden möchte, und andererseits gegen das kollektive Verfassen von Literatur (zu den Hintergründen: Rogge 1926, Günzel 1986), das rechte Gleichgewicht zwischen einzelnem und Gruppe erörtert.

Zwischen den einzelnen Erzählungen sucht man gesprächsweise Verständigung über deren Bewertung, über die Gestaltungsprinzipien der Ironie bzw. des Humors und über Einzel-
fragen wie die evokative Kraft konkreter Namen. Am Ende entwickelt sich aus der Diskussion des *Nußknacker*-Märchens das
Bekenntnis zu Serapion und dem seinem Patronat unterstellten
Erzählen, wobei Cyprian verdeckt auf den *Goldnen Topf* zu-
rückverweist (SB 254).

Wie wichtig die gesprächsweise Verständigung in der Freun-
desrunde ist, zeigt der zweite Serapionsabend dadurch, daß die
Binnenerzählungen durchweg von Menschen handeln, deren
Wahrnehmung, Erkenntnis und Werten rein subjektiv verbind-
lich bleiben. Dies gilt nicht nur für die fantasiebegabte Marie des
Märchens und Elis Fröbom, der in der Tiefe Wunderdinge erschaut, wo die anderen nur einfaches Gestein wahrnehmen (vgl.
Tiecks *Runenberg,* Zeydel 1971, 163), sondern auch für den
Künstler Traugott, ja selbst für die drei »Freunde« des *Fragments,* deren Sprechen, anders als das der Serapionsbrüder, ge-
rade ihre Vereinzelung vertieft.

Wenngleich *Der Artushof, Die Bergwerke zu Falun* und
Nußknacker und Mausekönig zu den bekannteren Werken H.s
zählen, ist allein die Erzählung von Elis Fröbom häufiger untersucht worden. Im Rahmen bietet H. selbst durch Cyprian, den
er von »Menschen« sprechen läßt, die, »im ganzen Leben mit
sich entzweit, [. . .] von unbekannten finstren Mächten befangen«, »auf irgendeine entsetzliche Weise untergehen« (SB 197),
eine Interpretation an. Sie kann indes keine Exklusivität beanspruchen, weil sie die Vielschichtigkeit, die Elis' Abstieg in die
Bergestiefe mit der romantischen Umdeutung der Nacht überhaupt teilt, zugunsten einer – negativen – Komponente redu-
ziert. Das Überschreiten des in Ulla verkörperten hellen Alltagsbewußtseins ist nicht ohne das Risiko möglich, dem Elis
zum Opfer fällt. Allein die Erkenntnis dieser Dialektik, die die
Richtung jener Grenzüberschreitung (Natur, Kunst, Sexualität,
Unbewußtes . . .) noch nicht präjudiziert, beläßt H.s Erzählung
jenes Gewicht, das sie als gleichberechtigt nicht nur neben der
im Text erwähnten Fassung Schuberts von 1808, sondern auch
neben Hebels 1810 veröffentlichtem *Unverhofften Wiedersehen*
bestehen läßt.

Die Entstehungszeit der im dritten Abschnitt vereinigten Erzählungen reicht vom Januar 1815 *(Die Automate* [Theodor])
bis zur Vorbereitung des zweiten Bandes der *Serapions-Brüder*
im Jahr 1818 *([Eine Spukgeschichte]).* Denkbar heterogen, sind

sie gattungsmäßig kaum klassifizierbar. An der *[Spukgeschichte]* Cyprians hebt Ottmar gerade das »Ungesuchte«, »Einfache« hervor, wodurch »das Unwahrscheinlichste« »Wahrscheinlichkeit« erhielte (SB 327); sie weist »deutliche Spuren« der Erzählkunst Kleists auf (Segebrecht, SB 1061), dessen *Bettelweib von Locarno* Lothar später mit ähnlichen Worten lobt (SB 928 f). Demgegenüber bemüht *Doge und Dogaresse* (Ottmar) »Inventare« des empfindsamen Familien- und Liebes-, des Abenteuer-, des Schauer- und des Staatsromans (Feldt 1982, 177) und spiegelt so in sich die Stil- und Gattungsheterogenität des dritten Abschnitts bzw. der *Serapions-Brüder* insgesamt ab. Andererseits ist wiederum H.s Bemühen unverkennbar, die so heterogenen Erzählungen insbesondere nach Maßgabe der Gesprächshandlung des Rahmens zu ordnen. Cyprian, der sich zu Beginn »geistig [. . .] ganz woanders zu befinden« scheint (SB 259), kehrt auch innerlich in die Freundesrunde zurück, die in der Mitternachtsstunde »in der frohesten Stimmung« scheidet (SB 400). Dieser Bewegung entspricht die wachsende Einmütigkeit in der Beurteilung der verlesenen Erzählungen. Während Theodor Cyprians *Kampf der Sänger* »ganz und gar« »verwarf« (SB 316; vgl. Lothars späteres Urteil, SB 519), kommen die Freunde am Ende des Abends »einstimmig« darin überein, daß *Doge und Dogaresse* »auf echt serapiontische Weise« erzählt sei (SB 400). Wichtiger noch als dieser Konsens ist der, den die Freunde immer wieder – erzählend wie diskutierend – hinsichtlich des Umgangs mit jener fremd-unheimlichen Macht herstellen, der sich der in diesem Abschnitt ausführlich erörterte Mesmerismus bedient, der aber auch die dichterische Inspiration entspringt. Die Freunde öffnen sich gegenüber diesem geheimnisvoll anderen der Ratio, doch bieten sie gleichzeitig dagegen in einem Akt notwendiger Sicherung die Verständigung im »treuen« Gespräch, die möglichst weitgehende rationale Kontrolle und die Abwehr wie auch immer gearteter Herrschaftsansprüche auf.

Die beiden titellosen Erzählungen, in denen Theodor zu Beginn des Abends als Zeuge von magnetischen Operationen berichtet, exemplifizieren Lothars These, der Magnetismus sei ein »schneidendes gefährliches Instrument in der Hand eines Kindes« (SB 264). War Mesmers Lehre im *Magnetiseur* der *Fantasiestücke* als Machtmißbrauch des Magnetiseurs konkretisiert worden, so nun als betrügerische Manipulation der magnetisierten Person selber bzw. durch den Aufweis der besonderen Bedingungen und Vorsichtsmaßnahmen, deren eine positive Handhabung bedarf.

Der Kampf der Sänger läßt J. Ch. Wagenseil auftreten, dessen *De sacri Romani imperii libera civitate Noribergensi commentatio* H.s Erzählung vom Sängerkrieg auf der Wartburg folgt. Sinnvoller aber als im Vergleich mit der Wagenseilschen Vorlage läßt sie sich als Auseinandersetzung mit Novalis' *Heinrich von Ofterdingen* lesen. Denn indem H. seinen Ofterdingen, der Novalis' Helden notwendig in Erinnerung rief (SB 316), »Wolfframb von Eschinbach« gegenüberstellt, problematisiert er das idealistische Dichtungsverständnis des Novalisschen Fragments. Dabei verschränken sich in seinem alternativen Entwurf zwei Stimmen. Der einen zufolge verkörpert Klingsohr, Ofterdingens Lehrer und wie dieser Widerpart Wolfframbs, die negative dichterische Inspiration aus dem Geist des Teuflischen; nach der andern aber, die der geläuterte Ofterdingen formuliert, gilt er als »hoher Meister«, der mit »eigentümlicher Kraft« dem »finstern Reich« entgegenstrebt, »das er sich erschlossen« (SB 316), als ein Dichter des Neuen, dem zu folgen Ofterdingen selber die Kräfte gebrochen. Als traditionelle Dichotomie formuliert H. die Problematik modernen Dichtens, das, aus sinnverbürgenden Traditionen sich lösend, dem Dichter bislang unbekannte Tiefenschichten erschließt und ihn dabei radikal vereinsamt (vgl. Magris 1980, 58). Neuere Formulierungen dieser spezifisch modernen Problematik klingen an: der Teufelspakt von Th. Manns *Dr. Faustus* etwa oder die Rimbaudsche Poetik des »JE est un autre« (vgl. SB 296).

Die *[Spukgeschichte]* korrespondiert im Thema des gefährlichen Umgangs mit der unbekannten fremden Macht – ärztlicher Rat führt hier gerade die Katastrophe herbei – sowohl mit den vorausgehenden Erzählungen (Gefahren des Magnetismus, Überforderung Ofterdingens durch Klingsohrs Poetik) als auch mit der folgenden, *Die Automate,* in der Ferdinand das »feindliche« Eindringen der »fremden Macht« in sein »Inneres« erleiden muß (SB 337).

Im Automatenmotiv kommen die beiden heterogenen Stränge der zuletzt genannten Erzählung überein: einerseits Ferdinands existentielle Gefährdung durch die Orakelsprüche des als Türke drapierten Automaten, dessen Geheimnis bis zuletzt unentdeckt bleibt, andererseits Ludwigs essayistisch vorgetragene Überlegungen zur Notwendigkeit bzw. Begrenztheit des rein Mechanischen in der Musik. Die Erzählung, die Theodor als Vorgeschichte von *Der Dichter und der Komponist* identifiziert (wodurch er den Leser hinsichtlich Ferdinands weiterem Geschick beruhigt), endet selbst in der Offenheit einer

Frage und eines wiederholten »vielleicht«, welch »fragmentarischer« Charakter im anschließenden Freundesgespräch ausdrücklich in seiner die »Fantasie« des Lesers reizenden Wirkung gutgeheißen wird (SB 354).

Doge und Dogaresse zählte im 19. Jh. zu den beliebtesten Erzählungen H.s. Als Grund dafür darf man weniger das von Feldt 1982 behauptete artistische Verfügen über die unterschiedlichsten literarischen Traditionen als vielmehr die Konventionalität der Geschichte selbst vermuten. Trotz aller bewußt gesetzten Brechungen steht doch die recht klischeehafte Geschichte von der grenzüberwindenden Liebe und der Todesvereinigung Antonios und Annunziatas im Vordergrund. Damit aber ist Feldts Vergleich mit der *Prinzessin Brambilla* die Grundlage entzogen. Das einstimmige Lob der Freundesrunde, dem keine Äußerung H.s außerhalb der *Serapions-Brüder* entspricht, dürfte sich vielleicht eher dem durch die Komposition des Zyklus bedingten Zwang zu abschließender Aufhellung/Konsensbildung als den objektiven Qualitäten des Werkes verdanken.

Der vierte Abschnitt umfaßt längere gesprächsweise aufgelockerte musiktheoretische bzw. -historische Erörterungen, in die, überarbeitet, H.s Besprechung von Beethovens C-dur-Messe, op. 86 (M 154–169) und der Aufsatz *Alte und neue Kirchenmusik* (M 209–249) eingegangen sind (Theodor spricht in bezug auf letzteren von seiner »kleinen Abhandlung«, SB 406), die chronikartige Erzählung *Meister Martin der Küfner und seine Gesellen* (zuerst im ›Taschenbuch zum geselligen Vergnügen auf das Jahr 1819‹ mit einem Stich nach einem Gemälde Kolbes, Wiedergabe im Kommentarband zum faksimilierten Manuskript, 1984, 23) sowie das »Kindermärchen« (SB 510) *Das fremde Kind* (zuerst 1817 mit zwei Vignetten von H., Wiedergabe: ›Kindermärchen‹ 1987, 147, 202). Das wiederum entstehungsgeschichtlich, vordergründig-thematisch und gattungsmäßig Heterogene kommt überein in der Frage nach den Ermöglichungsbedingungen von Kunst in wechselnden geschichtlichen Konstellationen. In bezug auf die Musik wird die Differenz Antike/Moderne sowie, innerhalb der Moderne und bezogen auf die Kirchenmusik, die zwischen älterer Vokal- und neuer Instrumentalmusik erörtert. Im Übergang vom Küfner- zum Goldschmiedehandwerk und zur Malerei wird die zunehmende Lösung moderner Kunst aus lebensweltlich-praktischen Zusammenhängen und mit ihr, trotz der abschließenden Versöhnung, die wachsende Vereinsamung des modernen Künstlers thematisch. Radikalisierend wird dieses Problem schließlich zu Ende geführt, indem allein noch der kindlichen bzw. der dem Kindlichen verbunden bleibenden Phantasie die Fähigkeit zugesprochen wird, sich gegen technischen Perfektionismus und Affektreduktion der Moderne zu behaupten. Die einzelnen Teile stehen für sich und erlangen ihre volle Bedeutung doch wiederum erst im Zusammenspiel mit den anderen Teilen und mit dem Rahmen, in dem die Freunde ihre intime Geselligkeit gegen jene Vereinzelung des künstlerischen Menschen aufbieten, von denen ihre Beiträge handeln.

In H.s Preis der alten Kirchenmusik, vor allem Palestrinas, und seinen kritischen Anmerkungen zur neuen Kirchenmusik, von denen auch der geliebte Mozart nicht ausgenommen bleibt, hat man verschiedentlich einen Widerspruch zu seinen enthusiastischen Ausführungen über die Wiener Klassiker sehen wollen (Geck 1965). Demgegenüber betonte Lichtenhahn (in Feldges/Stadler 1986), H. habe sich bei seiner Bevorzugung der alten vor der neuen Kirchenmusik von technisch-funktionalen Aspekten leiten lassen (Wirkung der Vokalmusik »im hohen Gewölbe«, SB 407, liturgische Einbindung), vor allem aber trete die vordergründige Opposition zurück hinter der geschichtsphilosophischen Deutung der Musik insgesamt als spezifisch moderner, innerlich-vergeistigter Kunst, die ihre Inspiration in der Gegenwart nicht mehr aus einer eng christlichen, sondern nur noch aus einer weiter verstandenen Religiosität schöpfen könne. Für H. gilt es als »ausgemacht«, »daß es unmöglich ist, jetzt zu Palestrinas Einfachheit und Größe zurückzukehren« (SB 414). Entsprechend betont er in dem von Sylvester beigesteuerten *Meister Martin* den Vergangenheitscharakter einer Kunst, die ihre Kraft aus der Verankerung im Lebensweltlich-Praktischen gezogen hatte. Das Handwerkertum selbst ist, wie u.a. Martins neue Gesellen zeigen, in die Krise geraten (Feldges in Feldges/Stadler 1986, 178), und hinter dem Goldschmied Friedrich taucht mit dem Maler Reinhold der einsame Künstler der Moderne auf, den H. ja auch im *Fräulein von Scuderi* im Goldschmied (!) Cardillac verkörpert. Der bewußt gestaltete Vergangenheitscharakter des von Friedrich verkörperten Künstlertums verbietet es, in *Meister Martin* eine restaurative Apologie zu sehen, als welche die Erzählung im 19. Jh. häufig gelesen worden sein dürfte. Vielmehr hat H. in dem als unwiederbringlich vergangen Gezeigten Momente aufgewiesen, die gegenwärtige Kunst schmerzlich entbehrt und die es in der Zukunft zurückzugewinnen gilt (U. und W. Segebrecht 1984).

Ottmar deutet, nachdem Lothar *Das fremde Kind* verlas, kritisch auf »einige verdammte Schnörkel« hin, »deren tieferen Sinn das Kind nicht zu ahnen vermag« (SB 510). Damit legitimiert er den Leser, das den vierten Abend beschließende Märchen auch als Geschichte eines Erziehungskonflikts (primäre Sozialisation zwischen der Ratio einer falsch verstandenen Aufklärung und individuell-spontaner, lebenspraktischer und der Fantasie gegenüber offener Vernunft; vgl. Feldges zur Rezeption Rousseaus und der Reformpädagogik, Feldges/Stadler 1986, 90–93) und als symbolisch-allegorische Gestaltung der Möglichkeiten von Phantasie bzw. Kunst unter den Bedingungen moderner Kunstfeindlichkeit zu lesen (mehrfache Marginalisierung im Rahmen der Oppositionen Stadt/Land, Macht/Ohnmacht, erwachsen/kindlich, geschlechtlich/androgyn). Wenn Felix' und Christliebs Vater gerade in dem Augenblick stirbt, als er im eigenen Innern zu den verschütteten Quellen kindlicher Phantasie findet, so ist am Ende des vierten Abschnitts, der abschließenden Versöhnung zum Trotz, der Endpunkt jener Entwicklung erreicht, deren Ausgangspunkt die religiöse Gemeinschaftskunst eines Palestrina bezeichnet. (Zu den beiden Vignetten, die H. zum *Fremden Kind* schuf [Kinder-Märchen, hg. v. Ewers, 147, 202] vgl. B II, 116).

Von den ersten vier Abschnitten unterscheidet sich der fünfte dadurch, daß die gesellige Aufhellung melancholischer Vereinzelung weitgehend mißlingt (erst in den späteren Serapions-Abenden finden die Freunde zu ihr zurück, wodurch sich ein Spannungsbogen auch über mehrere Abschnitte hinweg ergibt). Der alte Zustand stellt sich auch dann nicht wieder her, als Ottmar, der »in Geschäften verreiset« war, zurückkehrt und sich mit Theodor und Lothar, statt wie bislang im Hause und alkoholisch beflügelt, dem genesenden Theodor zuliebe in einem Gartenlokal bei bloßem Tee trifft. Cyprians als »Scherz« gemeinter Rückkehrcoup gar, während Ottmar aus *Der unheimliche Gast* von einem »gewaltigen Schlag« an die Tür vorliest, führt dazu, daß Theodor, »totenbleich«, »sich einige Gewalt antun mußte, um heiter zu scheinen« (SB 611 f.). Entsprechend nüchtern-mißmutig ist das Ende des Abends. Dessen Sonderstellung kommt auch in der Abfolge der Binnenerzählungen zum Ausdruck. Am Anfang steht die von Ottmar als »Schwank« bezeichnete (SB 525) titellose Erzählung Lothars, die zunächst im »Freimüthigen« unter der Überschrift *Aus dem Leben eines bekannten Mannes* erschienen war; es folgt die in einem »Anfall einer durchaus bizarren Laune« (SB 531) entstandene *Brautwahl* (wiederum Lothars), laut Untertitel *eine Geschichte in der mehrere ganz unwahrscheinliche Abenteuer vorkommen;* am Ende des Abends aber steht *Der unheimliche Gast,* der das Mißlingen heiter-geselliger Einbindung des im Mesmerismus beschworenen »Unheimlichen« zeigt und in der Zerstörung des traditionellen schauerästhetischen Postulats des »delightful horror« (Trautwein 1980, 179) in sich die emotionale Kurve des fünften Abends abspiegelt.

Besonders *Die Brautwahl* ist, u. a. im ausdrücklichen Bezug auf Shakespeares *Kaufmann von Venedig* und in den parodistischen Thomasius-Zitaten, ein intertextuell hochgradig aufgeladenes Werk. Alle drei Erzählungen werden, hinsichtlich ihrer Quellenverwendung wie auch ihrer ästhetischen Eigenart, zum Gegenstand ausdrücklicher Erörterungen und so prozeßhaft in ihre Genese und ihre Rezeption eingefügt (besonders wichtig dabei das Gespräch im Anschluß an die auf das zeitgenössische Berlin vielfach anspielende *Brautwahl,* in dem Theodor das serapiontische Prinzip bekräftigt, SB 599).

Die Brautwahl, die im Schauplatz Berlin und in den verschiedenen Rückgriffen auf das 16. Jh. an die *[Nachricht aus dem Leben eines bekannten Mannes]* anknüpft, stellt den Maler Lehsen (Anagramm für Hensel) einerseits dem ältlichen Pedanten Tusmann und dem jüdischen Arrivisten Baron Benjamin von Dümmerl gegenüber, andererseits aber auch Albertine, die er zwar gegen die Konkurrenz der beiden erringt, aber nach Ablauf seines Rom-Aufenthaltes nicht unbedingt mehr – die Erzählung läßt es offen – zu ehelichen gedenkt. Die hier gewählte Lösungsvariante zum Problem der Künstlerliebe bleibt in der Schwebe zwischen Anselms Verzicht auf Veronika im *Goldnen Topf* und der ironisch gebrochenen ehelichen Vereinigung Balthasars mit Candida in *Klein Zaches.* Die stark karikaturistische Zivilisations- und Kapitalismuskritik nimmt ausgesprochen antisemitische Züge an; sie bedürften einer genaueren Untersuchung u. a. im Hinblick auf die Entstehungszeit, das ursprüngliche Publikationsorgan und andere Werke H.s sowie dessen Biographie.

Der unheimliche Gast fügt den im *Magnetiseur* und in den kurzen Erzählungen zu Beginn des dritten Abschnitts der *Serapions-Brüder* entwickelten Gestaltungen des Mesmerismus als Variante hinzu, daß der magnetische Manipulator Opfer seiner eigenen schändlichen Operationen wird und angesichts des Todes dazu aufruft, »für immer diesen Geheimnissen« zu »entsagen« (SB 637). Damit wird das magnetische Heilverfahren zwar nicht grundsätzlich widerrufen, aber einmal mehr in seiner Gefährlichkeit problematisiert. Nach dieser Überzeugungsabsicht hat H. die Erzählung organisiert, die den Leser vom Ausgangspunkt unterschiedlichster Deutungen (»das Angenehme des Schauers als Ahnung einer Geisterwelt«, Verweisung des Schauererregenden »ins Reich der Fiktion«, »Existenz einer übersinnlichen magnetischen Weltordnung« und gleichzeitig Warnung davor, »sich mit ihr einzulassen«, Trautwein 1980, 159) zur Gültigkeit allein des dritten Standpunkts führt. Die im Anschluß an Ottmars Vortrag geäußerte herbe Kritik am *Unheimlichen Gast* geht möglicherweise weniger auf objektive Mängel der Erzählung als vielmehr auf die oben angesprochene Komposition des fünften Abends zurück.

Nach dem melancholischen Intermezzo des fünften Abschnitts kehrt der sechste zum Verfahren fortschreitend-geselliger Aufhellung zurück. Gemeinsames Thema der drei Binnenerzählungen *Das Fräulein von Scuderi, Spielerglück* und *[Der Baron von B.]* (unter diesem Titel zunächst in der AMZ) ist eine alles verzehrende Leidenschaft: die des Goldschmieds Cardillac, der mit wahrer Mordlust die Eigentümer seiner kunstvollen Arbeiten verfolgt, um wieder in deren Besitz zu gelangen; die des Chevalier de Menars, dessen Spielleidenschaft im todbringenden Einsatz der eigenen Frau endet; die des Musikenthusiasten von B., der sich als exzellenter Kenner der Violinmusik und -virtuosen erweist, doch ohne es gewahr zu werden komisch-kläglich versagt, wenn er selber das Instrument in die Hand nimmt, um Schülern Unterricht zu erteilen, die er im Spiel auch nicht entfernt nur erreicht. Mit dieser Geschichte erst ist jene Entkrampfung erreicht, die Vinzenz am Ende des Abends einklagt, wenn er in den beiden vorausgehenden ernsten Erzählungen einen Verstoß gegen den wünschenswerten Wechsel des »Schauerlichen mit dem Heitern« (SB 753) bemängelt.

Seit der Erstveröffentlichung im »Taschenbuch für das Jahr 1820. Der Liebe und Freundschaft gewidmet« ist *Das Fräulein von Scuderi. Erzählung aus dem Zeitalter Ludwig des Vierzehnten* eine allgemein geschätzte Erzählung. In ihrer scheinbaren Einfachheit hebt sie sich von jenen Werken ab, in denen H. selber den Gipfel des ihm möglichen ästhetischen Gelingens erblickt hatte (*Der goldne Topf, Kater Murr* u. a.). Doch haben die unterschiedlichen Lesarten, so kritikbedürftig sie im einzelnen sein mögen, gezeigt, daß es sich unter der Oberfläche eines straff organisierten Textes um ein höchst vielschichtiges Werk handelt. Die geläufigste Lesart, derzufolge es sich um eine Kriminal- bzw. Detektivgeschichte handelt, ist die am wenigsten begründete; denn nicht detektivischer Spürsinn ist es, der zur – überdies begrenzt bleibenden – Aufklärung führt, sondern das eher zufällige Geständnis von Miossens sowie die gefühlsgeleitete Verstehensanstrengung der tugendhaften, mitleidigen Scuderi (Stadler in Feldges/Stadler 1986). Hinter der Vordergrundshandlung, in der es um eine Serie von Morden und deren Aufklärung geht, stellt H. eine ganze Reihe von Fragen: nach den Grenzen bzw. der Legitimität institutionalisierter Wahrheitsfindung bzw. Rechtssprechung, nach der Psychologie des Täters, vor allem aber, einmal mehr, nach den problematischen Bedingungen von Kunst und künstlerischer Existenz in seiner eigenen Gegenwart. In ihren ausschließlich rational geleiteten Nachforschungen gehen die ermittelnden Behörden in die Irre, ja sie nehmen selbst in den Augen derer, die sie schützen sollen, schreckenerregende Züge an; andererseits wird auch der König als die der Justiz übergeordnete Instanz noch in seinem Gnadenakt in Frage gestellt (vgl. Walter, 1950, sowie Stadler). Und auch die im Vertrauen auf das eigene Gefühl Figuren Kleists nahestehende Scuderi wird vorübergehend in ihrer Überzeugung von der Unschuld Brussons irre, wie sie ja auch, nach Miossens' Teilaufklärung, nur im Verein mit der von d'Andilly vertretenen juristischen Kompetenz und dem – im Prinzip fragwürdigen – Gnadenerweis des Königs das zu erreichen vermag, was man, gemessen an Brussons entschuldbarer Mitwisserschaft, ein lediglich relatives Recht nennen darf. Cardillacs Erklärung des eigenen Handelns aus familiärer Vorprägung und einem pränatalen Schockerlebnis ist wohl nur eine (rationalisierende) Erklärung unter mehreren möglichen; sie weist, indem sie die quasi-sexuelle Gier nach Gold und Edelsteinen einerseits und andererseits das Todesmotiv mit der Mutter verbindet, auf das Thema der erblichen Belastung hin, das H. schon in den *Elixieren* behandelt hatte und das ihn als möglicher Entlastungsgrund auch in juristischer Hinsicht interessierte. Die tiefste Bedeutungsschicht des Werkes erschließt sich erst, wenn man in dem Goldschmied Cardillac (Cellini, dessen *Vita* H. in Goethes Verdeutschung kannte, bleibt als mögliches Vorbild zu prüfen), seinem Unvermögen, sich von seinen Schöpfungen zu trennen, und seiner Mordlust, eine radikale Formulierung modernen – d.h. einsamen, aus religiösen, sittlichen und lebensweltlich-praktischen Bindungen entlassenen – Künstlertums erblickt und dessen Verhältnis zu dem in der Titelheldin verkörperten historisch älteren Künstlertyp bedenkt. Die Scuderi muß die

höfisch-gesellige Unverbindlichkeit aufgeben, die sie unge-
wollt-leichtfertig über die nächtlichen Morde mit den Worten
»Un amant qui craint les voleurs n'est point digne d'amour«
hinweggehen läßt; umgekehrt weiß sich Cardillac erlösungsbe-
dürftig durch die in ihr im Verlauf der Erzählung zunehmend
verkörperte Humanität. Geleitet von der Einsicht in die Unum-
kehrbarkeit des Geschichtsverlaufs und die Defizite historisch
unterschiedlicher Ausformungen von Kunst und Künstlertum,
entwirft H. in der Konfiguration Cardillac–Scuderi das Bild
einer Versöhnung des historisch Getrennten (Schmidt 1985, II,
39).

Schon in den *Elixieren* hatte H. das Motiv des Spiels aufgegriffen, und wie in dem frühen Roman ist ihm in *Spielerglück*
der Zufall gleichbedeutend mit jener schicksalhaften Macht, die
der Mesmerismus zu beherrschen glaubt und der auch die
künstlerische Inspiration entspringt. Die so thematisch mit den
übrigen Binnenerzählungen und dem Rahmen der *Serapions-
Brüder* verbundene Erzählung unterscheidet sich von ihnen,
sieht man einmal von den dem Magnetismus gewidmeten Werken ab, durch die ausgesprochen belehrende Tendenz, in der
H.s Teilhabe an den von ihm andernorts verspotteten didakti-
schen Traditionen zum Ausdruck kommt. Freilich geht die didaktische Orientierung nicht auf Kosten der »künstlerischen
Leistung«, welch beiläufiger Hinweis Segebrechts (SB 1093)
eine gründliche Analyse wünschenswert macht.

Wie *Spielerglück* weist auch *[Der Baron von B.]* (vgl. dazu
H.s Brief an Härtel vom 12. 1. 1819, B II, 187 f.) thematisch-
motivlich auf das 19. Jh. voraus. Sind dort, einschließlich des
Schauplatzes Paris, Balzacs Gestaltungen des Glücksspiels, *La
Peau de Chagrin*, *Le Père Goriot* usw., sowie Dostojewskijs
Spieler vorweggenommen, so in der Produktionsohnmacht des
skurril-grotesken Barons u. a. Grillparzers *Armer Spielmann*
und Balzacs vielfältige Gestaltungen künstlerischen Versagens,
u. a. in *Gambara* und *Le chef d'œuvre inconnu*. Mit der zuneh-
menden Autonomisierung der Kunst und der ausschließlichen
Begründung des Künstlertums aus der individuellen Genialität
mußten Versagensangst und die Furcht, nicht mehr gehört/ver-
standen zu werden, ins Zentrum des ästhetischen Interesses treten.

H. hatte die beiden ersten Bände der *Serapions-Brüder* mit
den Märchen *Nußknacker und Mausekönig* und *Das fremde
Kind* enden lassen und das »nach der Natur entworfene Märchen« *Die Königsbraut* ursprünglich als Abschluß des dritten

Bandes vorgesehen. Wenn es statt dessen nun den Zyklus insgesamt beschließt, so wird man darin, wie sehr auch zufällige Umstände für die Umstellung verantwortlich sein mögen, kein Argument gegen die wohlabgestimmte Komposition der einzelnen Abschnitte bzw. Bände sehen dürfen (vgl. Segebrecht, SB 1109). So wenig H. im Ästhetischen starren Gattungs- und Stilkonventionen folgt, so wenig im Geselligen den Idealen einer normierten Gesellschaft. Der »gemütliche« Ton, in dem das polyphone Zusammenklingen unterschiedlicher Individualitäten zum Ausdruck kommt, kann ebensowenig erzwungen werden wie die Einhaltung einer Gattungsnorm. Wenn nach dieser Vorstellung Ordnung niemals verordnet, sondern nur im freien Spiel der Kräfte erreicht werden kann, ist immer auch die Möglichkeit des geselligen und ästhetischen Mißlingens gegeben. Davon zeugt in besonderer Weise der siebte Abschnitt der *Serapions-Brüder*. Die Freunde spielen die »französische Konversation« gegen das »Gespräch« der »von echtem Humor beseelten Deutschen« aus (SB 761) und scheiden dennoch »mehr gewaltsam aufgeregt zu toller Lust, als im Innern wahrhaft gemütlich froh« (SB 874) voneinander. Andererseits wird in den Binnenerzählungen wiederum das gattungsmäßig Heterogenste (»Novelle«, gesprächsweise Erörterung gefährdeten Künstlertums am Beispiel Zacharias Werners, fantastisch versetzter Erlebnisbericht aus der Zeit der Dresdner Belagerung [*Erscheinungen*], anekdotenhafte Einschübe) verbunden und im Blick auf *Signor Formica* das Verfehlen der konventionellen Novellenform nur bedingt als Erreichen einer Form sui generis gewürdigt (SB 765 f., 840–42; vgl. dagegen H.s eigenes positives Urteil am 27. 3. 1819, B II, 204).

Signor Formica. Eine Novelle, zu Anfang 1819 entstanden, ist eine bislang von der Forschung nur wenig beachtete Erzählung. Dabei verdiente sie allein schon als Vorstudie zu dem Meisterwerk *Prinzessin Brambilla* höchste Beachtung, kommen beide Erzählungen doch u. a. im Handlungsort Rom, im Bezug auf die commedia dell'arte, im karikaturistisch-grotesken Verfahren und, mehr noch, in der utopischen Versöhnung von Kunst und Alltag überein. Sicher ist die Intrige mit dem alten Komödienmotiv des verliebten Alten, dem die junge Schöne zugunsten eines angemesseneren Liebhabers entrissen wird, und auch die Behandlungsart insgesamt konventioneller als die der *Prinzessin Brambilla*. Es wäre aber nicht gerechtfertigt, über dem Vergleich mit dem meisterhaften »Capriccio« die spezifischen Qualitäten der »Novelle« zu vernachlässigen. Sie liegen vor allem in der karikaturistischen Bildlichkeit, in der grotesken Situationskomik, im komödiantischen Quidproquo zwischen Wirklichkeit und Spielebene, im Schnittpunkt, mit Baudelaire zu sprechen, zwischen charakteristisch und absolut Komischem und mithin dort, wo die Freunde in der sich anschließenden Erörterung ein entscheidendes Defizit deutscher Kultur feststellen: im Spiel, das um seiner selbst willen gespielt wird (SB 843). Indem H. den mit der bildnerischen Tradition des Nachtstücks verbundenen Salvator Rosa zur Meistergestalt seines *Signor Formica* erhebt (dazu Hemmerich 1982, 115), schafft er sich im übrigen den Spielraum zu thematisch zentralen kunsttheoretischen Erörterungen, von denen die auf die Ästhetik Prousts vorausdeutenden Bemerkungen zur jeweils notwendigerweise individuellen künstlerischen Weltsicht besondere Beachtung verdienen.

Wie *Signor Formica* weisen die titellos gebliebenen Erörterungen der Freunde über Zacharias Werner stark autobiographische Züge auf. Ist es dort die Mehrfachbegabung Salvator Rosas, so wird hier die unter Umständen identitätsbedrohende Belastung durch die familiäre Sozialisation angesprochen. Freilich wird das Autobiographische und das im Für und Wider der Rede entwickelte Bild Werners überlagert von der übergeordneten Frage nach dem Verhältnis von künstlerischer Produktivität und »Wahnsinn«, die ja schon zu Beginn der *Serapions-Brüder* aufgeworfen worden war (vgl. Safranski 1984, passim über H.s Verhältnis zu Werner; v. Schenck 1939, 513 nennt den Werner-Text ein »Stück, das in Inhalt, Aufbau und Form mit zum Größten gehört«, was H. gelungen sei). Indem H. bei allem Bemühen um Gerechtigkeit Werner leitmotivisch mit dem »Krankhaften«, »Kränkelnden« in Verbindung bringt, verteidigt er zugleich sich selbst gegen jene Kritiker, die ihn unter diesen Stichworten angegriffen hatten.

Die *Erscheinungen,* mit denen der siebte Abschnitt der *Serapions-Brüder* schließt, lassen den Anselmus des *Goldnen Topfes* im französisch besetzten Dresden wiederauftreten. Das frühe Märchen und H.s Dresdner Kriegserfahrungen, die entstehungsgeschichtlich zusammengehören, werden so ausdrücklich miteinander verknüpft. Doch bleibt die Erzählung sowohl im Verhältnis zum *Goldnen Topf* als auch zu der Gestaltung des Krieges in der *Vision auf dem Schlachtfelde bei Dresden* und den unvollendeten *Drei verhängnisvollen Monaten* mit seiner aufgesetzten Verbindung der realen und der fantastischen Motive, obwohl als ästhetisches Experiment nicht uninteressant, vergleichsweise farblos.

Der achte und letzte Abschnitt vereinigt noch einmal Extreme Hoffmannscher Erzählkunst: einerseits die titellos gebliebene Vampir- bzw. Gulengeschichte, andererseits *Die Königsbraut,* die u. a. mit *Signor Formica* und *Prinzessin Brambilla* einen komischen Höhepunkt innerhalb von H.s Werk bildet. Hinsichtlich des Tones zwischen beiden Erzählungen steht *Der Zusammenhang der Dinge.* Die Reihenfolge ist freilich eine andere. »Damit wir [. . .] keinesfalls sogleich in wilde stürmende Wogen hineingeraten«, wie Lothar formuliert (SB 875), beginnt Sylvester mit *Der Zusammenhang der Dinge;* es folgt die düstere Vampirgeschichte Cyprians und nach der gleichsam als »Prolog« zum folgenden »Märlein« (SB 944) von Ottmar erzählten Anekdote *[Die ästhetische Teegesellschaft]* Vinzenz' *Königsbraut,* deren komische Leuchtkraft sich vom abschließenden Rahmenteil mit der gewichtigen Apologie von »Einbildungskraft« bzw. »Besonnenheit« und der »wehmütigen« Trennung der Freunde abhebt (SB 994 f.).

Vorbereitet durch Lothars Distanzierung von der »abscheulichen Lehre vom Quietismus« des Molinos (SB 858 f.), trägt *Der Zusammenhang der Dinge,* in dem H. wiederum verschiedene Erzählebenen miteinander verschränkt, stark autobiographische Züge. Zugleich zeichnet sich ein existentielles Fazit der *Serapions-Brüder* insgesamt ab. Die leitmotivische Ironisierung des verantwortungslosen Geredes vom »Zusammenhang der Dinge« dient der Propagation aktiver Tapferkeit gerade angesichts dessen, was sich in den Abgründen der Psyche wie in der kollektiven Geschichte an unaufhebbar Fremd-Bedrohlichem manifestiert. Euchars Verbindung von innerem Feuer und Gelassenheit stellt ein ausnahmsweise gänzlich unironisches, idealisiertes Selbstporträt des Autors dar.

In der *[Vampirismus-]*Erzählung knüpft H. an eine englische Radikalisierung der schauerromantischen Tradition an, auf die er eigens hinweist (SB 925 f.). Zugleich nimmt er eigene Versuche in diesem Gebiet wie insbesondere die *Elixiere* wieder auf, von denen sich die Vampirerzählung freilich dadurch unterscheidet, daß der über der Abfolge der Generationen lastende Fluch nicht gebrochen wird. Die in der vorausgehenden Erzählung postulierte Selbstverantwortung wird dadurch nicht außer Kraft gesetzt, sondern es wird lediglich deren im ästhetisch durchgespielten Extremfall begrenzte Reichweite vor Augen geführt.

Die Königsbraut war nicht nur im 19. Jh. eine Erzählung der happy few, zu denen Baudelaire und Kierkegaard zählten. H. v. Müller sagte noch 1906, sie sei »hierzulande nahezu so unbeliebt wie die ›Brambilla‹« (1974, 137), und zumindest weniger bekannt ist sie bis heute geblieben. Die Konstellation des eigens für die *Serapions-Brüder* »nach der Natur entworfenen Märchens«, wie der Untertitel ironisch formuliert, ist u. a. aus *Klein Zaches* vertraut (vgl. für Einzelmotive auch schon die *Prinzessin Blandina* aus der Erstfassung der *Fantasiestücke*). Wieder geht es darum, daß es gelingt, die Verbindung eines zwergenhaften untermenschlichen Geschöpfes mit einem jungen Mädchen zu verhindern, in einem Nebenstrang auch um die ästhetische Läuterung des Amandus von Nebelstern vom produktiven Banausen zum sich bescheidenden Kunstkenner. Für den glitschigen Mohrrübenkönig Daucus Carota und seine Vasallen sind die sexuellen Konnotationen nicht zu übersehen, hinter denen H.s Leiden am eigenen Körper und die tiefe Verletzung durch das Julia-Erlebnis stehen. Biographisch gesehen verrät die gesteigerte Komik die Souveränität, mit der H. nun, zu Beginn der zwanziger Jahre, sich selber gegenüberstand.

Literatur

Allgemein

Casper, Bernhard: Der historische Besen oder über die Geschichtsauffassung in E. T. A. Hoffmanns »Serapions-Brüdern« und in der Katholischen Tübinger Schule, in: Brinkmann 1978, 490–501, 516–519; *Günzel, Klaus:* Wahrhaftige Nachricht von den Berliner Serapionsbrüdern, in: K. G. (Hg.): Die Serapionsbrüder. Märchendichtungen der Berliner Romantik, Berlin (DDR) 1986, 565–609; *Köhn* 1966, 109–141; *McGlathery* 1985, II, 79–138; *Müller, Hans von:* Nachwort zu: Die Märchen der Serapionsbrüder von E. T. A. Hoffmann. Erste kritische Ausgabe. Mit einem Nachwort von H. v. M., Berlin 1906/1920, wieder in: v. Müller 1974, 91–145; *Müller-Seidel, Walter:* Nachwort zu SB, 999–1026; *Pikulik, Lothar:* E. T. A. Hoffmann als Erzähler. Ein Kommentar zu den »Serapions-Brüdern«, Göttingen 1987; *Rogge, Helmuth:* Der Doppelroman der Berliner Romantik. Zum ersten Male herausgegeben und mit Erläuterungen dargestellt von H. R., 2 Bde., Leipzig 1926; *Schnapp, Friedrich:* Der Seraphinenorden und die Serapionsbrüder E. T. A. Hoffmanns, in: LJ 3 (1962), 99–112; *Schütz, Christel:* Studien zur Erzählkunst E. T. A. Hoffmanns. E. T. A. Hoffmann als Erzähler. Untersuchungen zu den »Nachtstücken«, Diss. Göttingen 1955 (auch über die »Serapions-Brüder«); *Schumm* 1974, 112–178; *Zeydel, Edwin H.:* Ludwig Tieck, the German Romanticist, [2]1971 ([1]1935) passim.

[»Der Einsiedler Serapion«]
Brüggemann 1958, 220–223; *Gamm, Gerhard:* Der Wahnsinn in der Vernunft. Historische und erkenntniskritische Studien zur Dimension des Anders-Seins in der Philosophie Hegels, Bonn 1981, 116–137; *Kolkenbrock-Netz* 1985.

[»Rat Krespel«]
Asche 1985, 112–120; *Auhuber* 1986, 142–155; *Brüggemann* 1958, 323–325; *Cixous* 1974, 55–63; *Ellis, John M.:* Hoffmann: »Rat Krespel«, in: J. M. E.: Narration in the German Novelle. Theory and Interpretation, London 1974, 94–112; *v. Matt* 1971, 128–132; *McGlathery, James M.:* »Der Himmel hängt ihm voller Geigen«. E. T. A. Hoffmann's »Rat Krespel«, »Die Fermate« and »Der Baron von B.« in: GQ 51 (1978), 2, 135–149; *Rippley La Verne, J.:* The House as Metaphor in E. T. A. Hoffmann's »Rat Krespel«, in: Papers on Language and Literature 7 (1971), 52–60; *Vitt-Maucher, Gisela:* Hoffmanns »Rat Krespel« und der Schlafrock Gottes, in: Monatshefte 64 (1972), 51–57; *Wiese, Benno von:* E. T. A. Hoffmann: »Rat Krespel«, in: B. v. W.: Die deutsche Novelle von Goethe bis Kafka. Interpretationen, Düsseldorf 1962, II, 87–103; *Wittkowski, Wolfgang:* E. T. A. Hoffmanns musikalische Musikerdichtungen »Ritter Gluck«, »Don Juan«, »Rat Krespel«, in: Aurora 38 (1978), 54–74.

»Die Fermate«
McGlathery, James M.: »Der Himmel hängt ihm voller Geigen«. E. T. A. Hoffmanns »Rat Krespel«, »Die Fermate« und »Der Baron von B.«, in: GQ 51 (1978), 2, 135–149; *Scheyer, Ernst:* Johann Erdmann Hummel und die deutsche Dichtung. Joseph von Eichendorff, E. T. A. Hoffmann, Johann Wolfgang von Goethe, in: Aurora 33 (1973), 43–62 (mit 14 Abb.); *Schweitzer, Christoph E.:* Bild, Struktur und Bedeutung. E. T. A. Hoffmanns »Die Fermate«, in: MHG 19 (1973), 49–52 (mit Abb.), wieder in: Scher, 117–119.

»Der Dichter und der Komponist«
Allroggen, Gerhard: Die Opern-Ästhetik E. T. A. Hoffmanns, in: Bekker, Heinz (Hg.): Beiträge zur Geschichte der Oper, Regensburg 1969, 25–34; *Garlington, Aubrey, S.:* E. T. A. Hoffmann's »Der Dichter und der Komponist« and the Creation of the Germanic Romantic Opera, in: The Musical Quarterly 65 (1979), 1, 22–47; *Raraty, Maurice M.:* Wer war Rohrmann? Der Dichter und der Komponist, in: MHG 18 (1972), 9–16; *Rohr, Judith:* E. T. A. Hoffmanns Theorie des musikalischen Dramas. Untersuchungen zum musikalischen Romantikbegriff im Umkreis der Leipziger »Allgemeinen Musikalischen Zeitung«, Baden-Baden 1985; *Wellenberger* 1986, 105–126.

»Ein Fragment aus dem Leben dreier Freunde«
Jennings, Lee B.: The Anatomy of »Spuk« in two Tales of E. T. A. Hoffmann, in: CG 17 (1984), 1/2, 60–78.

»Der Artushof«
v. Matt 1971, 39–51.

»Die Bergwerke zu Falun«
Böhme, Hartmut: Romantische Adoleszenzkrisen. Zur Psychodyna-
mik der Venuskult-Novellen von Tieck, Eichendorff und E. T. A.
Hoffmann, in: Bohnen, Klaus u. a. (Hg.): Literatur und Psychoanalyse,
München 1981, 133–176; *Elardo, Ronald J.:* The maw as infernal medium in »Ritter Gluck« and »Die Bergwerke zu Falun«, in: NGS 9
(1981), 29–49; *Feldges, Brigitte,* in: Feldges/Stadler 1986, 179–193;
Frank, Manfred: (Hg.): Das kalte Herz. Texte der Romantik. Ausge-
wählt und interpretiert von M. F., Frankfurt a. M. 1978, ²1981, 9–16,
253–387; *Hamburger, Käte:* Die Bergwerke von Falun, in: Stuttgarter
Zeitung, 26. 9. 1959, wieder in: K. H.: Kleine Schriften, Stuttgart 1976,
175–180; *Jennings, Lee B.:* The Downward Transcendence. Hoffmann's »Bergwerke zu Falun«, in: DVjs 59 (1985), 278–289; *Lorenz,
Emil Franz:* Die Geschichte des Bergmanns von Falun, vornehmlich bei
E. T. A. Hoffmann, Richard Wagner und Hugo von Hofmannsthal, in:
Imago 3 (1914), 250–301; *Neubauer, John:* The Mines of Falun. Tempo-
ral Fortunes of a Romantic Myth of Time, in: SiR 19 (1980), 475–495;
Reuschel, Karl: Über Bearbeitungen des Bergmanns zu Falun, in: Koch,
Max (Hg.): Studien zur vergleichenden Literaturgeschichte, III, Berlin
1903, 1–28; *Sucher, Paul:* Introduction zu E. T. A. Hoffmann: Le Vase
d'or (Der goldne Topf), Les Mines de Falun (Die Bergwerke zu Falun),
Traduit et présenté par P. S., Paris 1942, 50–70; *Tecchi* 1962, 53–68;
Wellenberger 1986, 169–198.

»Nußknacker und Mausekönig«
Elardo, Ronald J.: E. T. A. Hoffmann's »Nußknacker und Mausekö-
nig«. The Mouse-Queen in the Tragedy of the Hero, in: GR 55 (1980),
1, 1–8; *Ewers, Hans-Heino:* Nachwort zu: H.-H. E. (Hg.): Kinder-
Märchen. Von C. W. Contessa, Friedrich Baron de la Motte Fouqué
und E. T. A. Hoffmann. Mit 12 Vignetten von E. T. A. Hoffmann,
Stuttgart 1987, 327–350; *Heintz, Günter:* Mechanik und Phantasie. Zu
E. T. A. Hoffmanns Märchen »Nußknacker und Mausekönig«, in:
Literatur in Wissenschaft und Unterricht 7 (1974), 1–15; *Loecker* 1983,
68–91; *v. Matt* 1971, 86–93; *Tecchi* 1962, 99–111.

»Der Kampf der Sänger«
Jesi, Furio: Novalis e Hoffmann dinanzi al patto di Faust, in: F. J.: Letteratura e mito, Torino 1968, 61–76; *Loepp, Frida:* Ueber E. T. A. Hoffmanns »Kampf der Sänger«, Diss. Marburg 1920.

[»Eine Spukgeschichte«]
Köhler 1972, 164–183.

»Die Automate«
Boie, Bernhild: Die Sprache der Automaten. Zur Autonomie der Kunst,

in: GQ 54 (1981), 284–297; *Kreplin, Dietrich:* Das Automatenmotiv bei E. T. A. Hoffmann, Diss. Bonn 1957, 37–65.

»Doge und Dogaresse«

Feldt 1982, 106–206; *Wiese, Benno von:* Nachwort zu: E. T. A. H.: Doge und Dogaresse, Stuttgart 1965/1981, 71–79.

[»Alte und neue Kirchenmusik«]

Dobat 1984, 78–89; *Geck, Martin:* E. T. A. H.s Anschauungen über Kirchenmusik, in: Salmen, Walter (Hg.): Beiträge zur Geschichte der Musikanschauung im 19. Jh., Regensburg 1965, 61–71; *Lichtenhahn, Ernst:* »Alte und neue Kirchenmusik«, in: Feldges/Stadler, 251–257.

»Meister Martin der Küfner und seine Gesellen«

a) Edition der Handschrift

E. T. A. Hoffmann: Meister Martin der Küfner und seine Gesellen. Bd. 1: Handschrift der Staatsbibliothek Bamberg (Mss. add. 22), Faksimile. Bd. 2: Kommentar mit dem Text des Erstdrucks, Lesarten und Erläuterungen. Hg. von der Staatsbibliothek Bamberg, Redaktion: Bernhard Schemmel, Bamberg 1984.

b) Kritische Literatur

Feldges, Brigitte, in: Feldges/Stadler 1986, 168–179; *Köhn* 1966, 142–159; *Segebrecht, Ursula* und *Wulf:* Interpretation und literaturwissenschaftliche Rezeption, in: E. T. A. Hoffmann: Meister Martin . . ., Bamberg 1984, II, 91–104.

»Das fremde Kind«

Ewers, Hans-Heino: Nachwort zu: H.-H. Ewers (Hg.): Kinder-Märchen. Von C. W. Contessa, Friedrich Baron de la Motte Fouqué und E. T. A. Hoffmann. Mit 12 Vignetten von E. T. A. Hoffmann, Stuttgart 1987, 327–350; *Feldges, Brigitte,* in: Feldges/Stadler 1986, 85–98; *Loekker* 1983, 92–115; *Planta,* Urs Orlando von: E. T. A. Hoffmanns Märchen »Das fremde Kind«, Bern 1958; *Richter, Dieter:* Das fremde Kind. Zur Entstehung der Kindheitsbilder des bürgerlichen Zeitalters, Frankfurt a. M. 1987, 261–280; *Tecchi* 1962, 113–123; *Wöllner* 1971, 13–31.

[»Nachricht aus dem Leben eines bekannten Mannes«]

Müller, Hans von: Anmerkungen zur »Nachricht«, in: H. v. M. 1921, 334–341; *Pniower* 1912, 252–256.

»Die Brautwahl«

a) Edition der Erstfassung

Die Brautwahl, eine Berlinische Geschichte von E. T. A. Hoffmann. Mit zwei Zeichnungen von Ludwig Wolf. In der 1. Fassung vom Frühjahr 1819 mit Angabe der Änderungen vom Frühjahr 1820, hg. von *F. Holtze* und *H. von Müller,* in: Schriften des Vereins für die Geschichte Berlins 43 (1910), 73–149.

b) Kritische Literatur
v. Maassen: HKA, Bd. VII, S. IX–XXXIII; *Müller, Hans von:* Nachwort zu Hoffmanns »Brautwahl«, Privatdruck, Berlin 1910, wieder in:
v. Müller 1974, 223–260; *Pniower* 1912, 256–266.

»Der unheimliche Gast«
Köhler 1972, 184–257; *Trautwein, Wolfgang:* Erlesene Angst. Schauerliteratur im 18. und 19. Jahrhundert. Systematischer Aufriß. Untersuchungen zu Bürger, Maturin, Hoffmann, Poe und Maupassant, München, Wien 1980, 155–183.

»Das Fräulein von Scuderi«
Conrad, Horst: Die literarische Angst. Das Schreckliche in Schauer-
romantik und Detektivgeschichte, Düsseldorf 1974, 105–113; *Gorski,
Gisela:* »Das Fräulein von Scuderi«, Stuttgart 1980; *dies.:* »Das Fräulein von Scuderi« als Detektivgeschichte, in: MHG 27 (1981), 1–15;
Himmel, Helmuth: Schuld und Sühne der Scuderi, in: MHG 7 (1960),
1–15, wieder in: Prang, 215–236; *Holbeche, Yvonne:* The Relation-
ship of the Artist to Power. E. T. A. Hoffmann's »Das Fräulein von
Scuderi«, in: Seminar 16 (1980), 1–11; *Kanzog, Klaus:* E. T. A. Hoffmanns Erzählung »Das Fräulein von Scuderi« als Kriminalgeschichte,
in: MHG 11 (1964), 1–11, wieder in: Prang, 307–321; *Lindken, Hans-
Ulrich:* (Hg.): Erläuterungen und Dokumente zu: E. T. A. Hoffmann:
»Das Fräulein von Scuderi«, Stuttgart 1978; *Post, Klaus D.:* Kriminalgeschichte als Heilsgeschichte. Zu E. T. A. Hoffmanns Erzählung
»Das Fräulein von Scuderi«, in: ZfdPh 95 (Hoffmann-Sonderheft
1976), 132–156; *Reinert, Claus:* Das Unheimliche und die Detektivliteratur. Entwurf einer poetologischen Theorie über Entstehung, Entfaltung und Problematik der Detektivliteratur, Bonn 1973, 36–48;
Schmidt 1985, II, 33–39; *Schneider, Peter:* Verbrechen, Künstlertum
und Wahnsinn. Untersuchungen zur Figur des Cardillac in E. T. A.
Hoffmanns »Das Fräulein von Scuderi«, in: MHG 26 (1980), 34–
50; *Stadler, Ulrich,* in Feldges/Stadler 1986, 152–167; *Thalmann,
Marianne:* E. T. A. Hoffmanns »Fräulein von Scuderi«, in: Monatshefte 41 (1949), 107–116, wieder in: M. Th.: Romantik in kritischer
Perspektive, Heidelberg 1976, 17–28; *Walter, Eugen:* Das Juristische in E. T. A. H.s Leben und Werk, jur. Diss. Heidelberg 1950;
Weiss, Hermann F.: »The labyrinth of crime«. A reinterpretation
of E. T. A. Hoffmanns's »Das Fräulein von Scuderi«, in: GR 51 (1976),
181–189.

»Spielerglück«
v. Schenck 1939, 478–488.

[»Der Baron von B.«]
McGlathery, James M.: »Der Himmel hängt ihm voller Geigen«.
E. T. A. Hoffmann's »Rat Krespel«, »Die Fermate« and »Der Baron
von B.«, in: GQ 51 (1978), 2, 135–149.

»*Signor Formica*«
Feldmann, Helmut: Die Fiabe Carlo Gozzis. Die Entstehung einer Gattung und ihre Transposition in das System der deutschen Romantik, Köln, Wien 1971; *Hemmerich, Gerd:* Verteidigung des »Signor Formica«. Zu E. T. A. Hoffmanns Novelle, in: Jahrbuch der Jean Paul-Gesellschaft 17 (1982), 113–127; *Köhn* 1966, 160–179.

[»Zacharias Werner«]
Karoli, Christa: E. T. A. Hoffmann und Zacharias Werner. Ein Beitrag zum romantischen Genieproblem, in: MHG 16 (1970), 43–61 und in: Goetze, Albrecht u. a. (Hg.): Vergleichen und verändern. Festschrift für Helmut Motekat, München 1970, 147–169.

»*Erscheinungen*«
Segebrecht 1967a, 110–112.

»*Der Zusammenhang der Dinge*«
v. Schenck 1939, 340–344.

[»Vampirismus«]
Fühmann 1980, 91–98; *Köhler* 1972, 113–163.

»*Die Königsbraut*«
Behrmann, Alfred: Zur Poetik des Kunstmärchens. Eine Strukturanalyse der »Königsbraut« von E. T. A. Hoffmann, in: Haubrichs, Wolfgang (Hg.): Erzählforschung 3, Göttingen 1978, 107–134; *Loecker* 1983, 191–207; *Vitt-Maucher, Gisela:* E. T. A. Hoffmanns »Die Königsbraut«: »ein nach der Natur entworfenes Märchen«, in: MHG 30 (1984), 42–58.

3.1.6. »Lebens-Ansichten des Katers Murr nebst fragmentarischer Biographie des Kapellmeisters Johannes Kreisler in zufälligen Makulaturblättern. Herausgegeben von E. T. A. Hoffmann«

Im Frühjahr 1819 begann H. mit der Niederschrift des ersten Bandes der *Lebens-Ansichten des Katers Murr;* der Verleger Dümmler erhielt den Beginn des Manuskripts schon Anfang Juli, und mit der Jahreszahl 1820 erschien das Buch noch rechtzeitig zum Weihnachtsgeschäft im Dezember 1819. In den darauffolgenden anderthalb Jahren, in denen ihn die »Demagogenverfolgungen« dienstlich besonders beanspruchten, entstanden mit der *Prinzessin Brambilla* und der *Königsbraut* zwei weitere Meisterwerke, bevor H., der überdies gesundheitlich angeschlagen war (Erkrankungen im Mai-Juni, Dez.-Jan 1820/21,

Okt.-Nov. 1821), in der zweiten Hälfte des Jahres 1821 den zweiten Band des *Murr* schrieb, der im Dezember 1821, wiederum mit vorgezogener Jahreszahl, erschien, als sich bereits die Affäre um den *Meister Floh* anbahnte. Die »Nachschrift des Herausgebers« zum zweiten Band stellte zur Ostermesse 1822 einen »dritten Band« in Aussicht, der aus »den nachgelassenen Papieren des verewigten Katers noch so manche Reflexionen und Bemerkungen« bringen sollte; »auch noch ein guter Teil des von dem Kater zerrissenen Buchs« sei vorhanden, »welches Kreislers Biographie enthält« (EM 663). Als H. starb, hatte er den dritten Band noch nicht begonnen. Indes besteht kein Zweifel an seiner Absicht, einen solchen zu schreiben. Allein durch Hitzig bezeugt – und mit Vorsicht zu werten – ist allerdings der Plan, Kreisler im abschließenden Teil »bis zu der Periode [zu] führen, wo ihn die erfahrnen Täuschungen wahnsinnig gemacht, und, unmittelbar an diesen Band sich die [. . .] lichten Stunden eines wahnsinnigen Musikers anschließen« zu lassen, die in den *Fantasiestücken* in Aussicht gestellt worden waren (Hitzig 1823, II, 145).

Der Titel *Lebens-Ansichten des Katers Murr* mit dem kunstvoll untertreibenden Zusatz *nebst fragmentarischer Biographie des Kapellmeisters Johannes Kreisler in zufälligen Makulaturblättern* bildet die Mischung bzw. arabeskenhafte Verschlingung von Katzen-Autobiographie und Musiker-Biographie als konstitutives Kompositionsprinzip ab (Rotermund 1968). Zugleich spielt er auf Sternes *Tristram Shandy* an, dem der Roman – neben Rousseaus *Confessions* (Segebrecht 1967a), Cervantes' *Don Quijote* (Brüggemann 1958) und Goethes Übersetzung von Diderots *Neveu de Rameau* (Slusser 1975) – wichtige Anregungen verdankt (Scher 1976). In der Nennung Kreislers weist er überdies auf die eigenen *Fantasiestücke* zurück, was nicht nur werbestrategische, sondern auch, über die Wiederaufnahme einer Figur hinaus, sachliche Gründe hatte: Sowohl thematisch als auch motivlich und strukturell (Stellung der *Nachricht von einem gebildeten jungen Mann* mit dem *Schreiben Milos, eines gebildeten Affen* . . . innerhalb der zweiten Reihe der *Kreisleriana*) bestehen enge Beziehungen zwischen beiden Werken.

Mit intertextueller Bezüglichkeit aufgeladen wie der Titel ist der ganze Roman. Meyer wies dies 1961 am Beispiel einzelner Zitate nach, und er erkannte als eine Stoßrichtung der darin eingegangenen Kritik die ins Behaglich-Restaurative abgleitende gesellschaftliche Wirkung der klassischen Bildungsidee. Schon in Murrs ersten Worten wird parodistisch der *Egmont* zitiert, die Überschrift des zweiten Abschnitts des ersten Bandes spielt auf das Motto der *Italienischen Reise* an, von einem »Zithermädel« ist die Rede, das den Vater des Prinzen Hektor mit dem Vers »Kennst du das Land, wo die Zitronen glühn« »anplärrte« (EM 457), usw. Aufklärerische Überzeugungen von der Vervollkommmnungsfähigkeit des einzelnen und den klassisch-humanistischen Bildungsglauben hatte H. schon vor dem *Murr*, u. a. in den *Elixieren*, radikal, aber – wie die Kritik an Gesellschaft und Kirche zeigt – keineswegs gegenaufklärerisch widerrufen.

Dieser Widerruf ist wesentlich eine Leistung der spezifischen Form, die noch bis ins frühe 20. Jh. zu irritieren vermochte und auf Unverständnis stieß (vgl. H. v. Müllers Einleitung zu seinem *Kreislerbuch* [1903, XLIV; 1974, 84]). Murrs autobiographisches Manuskript wird vollständig, wenngleich jeweils im Satz abrupt durch die Kreisler-Biographie unterbrochen, mitgeteilt; vor allem aber: Murr erzählt in chronologischer Ordnung den geordneten Bildungsgang, den die Überschriften der vier Abschnitte zu erkennen geben: »Gefühle des Daseins. Die Monate der Jugend«, »Lebenserfahrungen des Jünglings. Auch ich war in Arkadien«, »Die Lehrmonate. Launisches Spiel des Zufalls«, »Ersprießliche Folgen höherer Kultur. Die reiferen Monate des Mannes«. Die Kreisler-Biographie hingegen ist in zweifachem Sinn diskontinuierlich. Sie folgt nicht der chronologischen Ordnung, und sie ist unvollständig, da Murr in seinem Manuskript nur einzelne Blätter liegen ließ, die er herausgerissen hatte und die versehentlich mitgebunden wurden. Die scheinbare Erfüllung vermutbarer Erwartungen hinsichtlich der autobiographischen Form und die radikale Verweigerung gegenüber entsprechenden Erwartungen an die Biographie widerrufen die Bildungsidee, die der Roman begrifflich immer wieder erinnert, verneinen die Selbstverständlichkeit der Gattungskonventionen, indem sie auf deren ideologische Semantik aufmerksam machen, und nehmen in ihrem ironisch-autoreflexiven Charakter Erzählexperimente der klassischen Moderne vorweg (Rotermund 1968, Steinecke 1972 und 1977-79). Gemäß dem Kompositionsideal einer in der Fülle heterogensten Materials verborgenen höheren Einheit sind Murr- und Kreislerstrang freilich nicht plan-antithetisch aufeinander bezogen, sondern durch zahlreiche Korrespondenzen kompliziert miteinander verschränkt. So entspricht der Kritik an dem anachronistischen menschenverachtenden Sieghartsweiler Hof, dem der Roman im idiotischen Thronfolger sein Bild vorhält, im Murr-Teil u. a.

die Episode mit dem müßiggängerischen Alzibiades von der Wipp. Oder es werden Murr als Plagiat Ansichten Kreislers in den Mund gelegt (EM 639 f.), wie umgekehrt Kreisler keineswegs die normative Instanz personifiziert, die den Roman als ganzen regiert. Als diese Instanz haben u. a. Müller-Seidel 1961, Preisendanz 1963 und Segebrecht 1967 den Humor erkannt, zu dem sich, die »bittere Ironie« (EM 342) überwindend, selbst Kreisler nur ausnahmsweise erheben kann, wenngleich er ihn als »gebietenden König« ausdrücklich anerkennt (EM 352).

Als Autobiographie bzw. Biographie des Literaten Murr und des Kapellmeisters Kreisler antwortet der *Kater Murr* nicht nur auf Goethes Bildungsroman, sondern er ist zugleich, stärker noch als dieser und hierin der Romantik verpflichtet, Künstlerroman und, mehr noch, kritischer Gesellschaftsroman. Auch die schon in den *Elixieren* aufgenommenen Traditionen des Schauer- und des Klosterromans wirken nach. Die außerordentlich kunstvolle Verschränkung der beiden Teile ist das Medium, in dem die heterogensten Gattungstraditionen zerbrechend zu einer Form eigenen Rechtes finden. War den *Elixieren* die menschliche Sexualität zentrales, wenn auch nicht ausschließliches Thema, so stellt der *Kater Murr* die Frage nach dem über dem Menschen herrschenden »dunklen Verhängnis« (EM 316) im thematischen Medium des Künstlertums und der ihm feindlich opponierenden Gesellschaft. In erhöhtem Maße humoristischer Erlösung bedarf, was der Roman an extrem Negativem aufbietet. Zu ihm zählen die Schilderung der »dürren Heide« von Kreislers Kindheit (EM 371), in die stark autobiographische Reminiszenzen H.s eingingen, das von Dünkel, Feigheit, kaltem Kalkül beherrschte Hofleben und die zynische Resignation der Rätin Benzon, die im gesellschaftlichen Aufstieg Kompensation für versäumtes Lebensglück sucht und dabei sogar den Plan verfolgt, ihre Tochter Julia [!] dem idiotischen Thronfolger zur Frau zu geben. Mord, Vergewaltigungsversuche und Entführungen verstärken das düstere Bild. All dem Negativen ist durch das Alternieren des Kreisler- und des Murr-Stranges wie auch durch den Wechsel der Töne innerhalb der einzelnen Stränge ein humoristisches Gegengewicht von ganz anderer Bedeutung geschaffen worden, als es die intermittierenden komischen Passagen in den *Elixieren* dargestellt hatten. Die dialogisch-diskursiv entfaltete Idee des Humors ist konsequent in ästhetische Praxis umgesetzt. Damit rückt der *Kater Murr* , auch in H.s eigener Einschätzung (B II, 288, 8.1. 1821), in die Reihe jener vom *Goldnen Topf* über *Klein*

Zaches bis zur *Brambilla* und dem *Meister Floh* reichenden Dichtungen, in denen ihm aus dem »Brillantfeuer des tiefen Humors« (SB 925), der noch über dem Negativsten erstrahlt, ästhetische Gebilde von einer in der Weltliteratur selten erreichten Leichtigkeit gelangen.

H. hat für die beiden Bände des *Murr* je zwei Illustrationen geschaffen. Durchgängig ist ein jeweils nur leicht variierter breiterer arabesker Rahmen mit Ranken, aus denen zwei männliche Figuren bzw. zwei Böcke entwickelt sind, die eine Sphinx bzw. einen über allem behäbig thronenden Spießer umrahmen, dessen Flügel ironisch die für H. so wichtige Flugmetaphorik zitieren (Personifikation des Humors?). Im Innern zeigt die vordere Illustration des ersten Bandes den antikisch drapierten Murr beim Schreiben, hoch über den Dächern, wobei seinem angedeuteten geistigen Höhenflug in dem Teller mit Fischen zu seinen Füßen ein Gegengewicht geschaffen ist, das ihn in die Nähe der beherrschenden Rahmengestalt rückt. In sich voller Spannungen, kontrastiert die vordere auch mit der hinteren Illustration des ersten Teils, die den im Gehen lesenden Kreisler in einen Kreis gebannt zeigt, aus dem es für ihn kein Entrinnen zu geben scheint. Die auf das Buch gerichteten niedergeschlagenen Augen unterstreichen den Eindruck unaufhebbarer Einsamkeit. Mit ihm kontrastiert wiederum das Innere der vorderen Illustration des zweiten Bandes, das Murr und Miesmies im gesellschaftlich kanonisierten Liebesgeplänkel zeigt. Interpretative Qualität besitzt auch die letzte Illustration. In der Mitte des inneren Bildes zeigt sie einen griesgrämigen Mönch, dessen erhobene Fackel einen Willen zur Herrschaft über Leben und Tod andeuten mag, während ein perspektivisch verkleinertes Kruzifix durch den linken Bildrand abgeschnitten wird: Einmal mehr weist H. die Machtansprüche der Kirche zurück. Einer einläßlichen Interpretation der Illustrationen, die Rotermund, 1968, nur kurz unter dem Aspekt der Arabesken-Poetik behandelte, können diese Hinweise nur als Anstoß dienen.

Literatur

Brüggemann 1958, 218–220; *Daemmrich, Horst S.:* E. T. A. Hoffmann: »Kater Murr«, in: Lützeler, Paul Michael (Hg.): Romane und Erzählungen zwischen Romantik und Realismus. Neue Interpretationen, Stuttgart 1983, 73–93; *Diebitz, Stefan:* Versuch über die integrale Einheit der »Lebens-Ansichten des Katers Murr«. Die Frage nach der Einheit des Romans, in: MHG 31 (1985), 30–39; *Dobat* 1984, 248–283; *Frye, Lawrence O.:* The Language of Romantic High Feeling. A Case of Dialogue Technique in Hoffmann's »Kater Murr« and Novalis' »Heinrich von Ofterdingen«, in: DVjs 49 (1975), 520–545; *Gaskill, Howard:* Open Circles: Hoffmann's »Kater Murr« and Hölderlin's »Hyperion«, in: CQ 19 (1986), 1, 21–46; *Girndt-Dannenberg* 1969, 29–80; *Görgens* 1985, 73–130; *Granzow, Hermann:* Künstler und Gesellschaft im Roman der Goethezeit. Eine Untersuchung zur Bewußtwerdung neuzeitlichen Künstlertums in der Dichtung vom »Werther« bis zum »Kater Murr«, Bonn 1960, 140–169; *Heimrich, Bernhard:* Fiktion und Fiktionsironie in Theorie und Dichtung der deutschen Romantik, Tübingen 1968, 110–118; *Hilzinger, Klaus Harro:* Die Leiden der Kapellmeister. Der Beginn einer literarischen Reihe im 18. Jahrhundert, in: Euphorion 78 (1984), 2, 95–110; *Jebsen, Regine:* Kunstanschauung und Wirklichkeitsbezug bei E. T. A. Hoffmann, Diss. Kiel 1952 (vor allem Kap. III, IV); *Keil, Werner:* Erzähltechnische Kunststücke in E. T. A. Hoffmanns Roman »Lebens-Ansichten des Katers Murr«, in: MHG 31 (1985), 40–52; *Kofman, Sarah:* Schreiben wie eine Katze. Zu E. T. A. Hoffmanns »Lebens-Ansichten des Katers Murr«, Graz, Wien 1985 (frz.: Autobiogriffures, Paris 1984); *Lehmann, Monika:* E. T. A. Hoffmanns Roman »Die Lebens-Ansichten des Katers Murr . . .«. Versuch einer wirkungsästhetischen Analyse, Diss. Halle-Wittenberg 1983; *Lindemann, Karin:* Das verschlossene Ich und seine Gegenwelt. Studien zu Thomas Mann, Sören Kierkegaard und E. T. A. Hoffmann, Diss. Erlangen 1964, 193–251 und passim; *Loevenich, Heinz:* Einheit und Symbolik des »Kater Murr«. Zur Einführung in Hoffmanns Roman, in: DU 16 (1964), 72–86; *Marcuse, Herbert:* Der deutsche Künstlerroman. Frühe Aufsätze, Frankfurt a. M. 1978, 128–144; *v. Matt* 1971, 175–184 und passim; *Meyer, Herman:* E. T. A. Hoffmanns »Lebensansichten des Katers Murr«, in: H. M.: Das Zitat in der Erzählkunst, Stuttgart 1961, 114–134, wieder in: Schillemeist, Jost (Hg.): Deutsche Erzählungen von Wieland bis Kafka. Interpretationen 4, Frankfurt a. M., Hamburg 1966, 179–195; *Müller, Hans von:* (Hg.): Das Kreislerbuch. Texte, Compositionen und Bilder von E. T. A. H. zusammengstellt von H. v. M., Leipzig 1903, Teildruck der Einleitung in: v. Müller 1974, 47– 90; *ders.:* Die Entstehung des Murr-Kreisler-Werkes unter Berücksichtigung der sonstigen literarischen Produktion Hoffmanns in den Jahren 1818–1822, in: v. Müller 1974, 331–380; *Müller-Seidel* 1961, EM, 679–689; *Nehring,* Wolfgang, in: Feldges/Stadler 1986, 216–240; *Nutting, Peter W.:* Dissonant or conciliatory humour? Jean Paul's »Schmelzle« and Hoffmann's »Kater Murr«, in: Neophilologus 69 (1985) 414–420; *Preisendanz* 1963, 1976, 1985, 74–83; *Raff, Dietrich:* Ich-Bewußtsein und Wirklichkeitsauffassung bei E. T. A. Hoffmann. Eine Untersuchung der »Elixiere des Teufels« und des »Katers Murr«, Diss. Tübingen 1971; *Robertson, Richie:* Shakespearean Comedy and Romantic Psychology in Hoffmann's »Kater Murr«. in: SiR 24 (1985), 201–222; *Rosen, Robert S.:* E. T. A. Hoffmanns »Kater Murr«. Aufbauformen und Erzählsituationen, Bonn 1970; *Rotermund* 1968, 48–69; *v. Schenck*

1939, 60–68, 529–582, 659–716; *Scher, Steven Paul:* »Kater Murr« and
»Tristram Shandy«. Erzähltechnische Affinitäten bei Hoffmann und
Sterne, in: ZfdPh 95 (Hoffmann-Sonderheft 1976), 24– 42, wieder in:
Scher, 156–171, engl. in CL 28 (1976), 309–325; *Segebrecht* 1967 a, 206–
220; *Singer, Herbert:* Hoffmann: »Kater Murr«, in: Wiese, Benno von
(Hg.): Der deutsche Roman. Vom Barock bis zur Gegenwart, Düsseldorf 1963, I, 301–328; *Slusser, George Edgar:* »Le Neveu de Rameau«
and Hoffmann's Johannes Kreisler. Affinities and Influences, in: CL 27
(1975), 327–343; *Späth, Ute:* Gebrochene Identität. Stilistische Untersuchungen zum Parallelismus in E. T. A. Hoffmanns »Lebens-Ansichten des Katers Murr«, Göppingen 1970; *Steinecke, Hartmut:* Nachwort
zu: E. T. A. Hoffmann: Lebens-Ansichten des Katers Murr . . . [nach
den Erstdrucken], Stuttgart 1972/1977, 486–511; *ders.:* E. T. A. Hoffmanns »Kater Murr«. Zur Modernität eines »romantischen« Romans,
in JWGV 81–83 (1977–79), 275–289, wieder in: Scher, 142–155 (überarbeitet); *Wiese, Benno von:* E. T. A. Hoffmanns Doppelroman »Kater
Murr«. Die Phantasie des Humors, in: B. v. W.: Von Lessing bis
Grabbe. Studien zur deutschen Klassik und Romantik, Düsseldorf
1968, 248–267.

3.1.7. »Späte Werke«

Ob H. daran dachte, seine letzten, verstreut erschienenen Erzählungen in einer vierten Sammlung zusammenzufassen (vgl.
das Angebot des Verlegers Max, B II, 367, 373), läßt sich nicht
mit Sicherheit beantworten. Die folgende Darstellung orientiert
sich an dem im wesentlichen durch die Chronologie der Erst-
veröffentlichungen bestimmten Abdruck in SW.

*Klein Zaches genannt Zinnober. Ein Märchen herausgegeben
von E. T. A. Hoffmann:* Einem Verwachsenen wird von einer
Fee die Macht ins Haar gekämmt, daß alles, was in seiner
Gegenwart »irgendein anderer Vortreffliches denkt, spricht
oder tut, auf *seine* Rechnung kommen [. . .] muß« (SW 74). Statt
sich die äußere Anerkennung im nachhinein durch innere Ausbildung zu verdienen, verkommt er zu einem erotischen
Schwindler und Karrieristen übelster Sorte, bis ihn schließlich
der Gegenzauber des – Shakespeares Prospero nachgebildeten –
Magiers Prosper Alpanus ereilt und er in einem Nachttopf ein
übelriechendes Ende findet. Die Ironie des »Märchens« nimmt
nichts und niemanden aus: nicht den aufklärerischen und klassischen Bildungsoptimismus, nicht das historische Paradox des
aufgeklärten Absolutismus, nicht bürgerliche Beflissenheit,
zumal die der Wissenschaftler, im Dienste feudaler Willkür-
herrschaft; sie ereilt aber auch den positiven Gegenhelden Bal-

thasar, dessen idyllisch-biedere Poetenexistenz an der Seite der ihm angetrauten Candida einen sehr distanzierten Kommentar zu Heinrich von Ofterdingens Weg zu Poesie und Liebe darstellt. Gegenüber dem *Goldnen Topf*, an den das Werk anschließt, hat H. mit den satirischen Ausfällen auch die fiktionsironische Relativierung der poetischen Alternative zur Welt gemeinster Prosa verstärkt (SW 76, 97). Das, was »hinter allem« steckt, wird in Balthasars Zurückweisung von Pulchers Vermutung, Zaches »zwinge« es mit dem Golde (SW 46), im Werk selbst zum Gegenstand hermeneutischer Erörterung. Genaues Lesen führt zur Erkenntnis vielfältiger, aber deswegen keineswegs beliebiger Bedeutungsnuancen (Kaiser 1985). Bestätigt wird solche Erkenntnis insbesondere durch die Genese der Zaches-Figur, in die psychosomatische Impulse des Autors H. ebenso wie die Tradition des romantischen Antikapitalismus (Arnims *Isabella von Ägypten*) und zeitgenössische Unterhaltungsschriften eingegangen sind (Langbeins *Bräutigam ohne Braut*, Berlin 1810). Die synkretistische Genese hat im Werk in teilweise subtilen intertextuellen Verweisen ihre Spuren hinterlassen. In der scharf geprägten Bildlichkeit der Zaches-Figur aber, die sich u. a. karikaturistischen Traditionen verdankt und ihrerseits von Gavarni über Kubin bis zu Janssen (Offenbach-Porträt!) immer wieder die bildenden Künstler herausgefordert hat, ist aller Synkretismus aufgehoben. H. selber hat *Klein Zaches* in zwei Umschlagzeichnungen illustriert, wobei vor allem die hintere, die einen jugendlichen Mann auf einem Libellengefährt zeigt, die Erzählung selbst schon interpretiert: Die dargestellte Figur entspricht Balthasar, der Handlungszusammenhang aber weist die Darstellung Prosper Alpanus zu. So führt die Zeichnung die Fiktionsironie des Textes weiter, indem sie Balthasar in der Rolle des als deus ex machina einschwebenden Prosper Alpanus in Szene setzt.

Haimatochare und *Datura fastuosa*, jenes der griechische Name einer Laus, dieser der lateinische eines Stechapfels, zählen zu den späten Werken, in denen nicht mehr der »philisterhafte Bürger«, sondern die »Wissenschaft« die »Gegenbilder« zum Künstler stellt (Müller-Seidel 1965, SW 829). Thematisch wird in ihnen die menschliche Gefährdung dessen, der über seinem detailversessenen Forschen alle anderen Verpflichtungen vergißt. Für *Haimatochare* hatte Chamisso naturwissenschaftliche, geographische und ethnologische Informationen geliefert, und die Berührungspunkte mit Chamissos 1815–1818 unternommener Weltreise (Veröffentlichung der *Reise um die*

Welt erst 1821/1836) sind vielfältig. So sehr H. dem Freunde ein Denkmal zu setzen wünschte (Segebrecht, SW 861), so sehr hat er ihm und der empirischen Naturwissenschaft einen kritischen Spiegel vorgehalten. Zwar glaubt er ihn frei von dem Rivalitätsdenken, das die beiden Forscher seiner Erzählung wegen der Erstentdeckung einer als Liebesobjekt grotesk beschriebenen Laus zu einem für beide tödlich endenden Duell führt, und Chamissos Kunstfigur Schlemihl gar wußte sich als Wissenschaftler der menschlichen Gemeinschaft tätig verbunden; doch birgt für H. die notwendige Detailorientierung moderner Naturwissenschaft prinzipiell die Gefahr, die umfassendere Wirklichkeit zu verfehlen. Daß H. sich von Chamisso absetzt, ist auch daran ablesbar, wie er die Information über die sexuelle Freizügigkeit der Hawaianer im Sinne einer skeptischen Destruktion des Klischees vom edlen Wilden wendet.

Die Irrungen. Fragment aus dem Leben eines Fantasten und *Die Geheimnisse. Fortsetzung des Fragments aus dem Leben eines Fantasten: Die Irrungen* erschienen 1821 bzw. 1822 im »Berlinischen Taschen-Kalender«, in dem schon 1820 *Die Brautwahl* publiziert worden war. Als Handlungsort aller drei Erzählungen ist Berlin in zahlreichen konkreten Bezügen, u. a. in antisemitischen Äußerungen, gegenwärtig. Die Erzählungen, von der Forschung auch sonst kaum beachtet, verdienen höchstes Interesse (Toggenburger spricht geradezu von »genialen Fragmenten«, 1983, 221). In den *Serapions-Brüdern* hatte H. *Die Brautwahl*, laut Untertitel *eine Geschichte in der mehrere unwahrscheinliche Abenteuer vorkommen*, mit einer Fußnote versehen: »Wie gerecht [. . .] der Tadel der Freunde, beweiset der Umstand, daß die Redaktion jenes Taschenbuchs den Verfasser dringend bat, sich künftig doch im Gebiet der Möglichkeit zu halten« (SB 598). H., so Segebrecht, habe es »reizen« müssen, gerade auf eine Warnung dieser Art mit noch tolleren erzählerischen Kabinettstücken zu reagieren (SW 863). An den *Geheimnissen* hebt Segebrecht hervor, daß die Erzählung »zugleich [. . .] eine Darstellung ihrer eigenen Entstehung« sei und »interessante Einblicke in die Werkstatt und die Verfahrensweise des Dichters« gäbe (SW 866). Während H. in der *Brambilla* die grundlegende Differenz zwischen der »Poesie des Herzens« und der »Prosa der Verhältnisse« (Hegel) in der Kunstwelt des römischen Karnevals und der commedia dell'arte utopisch versöhnte, schlägt er in den beiden Berlinischen Erzählungen den Weg einer »Rettung der Poesie im Unsinn« (P. H. Neumann über Günter Eich) ein. Wegen ihrer außerordentlich zahl-

reichen Gattungs-, Stil-, Themen- und Motivzitate, der gro-
tesk-parodistisch überbietenden Variation gerade auch des eigenen Werkes, der Radikalisierung der Fiktionsironie und der
spottenden Darlegung der eigenen Produktionsschwierigkei-
ten, wegen der offenkundigen Nonsens-Züge sowohl im Detail
als auch in der Intrige zählen *Die Irrungen* und *Die Geheimnisse*, in denen es nur ganz vordergründig um eine Liebesbegeg-
nung bzw. um den griechischen Freiheitskampf geht, zur Vorgeschichte einer Literatur des höchst poetischen Unsinns.

H. bezog sich in seinen Erzählungen wiederholt auf Werke
der bildenden Kunst, nie aber so konsequent wie in der *Prinzessin Brambilla. Ein Capriccio nach Jakob Callot [...]. Mit 8 Kup-
fern nach Callotschen Orginalblättern.* Koreff hatte ihm zum
Geburtstag am 24. Januar 1820 eine Mappe mit Callots *Balli di
Sfessania* geschenkt. Aus den 24 Radierungen wählte H. acht
aus und ließ sie als Bildbeigaben zur *Brambilla* bearbeiten, indem er jeweils den Hintergrund den zwei groß herausgestellten
Vordergrundfiguren opferte (kritisch zu H.s. Berufung auf Callot überhaupt: Manheimer 1921; zur Tradition des literarischen
tableau vivant: Miller 1972). Aus diesen Figuren, exzentrisch
bewegten Gestalten der commedia dell'arte, ist das im karnevalistisch erregten Rom spielende »Capriccio« entstanden. Dabei
dürften die Lichtenbergschen Hogarth-Erklärungen Pate gestanden haben. Sicher ist, daß der wichtigste Informant über
den römischen Karneval Goethe war, dessen *Römisches Carneval* von 1789 H. sowohl auf der sprachlichen als auch auf der
bildkünstlerischen Ebene (Figurinen von Schütz/Kraus) zu einer Kontrafaktur von weltliterarischem Rang herausforderte
(vgl. Eilert 1977).

Mit Strohschneider-Kohrs lassen sich innerhalb des »Capric-
cios« fünf distinkte Erzählwelten unterscheiden: neben der bürgerlichen Welt des Pärchens Giglio/Giacinta (1) die des Theaters (2), der besonders mit dem Corso verbundenen Welt des
Karnevals (3), des Geschehens um die Prinzessin Brambilla und
den Prinzen Cornelio Chiapperi (4) und schließlich die Erzähl-
welt des Märchens von Ophioch, Liris und Mystilis (5), das in
mythischer Allegorik jene Idee des Humors entfaltet, die als
Entwicklungsziel der Protagonisten den Gang der Handlung
wie auch, durch die reflexive Brechung alles vordergründig Ge-
schehnishaften, die Struktur der *Prinzessin Brambilla* bestimmt. Der von Goethe klassizistisch gedämpfte Karneval
wird von H. in einem nicht minder artistischen Verwirrspiel in
seiner ursprünglichen Chaotik restauriert. An die Stelle der ge-

haltenen Überschau ist die Perspektive der Straße getreten. Dem Leser wird nicht mehr gestattet, in sicherer Distanz zu den Schockerfahrungen und der Identitätskrise zu verharren, von denen die Erzählung berichtet. Epitomatische Überschriften unterlaufen als arabeskenhafte Schnörkel von hohem ästhetischen Reiz die Orientierungserwartung des Lesers. In ihrem atemlosen Erzähltempo, in der Thematisierung von krisenhaftem Ich und der sich kaleidoskopartig ändernden Großstadt, in ihrer Autoreflexivität ist die *Prinzessin Brambilla* eine romantische Klassizismuskritik und zugleich ein spezifisch modernes Werk im Sinne der weitgehenden Aufhebung ästhetischer Konsistenzbildung traditionellen Erzählens.

Für *Die Marquise de la Pivardière (Nach Richers ›Causes célèbres‹)* griff H. auf dieselbe Quelle zurück, die er schon für eine Episode des *Fräulein von Scuderi* genutzt hatte. Indem er die Vorgeschichte der Marquise mit der väterlichen Erziehung gegen die – wie der Text nahelegt – natürliche Bestimmung der Frau zur Liebe hinzufügt, vertieft er die Quelle psychologisch. Indem er andererseits als Einleitung eine Salonszene dichtet und die Marquise sich am Ende zum Befremden der Pariser in ein Kloster flüchten läßt (in der Quelle wendet sich sowohl der Gatte als auch der Geistliche von ihr ab), kritisiert er, nur nebenbei mit anti-französischen Akzenten, die Verstehens- und die Liebesfähigkeit der großen Welt. Die Kritik an der widernatürlichen Erziehung des Mädchens durch den sonderlingshaften Vater steht in der Tradition der Aufklärung, und bedingt folgt H. dieser auch in der psychologischen Vertiefung (Toggenburger 1983). Dadurch aber, daß er der Schuldentlastung im juristischen Sinn den mit der existentiellen Verfehlung gegenüber dem Geliebten begründeten Klostereintritt folgen läßt, versieht er seinen Text – wie sehr auch immer diese Entscheidung psychologisch begründet wird – mit einem an Kleist erinnernden nachaufklärerischen individuellen Pathos. War es Pitaval, dessen *Causes célèbres et intéressantes* Richer bearbeitet hatte, um Kritik an der zeitgenössischen Rechtssprechung gegangen, so tritt dieses Motiv bei H. in den Hintergrund. Im Zentrum seines Werkes steht die gefährdete Erkenntnisfähigkeit und damit die prekäre Sittlichkeit des einzelnen jenseits der tradierten kollektiven Normen.

Der Elementargeist variiert mit der Liebesverbindung des Obristen Viktor und des Salamanders ein Motiv, das Fouqué in der *Undine* wirkungsmächtig gestaltet und H. selber in der wohl nur wenig früher entstandenen *Königsbraut* komisch variiert hatte (wichtig für die romantische Rezeption der Elementargeister-Tradition waren besonders Paracelsus und Shakespeares *Sommernachtstraum*, vgl. Haupt 1923). H. verbindet das Motiv mit dem Thema des Magnetiseurs, dessen historisches Paradigma Napoleon durch die Erzählung der Waterloo-Erlebnisse ausdrücklich evoziert wird. Beiden Komplexen unterlegt er eine Fülle literarischer Bezüge. So prädisponiert die Lektüre von Schillers *Geisterseher* und Grosses *Genius* Viktor für seine erschreckenden Erlebnisse, und erst bei der Begegnung mit Cazottes *Diable amoureux* entflammt seine Sinnlichkeit. Die Binnenerzählung, durch die Viktor, sich dem Freund offenbarend, Erleichterung sucht, wird nicht in ihrem Wahrheitsanspruch, was das Tatsächliche der Ereignisse angeht, eingeschränkt, sondern der Deutung des Lesers überlassen. Unberührt davon bleibt der thematische Kern, die sexuelle Faszination des Mannes durch ein als Inbegriff weiblicher Schönheit ausgezeichnetes Wesen diabolischer Herkunft. In der Diabolisierung des Elementargeistes weicht H., an eigene Werke wie die *Silvester-Nacht* und die *Elixiere* anknüpfend, von Fouqué ab. Dadurch, daß Viktors Begierde der vollkommenen weiblichen Schönheit eines außermenschlichen künstlich geschaffenen Wesens (dem Teraphim) gilt, ergeben sich Verbindungen zum Pygmalion-Mythos, mithin zum Thema der Künstlerliebe, und eine überraschende Nähe zu Balzacs 1830 ohne Kenntnis des *Elementargeistes* entstandener Erzählung *Sarrazine*.

Die Erzählung *Die Räuber. Abenteuer zweier Freunde auf einem Schlosse in Böhmen* verweist vielfach auf *Ignaz Denner* und *Das Majorat* zurück. Schillers *Räuber*, die der Titel zitiert, werden nicht nur in den Namen Maximilian, Franz, Karl, Amalie, Daniel und der Konstellation der Figuren aufgegriffen, sondern bilden von dem Augenblick an, da ihre Erwähnung den alten Grafen totenbleich werden läßt, ein entscheidendes Moment der Binnenhandlung. Sie kommt erst zur Ruhe, als sich die Nichte, die einzige Überlebende, von der Näheres mitgeteilt wird, im Wahnsinn mit Schillers Amalie identifiziert. Dem Niedergang des gräflichen Hauses entspricht in der Rahmenhandlung auf der Seite derer, die der Zufall zu Zeugen machte, der Weg von »jugendlicher Lebenslust« (SW 403) zum schauernden »Erbeben«, das die Freunde noch in der Erinnerung ergreift (SW 440). Mit dem kunstvoll im Lauf der Erzählung gesteigerten Bezug auf Schiller geben sich *Die Räuber* ausdrücklich als das zu erkennen, was Literatur, zumal die H.s, immer auch wesentlich ist: Literatur aus Literatur. Gerade als solche aber verweisen die *Abenteuer* auf die umfassende Mentalitätsgeschichte. Hatte der Sturm und Drang-Dramatiker noch in den Extremen die »sittliche Weltordnung« beschworen, zu der sich sein Karl abschließend bekennt, so weiß H.s Erzählung nur noch von einem »seltsamen Verhängnis« (SW 440), das den einzelnen verstörend oder vernichtend trifft.

Die Doppeltgänger gehen auf ein Projekt aus der Zeit der *Elixiere des Teufels* zurück, mit denen sie in der Identitätsthematik übereinkommen. Im Jahr 1815 hatte H. mit Chamisso, Contessa und Hitzig (bzw. Fouqué) nach dem Vorbild des 1808 erschienenen Gemeinschaftswerkes *Die Versuche und Hindernisse Karl's* von Varnhagen von Ense, W. Neumann, Fouqué und Bernhardi einen »Roman *en quatre*« (T 259) geplant. Das Vorhaben dürfte nicht nur wegen Chamissos Weltreise, sondern auch aus sachlichen Gründen gescheitert sein (vgl. SB 103). H. hat seinen eigenen Beitrag, auf den in den *Serapions-Brüdern* mit der Erwähnung einer »wahnsinnigen Hexe mit einem weissagenden Raben« hingewiesen wird (ebd.), 1821 »vermutlich« zu einer »abgerundeten Neufassung« umgearbeitet (Schnapp, DüD 255, Anm. 1). Der überarbeiteten Erzählung *Die Doppeltgänger* kann nicht mehr der Vorwurf, »Grauen ohne Not, ohne Beziehung« zu erregen, gemacht werden, wie ihn Cyprian im Blick auf die für den »roman en quatre« geplante Erstfassung ausgesprochen hatte (SB 103). Konsequent ist die Identitätsbedrohung aus der schrittweise enthüllten Vorgeschichte abgeleitet, in der, Goethes *Wahlverwandtschaften* variierend, ein lediglich spiritueller Ehebruch in der Ähnlichkeit zweier Kinder psychische Spuren hinterlassen hat. Die daraus entspringende Krise findet ihren Höhepunkt, als der Thronerbe Deodatus von Natalie gleichsam seine Identität erfleht und sie ihrerseits, mit den zwei doppelgängerischen Geliebten konfrontiert (Kleists *Amphitryon* war 1807 erschienen), beiden entsagt. Konventionell im Rückgriff auf das Motiv der geheimnisvollen höheren Herkunft, kommt die Erzählung mit H.s Meisterwerken wie der *Brambilla* im Thema der krisenhaften Identität überein, und auch in erzähltechnischer Hinsicht verdient sie Aufmerksamkeit. Unter Hinweis auf das kunstvolle Anhalten der Auflösung zugunsten eines letzten aufklärenden Rückblicks spricht Segebrecht sogar gegen die allgemeine Geringschätzung der Erzählung, der sich Toggenburger noch 1983 anschloß, von einer »geradezu meisterhaften Geschichte« (SW 884).

Für die »Erzählung« *Datura fastuosa (Der schöne Stechapfel)* hatte Chamisso die »Idee« als »Vermächtniß« hinterlassen (B II,

154; der Freund kehrte erst im Herbst 1818 von der Weltreise zurück; zu seinem Anteil an *Datura fastuosa*: Riegel 1934, II, 173– 177). Mit den botanischen Details hat Lichtenstein, Direktor des Zoologischen Museums in Berlin und selber einst Weltreisender, den Dichter versorgt. Im Unterschied zu den Forschern in *Haimatochare* wird dem Eugenius in *Datura fastuosa* ausdrücklich »die heilige Naphtaflamme höherer Erkenntnis« zugesprochen (SW 499). Doch läßt ihn seine ausschließlich auf die Botanik gerichtete Existenz, deren symbolisch-sinnfälliger Ort das Glashaus ist, gegenüber den anderen Ansprüchen des Lebens schuldig werden, die sich vor allem in der Sexualität geltend machen (vgl., umgekehrt, die Erotisierung der Laus in *Haimatochare*). Die Unterdrückung dieser Ansprüche in der Ehe des vierundzwanzigjährigen Wissenschaftlers mit der fein gezeichneten sechzigjährigen Witwe seines vormaligen Professors schlägt um in die als satanisch erlebte Gewalt des Triebs, der nun, wie die Rivalität der Forscher in *Haimatochare*, mörderische Züge annimmt. Daß die Erzählung nicht in der Katastrophe, sondern in einer zweiten, den Ansprüchen der Natur genügenden Ehe endet, hebt sie ab von den thematisch wie sexualmetaphorisch verwandten *Elixieren* und der *Silvester-Nacht*. Vergleichsweise aufgesetzt wirkt die Verbindung der als satanisch/todbringend interpretierten Sexualität mit den kriminellen Machenschaften der Jesuiten. Hingegen hat H. in der Opposition natürlicher und künstlicher, giftiger Blumen wie schon mit dem »Zaubergarten« der *Bergwerke zu Falun* (SB 177) der Literatur ein zukunftsträchtiges Metaphernfeld erschlossen.

Meister Johannes Wacht, von H. nicht mehr im Druck überprüft, knüpft vielfach an *Meister Martin* an. Ging es dort darum, daß ein verwitweter Nürnberger Küfermeister von dem Wahn geheilt wird, nur ein Berufsgenosse dürfe seine Tochter ehelichen, so hier um einen verwitweten Bamberger Zimmermannsmeister, dessen eine Tochter sich problemlos mit einem skurrilen Lackierer verheiraten darf, während die zweite die Eheerlaubnis erst erhält, als der Alte sich der Meinung entschlägt, alle Rechtsgelehrte seien Diebe an ihren Klienten. Die Erzählung ist gewiß nicht H.s intensivste, wohl aber die konkreteste Verarbeitung der Bamberger Erlebnisse. In der Differenz zwischen Handwerksmeister und zweitem Schwiegersohn geht es nicht wie in *Meister Martin* um die Grenzlinie zwischen Handwerk und autonomer Kunst, sondern um die Differenz zwischen traditionellem – im Anschaulich-Konkreten gründenden – und modernem – abstrakt-vermitteltem – Weltbild. Zu

Recht wertet Segebrecht den Bezug auf Goethes *Götz von Berlichingen* als beziehungsreiches Zitat eines in anderer Weise unzeitgemäßen Menschen (SW 890). In der »episodischen Novelle« (SW 580), die vom erfolgreichen Bemühen des Juristen Jonathan berichtet, einer adligen Witwe zu dem ihr verweigerten Erbe zu verhelfen, hat H. einmal mehr dem sittlich gelenkten juristischen Scharfsinn, der ihn selber auszeichnete, ein schönes Denkmal errichtet.

Des Vetters Eckfenster gilt zu Recht als »ein später Höhepunkt in des Dichters Schaffen« (Segebrecht, SW 891) und fand in autobiographischer und thematischer wie auch in literaturgeschichtlicher und poetologischer Hinsicht vielfach Beachtung. Im armen Vetter hat H., Anregungen von Kretschmanns Erzählung *Scarron am Fenster* verarbeitend, sich selbst während des letzten Krankenlagers in der Wohnung am Berliner Gendarmenmarkt porträtiert und zugleich die in der Flüchtigkeit des Marktgeschehens anschaubare Vergänglichkeit menschlichen Lebens überhaupt gestaltet. Die in den Dialog zwischen dem schriftstellernden Vetter und dem ihn besuchenden Erzähler eingelassene Unterweisung in der »Kunst zu schauen« (SW 600) geht über die rationalistische Rahmenschau in Richtung des in *Jaques Callot* und im serapiontischen Prinzip formulierten dichterischen Programms hinaus. Die traditionellen Einschätzungen, H. gebe im *Eckfenster* eine zunehmend positive Beurteilung des einfachen Volkes zu erkennen und habe sich hier dem Realismus des späteren 19. Jh.s am stärksten angenähert, wurden inzwischen von Oesterle, 1987, überzeugend differenziert. In seinen Arbeiten zu Baudelaire hatte Benjamin (1974) *Des Vetters Eckfenster* im Vergleich mit Poes *The man of the crowd* unter Hinweis vor allem auf die Auflösung des Großstadtchaos in »Genrebilder« und auf die unterschiedlichen Blickachsen – Guckkastenperspektive vs. Niveau der Straße – als ästhetischen Beleg für die historische Rückständigkeit Deutschlands um 1820 (ab-) gewertet. Dagegen Brüggemann 1985, 186: »Rahmenschau und Genrebild [...] dienen hier weitgehend als Muster und Material, an denen sich die ausschweifende Imagination phantasierenden Erzählens, Skizzen entwerfend, versucht – eben darin liegt eine Verwandtschaft zu Poes Umgang mit Motiven literarischer Stadterfahrung«.

Über den Anlaß zu der kurzen postum edierten Erzählung *Die Genesung,* deren Untertitel *Fragment aus einem noch ungedruckten Werke* Fiktion ist, berichtet Hitzig, II, 314 f.: Bei H.s »Entfernung von der Natur« sei es »um so rührender« gewesen,

»wie, kurz vor seinem Ende, die Sehnsucht nach dem Grünen in ihm erwachte«. Mit dem Thema der durch die Todesnähe gesteigerten Aufnahmebereitschaft kommt die Erzählung neben *Des Vetters Eckfenster* zu stehen wie auch in die Nähe Poes und Baudelaires, die dem Rekonvaleszenten eine besondere Kraft der Wahrnehmung zusprachen. Dem literaturgeschichtlich zukunftsträchtigen Thema einer entautomatisierten Wahrnehmung hat H. das traditionell-romantische Thema der dem Menschen wegen seines Abfalls zürnenden Natur zugeordnet. Zugleich wird, ein letztes Mal, vor den Chancen und Gefahren manipulierender Einwirkung auf seelisch Kranke erzählt. Selbst der reinen Herzens vorgehende Arzt muß befürchten, daß die »gewagte Kur auf entsetzliche Weise mißlingen könne« (SW 632).

Der Feind ist Fragment geblieben, da H. über dem Diktieren starb. Immerhin läßt das Erhaltene, nicht nur im Schauplatz Nürnberg, die Erzählung als Variation der in *Meister Martin* dargestellten Auseinanderentwicklung von Kunst und Handwerk erkennen. Der Titel signalisiert zugleich eine Radikalisierung des Problems. Der in Dürer inkarnierten Verbindung von Handwerk und höchster Kunst, Künstlertum und städtischer Öffentlichkeit, Schönheit und Sittlichkeit erwächst nicht nur in dem geheimnisvollen Fremden, der ihm nach dem Leben trachtet, sondern auch in Raphael eine Gefahr, dem eigenen Schüler, dessen existentielle Gefährdung mit der auf Mathilde bezogenen Metapher von der »dünnen Eisdecke über einer stets zehrenden Feuerglut« (SW 659) mit ausgesprochen wird (Toggenburger bezeichnet Irmshöfer/Solfaterra als »eine Art Alter Ego des harmonischen Dürer« und Raphael als »die zweite Natur des grossen deutschen Meisters«, 1983, 193, 197). Wie so oft arbeitet H. historisch- bzw. psychologisch-deskriptiv intendierte Oppositionen mit Hilfe von wertenden Formeln wie »fromm«/»heidnisch« heraus. Ohne ihnen jede semantische Wertigkeit abzusprechen, hat man darin zunächst doch ein Mittel zu wirkungsvoller Konturierung zu sehen. Einmal mehr geht es in dem Fragment um den modernen Künstler, der sich aus religiösen wie bürgerlich-sittlichen Bindungen gelöst hat. Raphael, dem Schüler Dürers, wird mit gleicher Berechtigung die innere Möglichkeit zum »Verbrechen« wie die zugesprochen, »der größte Maler seines Zeitalters« zu werden (SW 661). Die Verbindungslinien, die sich zum *Fräulein von Scuderi* ergeben, kommen auch darin zum Ausdruck, daß Dürer wie Raphaels Vater zunächst die Goldschmiedekunst erlernen mußte (vgl. Cardillac und den zweiten Gesellen in *Meister Martin*). Noch als Fragment läßt *Der Feind* erkennen, daß H. mit jener Verklärung Dürers und Nürnbergs gebrochen hat, die er in seinen literaturgeschichtlich wichtigsten Quellen, den *Herzensergießungen* Wackenroders/Tiecks und Tiecks *Sternbald*, gefunden hatte.

Meister Floh. Ein Märchen in sieben Abenteuern zweier Freunde lag bis zu Ellingers Rekonstruktion aus den Personalakten des Autors (1906/1908) nur in jener durch Zensur verstümmelten Fassung vor, die Heine in den *Briefen aus Berlin* am 7. Juni 1822 bedauern ließ, darin »*keine Zeile*« gefunden zu haben, »die sich auf die demagogischen Umtriebe bezöge« (Sämtliche Schriften, hg. von K. Briegleb, II, München 1969, 65; über die gestrichenen Stellen kann man sich u. a. in SW 931 und in Segebrechts Ausgabe des *Meister Floh*, 189 f. informieren; die Affäre selbst ist u. a. in B III, 215–272 dokumentiert). In der sogenannten Knarrpanti-Episode hatte sich H., angesehener Kammergerichtsrat und dienstverpflichtetes Mitglied der »Immediatkommission zur Ermittlung hochverräterischer Verbindungen und anderer gefährlicher Umtriebe«, satirisch gegen die Gesinnungsschnüffelei gewandt, wie sie insbesondere der Berliner Polizeidirektor Kamptz im Zuge der »Demagogenverfolgungen« an den Tag legte. Mit oder ohne die inkriminierten Stellen ist der *Meister Floh*, einschließlich der von H. auf dem Krankenlager als Verteidigungsschrift diktierten Erklärungen (SW 908–913), überwiegend hinsichtlich seiner politischen Brisanz betrachtet worden. Erst in den letzten Jahrzehnten hat man in der Verteidigungsschrift eine der wichtigsten poetologischen Äußerungen des Dichters erkannt (Segebrecht 1970/76, Rüdiger 1972) und das Märchen selbst als integrales Kunstwerk zu betrachten begonnen. Die Kontroverse darüber, ob in dichtungslogischer Hinsicht die Knarrpanti-Episode entbehrlich ist (Ellinger 1906, Rüdiger 1972) oder aber einen unverzichtbaren Bestandteil bildet (Müller-Seidel 1965, Chon-Choe 1986), läßt sich möglicherweise durch einen Rückgriff auf die Kaleidoskopmetapher lösen, in der H. selbst wiederholt die spezifische Gestalt eigener Werke zu fassen versuchte (vgl. 4.3.5.). Sie verbietet es nicht nur, den *Meister Floh* am klassischen Maßstab organischer Ganzheit zu messen und so einen Integrationsgrad zu unterstellen, der nicht vorhanden ist, sondern auch, Verbindungen zu leugnen, die auf der Hand liegen. Motivlich und thematisch jedenfalls bildet das *Märchen* eine Einheit, und auch in der Entwicklungsgeschichte H.s hat es folgerichtig seinen Platz. Wie schon u. a. im *Sandmann* und in der *Prinzessin Brambilla* verbindet H. mit einem optischen Gerät die Frage nach der Erkenntnis und ihrem sittlichen Gebrauch, nach Wissen und Macht. Dieser zentralen Frage läßt sich nicht nur die Kritik an Leuwenhoek und Swammerdamm, den »wahnsinnigen Detailhändlern der Natur« (SW 808), zuordnen, in denen H. einmal mehr wissenschaftliche Geltungs- und Machtansprüche kritisiert, sondern auch die Manipulation, durch die Knarrpanti des eigenen Vorteils wegen einen Unschuldigen als Verbrecher auszugeben sucht. Schließlich geht es um Wissen und Macht auch in dem Weg, den Peregrinus Tyß vom melancholischen Misogyn zum Ehemann zurücklegt und in dem der Verzicht darauf, mit Hilfe des Gedankenmikroskops sich die vertrauende Zuwendung zum anderen zu ersparen, *die* entscheidende Episode bildet. Im Vergleich zum *Goldnen Topf* und *Klein Zaches* gibt sich *Meister Floh* als eine fortgeschrittene Etappe in H.s Ernüchterung hinsichtlich der Möglichkeiten von Kunst und Künstlertum in poesiefeindlicher Umgebung zu erkennen. Als Meister tritt kein souveräner Archivarius oder Arzt mehr auf, sondern der Anführer des verfolgten Flohvolkes, und im Tod von Peregrinus' Freund Georg Pepusch wird die Lebensfähigkeit der poetischen Existent kategorisch widerrufen, die der *Goldne Topf* – in einem ironisch gezeichneten Kompromiß mit dem bürgerlichen Alltag – nicht völlig ausgeschlossen hatte (anders Chon-Choe, die von einer Versöhnung von »Mythos« und »Alltag« spricht, 1986, 219). – Die von H. geschaffenen Umschlagzeichnungen zum *Meister Floh* (Abb.: Helmke 1975, 145) zeigen den Titelhelden inmitten eines arabeskenhaften Rankenwerkes, einmal mit weitem Überwurf und erhobener Fackel, sodann nackt, nur mit grotesk wirkenden Stiefeln versehen.

Literatur

Zu den verstreut erschienenen Werken allgemein

McGlathery II, 1985, 139–197; *Müller-Seidel:* Nachwort, SW, 817–845; *Toggenburger* 1983.

»*Klein Zaches genannt Zinnober*«
Fritz, Horst: Instrumentelle Vernunft als Gegenstand von Literatur. Studien zu Jean Pauls »Dr. Katzenberger«, E. T. A. Hoffmanns »Klein Zaches«, Goethes »Novelle« und Thomas Manns »Zauberberg«, München 1982, 58–78; *Fühmann, Franz:* E. T. A. Hoffmanns »Klein Zaches«, in: WB 24 (1978), 4, 74–86, wieder in: Fühmann 1980, 145–164,

Scher, 120–130; *Jennings, Lee B.:* Klein Zaches and his Kin: the Grotesque Revisited, in: DVjs 44 (1970), 687–703, dt. in: Best, Otto F. (Hg.): Das Groteske in der Dichtung, Darmstadt 1980, 236–259; *Kaiser, Gerhard R.:* Nachwort zu E.T.A. Hoffmann: Klein Zaches genannt Zinnober, Stuttgart 1985, 121–150; *ders.* (Hg.): Erläuterungen und Dokumente zu E.T.A. Hoffmann: Klein Zaches genannt Zinnober, Stuttgart 1985; *Kesselmann, Heidemarie:* E.T.A. Hoffmanns »Klein Zaches«. Das phantastische Märchen als Möglichkeit der Wiedergewinnung einer geschichtlichen Erkenntnisdimension, in: Literatur für Leser 1978, 114–129; *Loecker* 1983, 116–148; *Schau, Peter:* »Klein Zaches« und die Märchenkunst E.T.A. Hoffmanns. Eine Studie zur Entwicklung seiner ästhetischen Prinzipien, Diss. Freiburg i. B. 1966; *v. Schenck* 1939, 71–132; *Sucher, Paul:* Introduction zu: E.T.A. Hoffmann: Petit Zacharie (Klein Zaches), Paris 1946, 5–59; *Vitt-Maucher, Gisela:* E.T.A. Hofmanns »Klein Zaches genannt Zinnober«. Gebrochene Märchenwelt, in: Aurora 44 (1984), 196–212; *Walter, Jürgen:* E.T.A. Hoffmanns Märchen »Klein Zaches genannt Zinnober«. Versuch einer sozialgeschichtlichen Interpretation, in: MHG 19 (1973), 27–45, wieder in: Prang, 398–423; *Wörtche, Thomas:* Demonstriertes Erzählen. Zu E.T.A. Hoffmanns »Klein Zaches genannt Zinnober«, in: Peschel, Dietmar (Hg.): Germanistik in Erlangen, Erlangen 1983, 271–291.

»Haimatochare«
Moore, Anneliese W.: E.T.A. Hoffmann's »Haimatochare«. Translation and Commentary, in: The Hawaian Journal of History 12 (1978), 1–27 (13–27: Hawai in a Nutshell. E.T.A. H's »Haimatochare«).

»Die Irrungen«/»Die Geheimnisse«
Toggenburger 1983, 220–236.

»Prinzessin Brambilla«
Cramer 1970, 96–102; *Cohn* 1933, 37–98; *Egli* 1927, 122–162; *Eilert* 1977, 73–78, 87–192; *Feldmann, Helmut:* Die Fiabe Carlo Gozzis. Die Entstehung einer Gattung und ihre Transposition in das System der deutschen Romantik, Köln, Wien 1971; *Feldt* 1982, 106–206 (passim); *Gravier, Maurice:* E.T.A. Hoffmann et la psychologie du comédien, in: Revue d'histoire du théâtre 7 (1955), 3/4, 255–277; *Grimm, Reinhold:* Die Formbezeichnung »Capriccio« in der deutschen Literatur des 19. Jahrhunderts, in: Burger, Heinz-Otto (Hg.): Studien zur Trivialliteratur, Frankfurt a. M. 1968, 101–116; *Köpp, Claus Friedrich:* Realismus in E.T.A. Hoffmanns Erzählung »Prinzessin Brambilla«, in: WB 12 (1966), 1, 57–80; *Loecker* 1983, 149–190; *Magris* 1980, 81–108 und passim; *Manheimer, Victor:* Die balli von Jacques Callot. Ein Essay, Potsdam 1921, 50–57; *Mühlher, Robert:* »Prinzessin Brambilla«. Ein Beitrag zum Verständnis der Dichtung, in: MHG 5 (1958), 5–24, wieder in: Prang, 185–214, Mühlher 1976, 502–524; *Preisendanz* 1963, 1976, 1985, 50–67; *Schaukal, Richard von:* Jacques Callot und E.T.A. Hoffmann,

in: GRM 11 (1923), 156–165; *Schumm* 1974, 1–111; *Sdun, Winfried:* E. T. A. Hoffmanns »Prinzessin Brambilla«. Analyse und Interpretation einer erzählten Komödie, Diss. Freiburg i. B. 1961; *Slessarev, Helga:* E. T. A. Hoffmann's »Prinzessin Brambilla«. A Romanticist's Contribution to the Aesthetic Education of Man, in: SiR 9 (1970), 147–160; *Stadler, Ulrich,* in Feldges/Stadler 1986, 115–134; *Starobinski, Jean:* Ironie et mélancholie. La »Princesse Brambilla« de E. T. A. Hoffmann, in: Critique 22 (1966), 438–57, dt.: Ironie und Melancholie. Gozzi – E. Th. A. Hoffmann – Kierkegaard, in: Der Monat, Jg. 18, H. 218, Nov. 1966, 22–35; *Strohschneider-Kohrs* 1977, 362–420; *Tecchi, Bonaventura:* E. T. A. Hoffmanns »Prinzessin Brambilla«, in: Reifenberg, Benno u. a. (Hg.) Weltbewohner und Weimaraner. Ernst Beutler zugedacht, Zürich und Stuttgart 1960, 301–316, wieder in: Scher, 131–141.

»*Die Marquise de la Pivardière*«
Toggenburger 1983, 146–161.

»*Der Elementargeist*«
Buchmann 1910, 217–230 (»Elementargeister«); *Haupt, Julius:* Elementargeister bei Fouqué, Immermann und Hoffmann, Leipzig 1923; *Köhler* 1972, 184–257; *v. Matt* 1971, 93–105; *Toggenburger* 1983, 162–173.

»*Die Räuber*«
Bangerter, Lowell A.: »Die Räuber«. Friedrich Schiller and E. T. A. Hoffmann, in: GR 52 (1977), 99–108; *Toggenburger* 1983, 85–145.

»*Die Doppeltgänger*«
Segebrecht 1967 a, 153–166; *Toggenburger* 1983, 174–187.

»*Datura fastuosa*«
Riegel, René: Adalbert (!) de Chamisso. Sa vie et son œuvre, Paris 1934, II, 173–177; *Toggenburger* 1983, 206–219.

»*Meister Johannes Wacht*«
Köhn 1966, 180–194.

»*Des Vetters Eckfenster*«
Benjamin, Walter: Charles Baudelaire. Ein Lyriker im Zeitalter des Hochkapitalismus, in: W. B.: Gesammelte Schriften, I, 3, Frankfurt a. M. 1974, 509–690 (speziell: 551 f., 628 f.); *Brüggemann, Heinz:* E. T. A. Hoffmann: »Des Vetters Eckfenster«, in H. B.: »Aber schickt keinen Poeten nach London!« Großstadt und literarische Wahrnehmung im 18. und 19. Jahrhundert. Texte und Interpretationen, Reinbek bei Hamburg 1985, 173–187; *Köhn* 1966, 208–219; *Kraft, Werner:* Des Vetters Eckfenster. E. T. A. Hoffmanns letzte Geschichte, in: Neue deutsche Hefte 149, 23. Jg. (1976), 1, 26–37; *v. Matt* 1971, 31–37;

Milner 1982, 91–93; *Oesterle, Günter:* E.T. A. Hoffmann: Des Vetters Eckfenster. Zur Historisierung ästhetischer Wahrnehmung oder Der kalkulierte romantische Rückgriff auf Sehmuster der Aufklärung, in: DU 39 (1987), 1, 84–110; *Riha, Karl:* »Des Vetters Eckfenster«, in: K. R.: Die Beschreibung der »großen Stadt«. Zur Entstehung des Großstadtmotivs in der deutschen Literatur (ca. 1750 – ca.1850), Bad Homburg v. d. H. 1970, wieder in: Scher,172–181; *Stadler, Ulrich:* Die Aussicht als Einblick. Zu E.T. A. Hoffmanns später Erzählung »Des Vetters Eckfenster«, in· ZfdPh 105 (1986), 4, 498–515.

»Die Genesung«
Auhuber 1986, 100–108.

»Der Feind«
Köhn 1966, 195–207; *Thalmann, Marianne:* Meisterschaft. Eine Studie zu E.T. A. Hoffmanns Genieproblem, in: Der Gesichtkreis. Josef Drexler zum 60. Geburtstag, München 1956, 142–163; *Toggenburger* 1983, 188–205.

»Meister Floh«

a) Zum Text
Ellinger, Georg: Das Disziplinarverfahren gegen E.T. A. Hoffmann. (Nach den Akten des Geheimen Staatsarchivs), in: Deutsche Rundschau 128, Jg. 32 (1906), 10, 79–103 (Erstveröffentlichung der zensierten Passagen); *Müller, Hans von:* Nachwort zu: E.T. A. Hoffmann: Meister Floh. Ein Märchen in sieben Abentheuern zweier Freunde von E.T. A. H. Zum ersten Male vollständig herausgegeben von Hans von Müller . . ., Berlin 1908, 231–261, wieder in: v. Müller 1974, 173–199.

b) Kritische Literatur
Beardsley 1985; *Chon-Choe, Min Suk:* E.T. A. Hoffmanns Märchen »Meister Floh«, Frankfurt a. M., Bern, New York 1986; *Günzel* 1979, 373–408, 433–475; *Köhler* 1972, 34–112; *Loecker* 1983, 208–237; *Pavlyshyn, Marko:* Interpretation of Word as Act. The Debate on E.T. A. Hoffmann's »Meister Floh«, in: Seminar 17 (1981), 196–204; *Röser* 1976, 172–195; *Rüdiger* 1972; *Sachse, Hans:* Gespräch über E.Th. A. Hoffmanns Märchen vom »Meister Floh« und Goethes Gedicht »Das Tagebuch«, in: Goethe-Jahrbuch, Bd. 101 (1984), 310–320; *v. Schenck* 1939, 583–658; *Segebrecht, Wulf:* Nachwort zu: E.T. A. Hoffmann: Meister Floh . . ., Stuttgart 1970/1976, 217–233; *Tecchi* 1962, 189–210; *Vitt-Maucher, Gisela:* E.T. A. Hoffmanns »Meister Floh«. Überwindung des Inhalts durch die Sprache, in: Aurora 42 (1982), 188–215.

3.1.8. Verstreutes (»Nachlese«)

Außer den in den *Fantasiestücken* und *Serapions-Brüdern* gesammelten Erzählungen und kleineren Schriften sowie den 1818–1822 entstandenen Erzählungen (»Späte Werke«) haben sich »zahlreiche Schriften und Aufsätze, Anekdoten und Fragmente, Gedichte, Singspieltexte, Bearbeitungen und nachgelassene Aufzeichnungen« H.s (Schnapp, N 375) erhalten. Sie sind im »Nachlese«-Band der Winkler-Ausgabe unter den Titeln »Prosastücke«, »Einzelne Gedichte«, »Singspiel-, Opern- und Schauspieltexte«, »Erklärungen eigener Zeichnungen«, »Autobiographisches«, »Aufzeichnungen« und »Zwei extemporierte Schwänke« gesammelt (ergänzend dazu die Liste verschollener Dichtungen und Schriften, N 376–378). Dieses Material ist zwar »höchst ungleich an Wert« (Schnapp, N 375), doch außerordentlich aufschlußreich sowohl in genetischer als auch in systematischer Hinsicht.

Das von Schnapp auf den Herbst 1795 datierte *Fragment eines humoristischen Aufsatzes* (N 7 f.) zeigt, daß H. mit Shakespeare, Sterne und Jean Paul schon früh zu wesentlichen Bezugspunkten seines späteren literarischen Schaffens und, im Gegeneinanderausspielen unterschiedlicher Sprachregister, zu jener reflexiven Distanz zum ästhetischen Material gefunden hat, die Werke wie den *Sandmann* und *Klein Zaches* kennzeichnet. In anderer Weise gibt das Lustspiel *Der Preis* aus dem Jahr 1803, von dem sich freilich nur eine vermutlich auf Kotzebue zurückgehende Inhaltsangabe erhalten hat (N 184), die durch den inzwischen gelesenen Tieck bestärkte Tendenz zu erkennen, den Inszenierungscharakter der ästhetischen Veranstaltung gegenwärtig zu halten. Davon wie auch von den grotesken Zuspitzungen in dem Fragment gebliebenen Singspiel *Der Renegat* werden später besonders die großen Märchen geprägt sein. In anderer Weise für die Genese der Werke aufschlußreich sind die »Aufzeichnungen« der Jahre 1809, 1812 (?) und 1819–22 (N 333–363), die, als Einfälle oder Lesefrüchte/Bildungsnotate, überwiegend im Blick auf die eigene Produktion festgehalten wurden. Curiosa (N 348), Spracheigentümlichkeiten (N 351) oder eine »mündliche Mitteilung« (N 355 f.) zeigen im Zustand des Rohstoffs Proben des Materials, das H. in seinen Werken zu kaleidoskopartiger Einheit zusammenfügte.

In eher systematischer Hinsicht ist vor allem H.s Tätigkeit als Librettist bemerkenswert. Vollendet wurden bzw. vollständig erhalten haben sich *Die Maske. Ein Singspiel in drei Akten*

(1799), *Liebe und Eifersucht (Die Schärpe und die Blume)*. Ein *Singspiel in drei Aufzügen nach dem Spanischen des Calderon und der Schlegelschen Übersetzung* (1807/08) sowie die deutsche Textbearbeitung von Spontinis »ernster Oper« *Olimpia* (1820/21). Zusammen mit der im engeren Sinn dramatischen Produktion (wie der *Prinzessin Blandina*) und der Schrift *Über die Aufführung der Schauspiele des Calderon de la Barca auf dem Theater in Bamberg* lassen sie erkennen, welch ausgedehnte praktische Erfahrung mit dramatischen Texten und ihrer Inszenierung zu H.s außerordentlich stark dramatisch geprägtem Erzählen beigetragen haben. Im Interesse für die Anekdote (N 39 f., 68, 72, 335 f., 359, 361), das er mit Kleist teilt, überlagern sich eine dem Geselligen verbundene Fabulierfreude, die Faszination durch das Merkwürdige und der produktive Impetus, der die pointierte kurze Erzählung entweder als Einlage oder aber als Nucleus umfangreicherer Erzählpartien schöpferisch nutzte. Die 1804 (?) entstandene Verbindung der bildnerischen Vorlage *Die Feuersbrunst. Ein Dosengemälde von Rembrandt* (tatsächlich von H.; Wiedergabe: N, gegenüber 32) mit der erklärenden Erzählung, N 14–16, verweist auf ein Werk, das H. außerordentlich beeindruckte und anregte, Lichtenbergs *Ausführliche Erklärung der Hogarthschen Kupferstiche*. An ihm wird er sich noch in der Text-Bild-Synthese der *Prinzessin Brambilla* orientieren.

Von den bislang genannten Titeln sind die Calderón-Schrift, u. a. wegen der Reflexionen über die Rezeptionsmöglichkeiten christlich-katholisch inspirierter Kunst, und, trotz aller Konventionalität, die Singspiele *Die Maske* und *Liebe und Eifersucht*, u. a. wegen des Themas des Liebesvertrauens, besonders hervorzuheben. Außerdem: *Die Vision auf dem Schlachtfelde bei Dresden, Der Dey von Elba in Paris* und *Drei verhängnisvolle Monate! (Auszug aus meinem Tagebuch für die Freunde)*, in denen H., teils als allernächster Beobachter der Schrecken des Krieges, teils mit Hilfe visionärer Überschau, das Phänomen Napoleon reflektiert, das sein eigenes Leben so nachhaltig prägte und offen oder hintergründig auch in zahlreichen seiner anderen Arbeiten gegenwärtig ist; schließlich die *Briefe aus den Bergen*, die während der Erholungsreise nach Schlesien im Sommer 1819 entstanden sind und in lockrer Form eine Vielzahl H.scher Themen mit Reiseeindrücken, grotesken Situationsbildern und irrealen Szenen verbinden. Insgesamt stellen die in der »Nachlese« gesammelten Schriften ein von der Forschung bislang vernachlässigtes Corpus dar.

Literatur

Zur Calderón-Schrift, den Libretti und Schauspieltexten
Giraud, Jean: »Die Maske«. Ein bereits typisches Hoffmann-Werk, in:
MHG 14 (1968), 18–30; *Köppler 1929; Schnapp, Friedrich:* E. T. A.
Hoffmanns Textbearbeitung der Oper »Olimpia« von Spontini, in:
JWGV 66 (1962), 126–143.

Zu den Gedichten
Porterfield, Allan Wilson: E. T. A. Hoffmann as a Lyric Writer, in:
MLQ 2 (1941), 43–58.

3.2. »*Schriften zur Musik*«

H. hat seine im engeren Sinn musikalischen Schriften in verschiedenen Zeitschriften veröffentlicht, zunächst in der AMZ,
danach im »Dramaturgischen Wochenblatt in nächster Beziehung auf die königlichen Schauspiele zu Berlin« und anderen
Berliner Blättern. Nur in wenigen Fällen zeichnete er mit dem
eigenen Namen, gelegentlich mit auflösbaren Kürzeln wie Hff.
oder J. Kr. (Johannes Kreisler), häufig aber mit Phantasiechiff-
ren. So ist dieser Teil seines Werkes, ein »unschätzbarer Beitrag zur Musik- und Kulturgeschichte der Frühromantik«
(Schnapp, M 420), nur allmählich ans Licht getreten.

Als Musikkritiker hat H. »epochemachend« gewirkt
(Schnapp, M 399): durch seine zugleich »enthusiastisch«-begei-
sterten und analytisch-»besonnenen« Besprechungen Beetho-
venscher Werke, die ihn als einen der ersten ausweisen, die Beethovens Genialität erkannten und darüber hinaus als romantische Philosophie der Musik gelten dürfen (zu den verbalen
Äquivalenten, die H. für die musikalischen Eindrücke fand,
vgl. etwa die differenzierende Charakteristik der Wiener Klassiker, M 35f.); durch die streng-sachliche Gediegenheit seiner – in
der Regel nach dem Schema 1. Allgemeines (Grundsätzliches/
Historisches/gelegentlich auch Geschichtsphilosophisches), 2.
technische Werkanalyse, 3. Hinweise für die Aufführung gebauten – Besprechungen, die nicht davor zurückschreckten,
dort, wo Einsicht und Überzeugung es geboten, selbst den verehrten Beethoven zu kritisieren (M 41, 97, 160, 164, 167 f.,
175); und nicht zuletzt durch die sprachlich-literarische Qualität, mit der H. gegen jenes Defizit im zeitgenössischen Musikle-
ben ankämpfte, das er am 11. Juni 1814 in einem Brief an Cotta

mit den Worten bezeichnete: »Die Musik ist in der That die einzige Kunst, übe[r] welche so selten in höherer Rücksicht gesprochen wird, welches wohl daher rührt, daß die Musiker in der Regel nicht schreiben können« (B I, 470f.).

H.s musikkritische Tätigkeit setzt verstärkt in eben jenen Bamberger bzw. Dresdner/Leipziger Jahren ein, die auch den literarischen Durchbruch brachten. Man darf in ihr, wenngleich H. sie in geringerer Intensität in der letzten Berliner Zeit fortsetzte und unbeschadet ihres eigenständigen Wertes, als ein Medium ansehen, mit dessen Hilfe sich der Übergang von der Musik zur Literatur vollzog. H.s entscheidender literarischer Beginn hatte ja bezeichnenderweise mit einer Musikergeschichte, dem *Ritter Gluck*, eingesetzt (vgl. andererseits die Ansätze zu einer Literarisierung der Musikkritik, M 259–266). Diesem genetischen Zusammenhang, der insbesondere in den *Fantasiestücken* deutliche Spuren hinterlassen hat, sind systematische Verbindungslinien an die Seite zu stellen. Doch zeigen sich neben zahlreichen Konvergenzen zwischen H.s Musiktheorie und seiner Poetik bzw. Poetologie auch Divergenzen, zumindest aber – die Forschung ist kontrovers – Asymmetrien.

H. bezeichnete den *Don Giovanni* als die »Oper aller Opern« (M 297) und ihren Komponisten als »unnachahmlichen Schöpfer der romantischen Oper« (M 363). In dieser komme es darauf an, »die wunderbaren Erscheinungen des Geisterreichs mit der Kraft der poetischen Wahrheit ins Leben zu führen, daß wir willig daran glauben, und sich, indem die Einwirkung höherer Naturen sichtbarlich geschieht, vor unseren Augen ein romantisches Sein erschließt«. Von der »komischen Oper« heißt es, ebenfalls mit Anklängen an das serapiontische Prinzip, in ihr schreite »das Abenteuerliche, Phantastische in das gewöhnliche Leben«, und »aus dem Widerspruch« erzeuge sich »der wahre Scherz« (M 263). Betrachtet man andererseits H.s außerordentliche Wertschätzung der älteren geistlichen Musik und der opera seria sowie das wiederholte Plädoyer für die Einhaltung der musikalischen Stilebenen, so zeigt sich in seinen musikkritischen Äußerungen ein gewisser Widerspruch. Auf der einen Seite steht die Wertschätzung des als »Shakespeare der Musik« gepriesenen Mozart (M 363), der dazu tendierte, die Gattungsgrenzen zwischen der opera seria und der opera buffa einzureißen und dadurch auch ein Vorbild für diejenigen literarischen Werke H.s abgab, in denen er selbst sein Bestes geleistet zu haben beanspruchte. Auf der anderen Seite zeigt H. eine Orientierung an der traditionellen Gattungshierarchie mit ihrem Primat

u. a. der erhabenen opera seria. In diesen Zusammenhang gehört vor allem seine Glorifizierung Glucks und Spontinis.

H. hat in seinen Musikschriften außer dem Fachmann den ernsthaft interessierten Laien ansprechen wollen (vgl. M 345 f.). Darin ist auch die Absicht zu sehen, über die im engeren Sinn musikalischen Erörterungen hinaus Ästhetisch-Grundsätzliches bzw. die einzelnen Künste Übergreifendes zu sagen. Unter diesem Aspekt erscheinen die »Schriften zur Musik« als ein auch poetologisch gewichtiges Textcorpus. H.s außerordentlich entwickelte Sensibilität für gattungsspezifische Stilhöhen erweist sich geradezu als Bedingung der Möglichkeit ihrer verbalen zeugmatisch-komischen Unterbietung. Die fiktionsironischen Auflösungen seiner utopischen Märchen schreiben sich nicht nur von Tieck und Wieland, sondern auch von Mozart und Cimarosa her (M 26, 28). Seine außerordentlich effektvollen Erzähleinsätze und -schlüsse verraten außer der dramaturgischen auch eine spezifisch musikalische Schulung (vgl. etwa M 17 und 146 über die Ouvertüre bzw. den symphonischen »Einleitungssatz« oder die Charakterisierung des Finales der 5. *Symphonie* Beethovens, M 47–50). Das durch Jean Pauls *Vorschule* wenn nicht angeregte, so doch argumentativ bekräftigte Postulat enthusiastischer Besonnenheit verbindet musikalische und dichterische Programmatik. Die Ablehnung »willkürlicher« musikalischer »Schnörkel« und die gleichzeitige Wertschätzung funktional gerechtfertigter »Verzierungen« sind im Zusammenhang mit der Poetik der literarischen Arabeske zu sehen (vgl. M 16; dazu Rotermund 1968). Ein entscheidendes Kriterium der Musikbesprechungen, die Unterordnung aller Teile – der Melodie wie der Instrumente oder der Stimme und, im Fall der Oper, des Bühnenbildes – unter den »Totaleindruck« (M 59, 67), die Ablehnung jeder »gleichgültigen Einseitigkeit« (M 24) in der musikalischen Komposition trifft sich mit einer Poetik, die noch das Heterogenste zu kaleidoskopisch wechselnder Einheit zusammenzufügen versucht.

Literatur

Allroggen, Gerhard: Die Opern-Ästhetik E. T. A. Hoffmanns, in: Bekker, Heinz (Hg.): Beiträge zur Geschichte der Oper, Regensburg 1969, 25–34; *Dahlhaus, Carl:* E. T. A. Hoffmanns Beethoven-Kritik und die Ästhetik des Erhabenen, in: Archiv für Musikwissenschaft 38 (1981), 79–92; *Dobat* 1984; *Ehinger, Hans:* E. T. A. Hoffmann als Musiker und Musikschriftsteller, Olten und Köln 1954; *Felzmann, Fritz:* E. T. A.

Hoffmann als Rezensent Beethovens, in: MHG 20 (1974), 48–64; *Geck, Martin:* E.T.A. Hoffmanns Anschauungen über Kirchenmusik, in: Salmen, Walter (Hg.): Beiträge zur Geschichte der Musikanschauung im 19. Jahrhundert, Regenburg 1965, 61–71; *Greeff, Paul:* E.T.A. Hoffmann als Musiker und Musikschriftsteller, Köln und Krefeld 1948; *Haimberger, Nora E.:* Vom Musiker zum Dichter. E.T.A. Hoffmanns Akkordvorstellung, Bonn 1976; *Katz, Moritz:* Die Schilderung des musikalischen Eindrucks bei Schumann, Hoffmann und Tieck, Leipzig 1910; *Kindermann, Jürgen:* Romantische Aspekte in E.T.A Hoffmanns Musikanschauung, in: Salmen, Walter (Hg.): Beiträge zur Geschichte der Musikanschauung im 19. Jahrhundert, Regensburg 1965, 51–59; *Kroll, Erwin:* E.T.A. Hoffmanns musikalische Anschauungen nebst einem Anhang über bisher unbekannte Rezensionen Hoffmanns für die AMZ, Diss. Königsberg 1909; *ders:* E.T.A. Hoffmann, Leipzig 1923; *Kron, Wolfgang:* Die angeblichen Freischützkritiken E.T.A. Hoffmanns, München 1957; *Lichtenhahn, Ernst:* Über einen Ausspruch Hoffmanns und über das Romantische in der Musik, in: Musik und Geschichte. Leo Schrader zum 60. Geburtstag, Köln 1963, 178–198; *ders.:* Zur Idee des goldenen Zeitalters in der Musikanschauung E.T.A. Hoffmanns, in: Brinkmann 1978, 502–512, 519 f. ; *ders.:* Grundgedanken zu E.T.A. Hoffmanns romantischer Theorie der musikalischen Interpretation, in: Basler Studien zur Interpretation der alten Musik. Forum Musicologicum 2, 1980, 252–264; *ders.:* Schriften zur Musik, in: Feldges/Stadler 1986, 241–257; *Miller, Norbert:* Hoffmann und Spontini. Vorüberlegungen zu einer Ästhetik der romantischen »opera seria«, in: Bormann, Alexander von u. a. (Hg.): Wissen aus Erfahrungen. Werkbegriff und Interpretation heute. Festschrift für Herman Meyer . . ., Tübingen 1976, 402–426; *ders.:* 1977; *ders.:* Für und wider die Wolfsschlucht. E.T.A. Hoffmann und das romantische Singspiel, in: Hertrich, Ernst u. a. (Hg.): Festschrift für Rudolf Elvers zum 60. Geburtstag, Tutzing 1985, 369–382; *Mühlher, Robert:* Die Einheit der Künste und das Orphische bei E.T.A. Hoffmann, in: Fuchs, Albert u. a. (Hg.): Stoffe, Formen, Strukturen. Hans Heinrich Borcherdt zum 75. Geburtstag . . ., München 1962, 345–360, wieder in: Mühlher 1976, 368–379; *ders.:* Das Bild der Wiener Klassik in den Werken E.T.A. Hoffmanns, in: Zeman, Herbert (Hg.): Die österreichische Literatur. Ihr Profil an der Wende vom 18. zum 19. Jahrhundert (1750–1830), Graz 1979, 427–443; *Rohr, Judith:* Hoffmanns Theorie des musikalischen Dramas. Untersuchungen zum musikalischen Romantikbegriff im Umkreis der Leipziger AMZ, Baden-Baden 1985; *Rotermund* 1968; *Scher, Steven Paul:* Temporality and mediation. Wilhelm Heinrich Wackenroder and E.T.A. Hoffmann as literary historicists of music, in: JEGP 75 (1976), 492–502; *Schnaus, Peter:* E.T.A.H. als Beethoven-Rezensent der AMZ, München und Salzburg 1977; *Schulze, Herbert:* E.T.A. Hoffmann als Musikschriftsteller und Komponist, Leipzig 1983; *Sölle, Dorothee* und *Wolfgang Seifert:* In Dresden und Atlantis. E.T.A. Hoffmann und die Musik, in: Neue Zeitschrift für Musik 124 (1963), 260–73, wieder in: Prang, 237–269.

3.3. Briefe

Die neuere Forschung hat H.s Briefe vielfach genutzt, sie als Genre eigenen Wertes aber noch kaum in den Blick genommen. H.s Briefe sind, ohne jemals in servile Anpassung zu verfallen, außerordentlich stark durch den jeweiligen Adressaten bestimmt. So ist an ihnen ablesbar, welch überragende Rolle Hippel als Seelenfreund, bürgerliches Korrektiv und entscheidender Helfer in Notlagen für H. gespielt hat, oder die gleichermaßen persönliche wie intellektuelle Nähe zu Devrient und zu dem Bamberger Psychiater Speyer und die besondere affektive Verbundenheit mit dem Glogauer Kollegen Hampe. Zunächst mit offener Jovialität, wenngleich im Bewußtsein eigener Überlegenheit, dann aber, auch nach finanziell motivierten Verstimmungen, zunehmend reserviert sind die Briefe an Kunz gehalten. Besonders anrührend ist das Schreiben vom 1. 5. 1822 an die Berliner Sängerin Johanna Eunicke, in dem H. ausnahmsweise die »Namenlosen Leiden« gesteht, die ihn seit Monaten ans Bett gefesselt hielten (B II, 380).

Variieren die Briefe nach der praktischen, intellektuellen, künstlerischen und affektiven Bedeutung der Adressaten, so ist andererseits H.s über nahezu dreißig Jahre dokumentiertes ununterbrochenes Streben nach künstlerischer Leistung und Anerkennung unübersehbar. Von den frühen Geständnissen künstlerischer Ambitionen in den Briefen an Hippel über die ersten, bescheiden auf dem eigenen künstlerischen Wert bestehenden Anfragen bei Musikalienverlegern wie Nägeli und Härtel bis zur selbstbewußten Sprache, mit der er in den letzten Lebensjahren die ihn umwerbenden Herausgeber und Verleger bescheidet, und zum anhaltenden Bemühen, bei Brühl, dem Leiter der Berliner Bühnen, eine Wiederaufnahme der *Undine* zu erreichen, ist H.s Streben nach künstlerischer Vervollkommnung und Anerkennung allenthalben spürbar. Eine Teleologie, wie sie von Müller 1915 um das Julia-Erlebnis konstruierte (s. 3. 4.), gibt es in H.s Leben als Künstler nicht, wohl aber die von früh an durchgehaltene Anstrengung, in einer prekären Balance mit dem berufsbürgerlichen Alltag sei es als Musiker, sei es in der bildenden Kunst, sei es als Schriftsteller zu einem anerkannten Künstler von Rang zu werden.

H.s Briefe sind in spezifischer Weise Dichterbriefe. Man begegnet in ihnen im Zusammenhang mit dem Tod naher Verwandter oder auch der Dresdner Kriegsereignisse jenem kühlen Blick, der sich Wirklichkeit primär nach Maßgabe ästhetischer

Notwendigkeiten aneignet. Die Briefe dienen der Artikulation von Selbstbeobachtungen und rückblickenden Deutungen des eigenen Lebensweges, der ersten Verständigung über ästhetische Prinzipien wie den Humor sowie über konstitutive Desillusions- und Kompensationserfahrungen. Deutlich ist im literarischen Anspielungsreichtum (Shakespeare!) und im Zitatcharakter der Rede, im Anknüpfen an Sternes »Kopf« und »Herz« verbindende »Sentimentalität« und in der artifiziellen, teilweise Jean Paul folgenden Metaphorik der *frühen* Briefe faßbar, wie H. schon Jahrzehnte vor der definitiven Entscheidung für die Literatur das Briefeschreiben als literarische Fingerübung betrieb. Insbesondere dieser Aspekt verdient eine genauere Untersuchung (Ansätze bei Segebrecht 1967a, 50 und 1970). Die Briefe *nach* dem literarischen Durchbruch sind, was sicher auch mit dem Wechsel der Adressaten zusammenhängt, überwiegend sachlicher gehalten.

Literatur

Müller, Helmut: Untersuchungen zur Formelhaftigkeit bei E. T. A. Hoffmann, Bern 1964, 44–49; *Segebrecht* 1967a, 48–55; *ders.:* [Rezension zu B in:] Anzeige für deutsches Altertum und deutsche Literatur 81 (1970), 166–180; *Steinecke, Hartmut:* [Rez. zu B in:] ZfdPh 89 (1970), 226–231.

3.4. Tagebücher

H.s Tagebücher wurden zuerst 1915 von H. von Müller publiziert. Sie stammen aus den Jahren 1803/04 (Płock), 1809, 1811–15 (Bamberg, Dresden/Leipzig, Berlin). Vor 1803 und nach 1815 scheint H. kein Tagebuch geführt zu haben, ebensowenig in der Warschauer, in der zweiten Berliner Zeit und 1810. H.s Tagebücher waren nicht von vornherein für die Veröffentlichung bestimmt, und man wird H. auch nicht zu jenen großen Diaristen zählen, die primär für sich selbst schreiben und dennoch literarisch höchste Qualität erreichen. Gleichwohl hat Schnapp Recht mit der Feststellung, von Müller habe sich mit Grund rühmen können, »eines der außerordentlichsten Seelendokumente der deutschen Romantik [. . .] veröffentlicht zu haben« (T 5). H. schrieb gelegentlich alkoholisiert, nur für sich, meist stichwortartig, häufig mit Abkürzungen. Für Trunk und

Rausch hatte er sich eigene Zeichen geschaffen, und der Wechsel in die Fremdsprache bzw. die griechische Transkription des Deutschen sollten die Notizen vor der Ehefrau schützen, die sich wegen seiner Liebschaften und wohl auch wegen der Einnahmenvermerke dafür interessierte. Aufgrund dieser Vorrichtungen konnte H. dem Tagebuch seine wechselnden Empfindungen für die mit der Sigle Ktch (= Käthchen von Heilbronn) bezeichneten Julia Marc anvertrauen, der allein er auch wenigstens einen Blick ins Tagebuch vergönnte (von Müller 1915, T 35). Diese Notate (z. B. T 124, 134 f., 190) und die eng mit ihnen verbundenen Stichworte zu der als »BlitzAbleiter« »gebrauchten« Demoiselle Neuherr (T 137), zur »Signora Kunz«, die ihm ebenfalls ihre Gunst gewährt haben dürfte, und zu gelegentlichem Streit mit der eifersüchtigen Ehefrau sind tatsächlich außerordentliche Seelendokumente. Bei aller Betroffenheit, ja Erschütterung, die zuweilen Selbstmordgedanken wachwerden lassen (vgl. die Eintragungen vom 26. und 31. 1. 1812, T 136 f.), zeigt sich H. als interessierter, scharfer Beobachter nicht nur beispielsweise einer Leichenöffnung (»Section«) oder einer »Sonnambulen« (sic) (T 168, 186), sondern auch seiner selbst. So notierte er seine Reaktion bei der Nachricht vom Tod des Onkels Johann Ludwig Doerffer (T 50) oder Depersonalisationserfahrungen (T 65), und noch im Verhältnis zu Julia wird er sich selbst zum Objekt, wie besonders die wiederholten Bemerkungen zum »fantasmatischen« Charakter der Beziehung zeigen (T 170, 254; vgl. T 153). (Zu den Tagebüchern als »Urformen Hoffmannscher Poesie«: Segebrecht 1967a, 43–48.)

Die bislang einzige ausführlichere Gesamteinschätzung der Tagebücher stammt von H. von Müller (Einleitung zu *E. T. A. H.s Tagebücher und literarische Entwürfe*, I, 1915, XIII–CVII) und wurde von Schnapp, ihrem besten Kenner, durch die revidierte Teilwiedergabe in T gewissermaßen autorisiert. H. v. Müller wertet den Entschluß, die Komposition der *Undine* zu verschieben und den *Berganza* zu beginnen (15. 2. 1813), als »*Wendepunkt* in H.s Produktion« (T 19) und versteht die Tagebücher als »wohlgegliedertes Ganzes«: »Den Hauptteil bilden die Aufzeichnungen des freien [. . .] Künstlers von 1808 bis 1814: 1808/09, vor dem Julia-Sturm, fast ganz auf äußere Registratur beschränkt; 1811/14 als das eigentliche Heldengedicht. Eingebettet ist der heroisch-tragische Bericht von diesen sieben Jahren in die bürgerlich-komische Rahmenerzählung von dem Königlich Preußischen Richter, der eigentlich ein Komponist oder ein Dichter ist, aber in erster Linie sein Amt zu verwalten hat« (T 25 f.). H. v. Müller führt einige gute Gründe dafür an, die Daten, die das Tagebuch liefert, als Geschichte einer literarischen Berufung zu lesen, die des Julia-Erlebnisses bedurfte, um sich zur Konzeption der Künstlerliebe und mit ihr zur künstlerischen Produktivität zu erheben (T 13–15). Doch begeht er den Fehler, H.s *Deutung* des Julia-Erlebnisses als die allein maßgebliche anzusetzen. Davon aber kann – bei aller Orientierung auf die Kunst – nicht die Rede sein, und es ist problematisch, die Kontingenzen in H.s Biographie in der Teleologie einer poetischen Berufung aufgehen zu lassen. Im übrigen wäre es wünschenswert, den Tagebüchern auch in anderer Hinsicht neue Aufmerksamkeit zu schenken, so etwa, was H.s experimentell-manipulativen Umgang mit der eigenen Stimmung betrifft, oder im Blick auf die außerordentlich wichtigen Notate zu den Dresdner Kriegsereignissen.

Literatur

Kron, Wolfgang: Zur Neuausgabe von Hoffmanns Tagebüchern, in: MHG 18 (1972), 41–43; *Müller, Helmut:* Untersuchungen zum Problem der Formelhaftigkeit bei E. T. A. Hoffmann, Bern 1964, 49–52, 119 f. »(»Der ›Stimmungskatalog‹ der Tagebücher«); Segebrecht 1967a, 43–48; *Steinecke, Hartmut:* [Rez. zu T. in:] ZfdPh 90 (1971), 601–603.

3.5. Zuschreibungen

Seit dem Beginn des zwanzigsten Jahrhunderts sind H. zwei weitere Werke wiederholt zugeschrieben worden: *Nachtwachen. Von Bonaventura*, Penig 1805 und *Schwester Monika erzählt und erfährt. Eine erotisch-psychisch-physisch-philanthropisch-philanthrophinische Urkunde des säkularisierten Klosters X. in S...,* Kos und Loretto [= Posen] 1815. (Nachweis neuerer aus Werbegründen unter dem Namen E. T. A. H.s firmierender Ausgaben der *Schwester Monika* in der Sammelrezension Segebrechts, MHG 29, 1983, 61–66).

Der Rang der *Nachtwachen* als eines herausragenden Werkes der idealistischen Periode, auf die sie nihilistisch-kritisch reagieren, ist unbestritten. So nimmt es nicht wunder, daß außer Autoren zweiten und dritten Ranges wie Wetzel und Klingemann als Verfasser einige der bedeutendsten wie Schelling, Jean Paul

116

und Brentano genannt wurden und eben auch, zuerst von Meyer (1903) und Thimme (1906), zuletzt von Wickmann (1969) und Hunter-Lougheed (1985), E. T. A. H. Ein wichtiger Beleg gegen H.s Verfasserschaft ist, im sogenannten Briefbuch, der Vermerk »Zwey-Jährige Stille!« für den Zeitraum Frühjahr 1804 bis Frühjahr 1806 (B I, 189, dazu Anm. 1 von v. Müller/Schnapp; Hunter-Lougheed spricht dagegen von einem »bewußten Täuschungsmanöver« H.s, das darauf abziele, »jede Spur seiner Verfasserschaft zu verwischen«, 1985, 67), stärker aber noch die von Hitzig überlieferte Notiz H.s im Notatenbuch aus dem letzten Lebensjahr: »*Zu machen Der Nachtwächter!* eine geheimnißvolle Person, die nächtliche Abentheuer erzählt. (*diable boiteux?*)« (N 343) (hierzu v. Maassen, HKA I, 495, Schnapp, N 491 f.; konträr: Hunter-Lougheed 1985, 80). Inzwischen ist der positive Nachweis für die Autorschaft Klingemanns erbracht (Haag 1987), und damit sind alle Spekulationen auch über Hoffmann als möglichen Urheber erledigt.

Noch weniger überzeugend als die Argumente für H. als Autor der *Nachtwachen* sind die von Gugitz 1910 in der Einleitung seines Neudrucks bzw. die von Frank 1965 im Nachwort der anastatischen Reproduktion der Ausgabe von 1910 in bezug auf den pornographischen Roman *Schwester Monika* geltend gemachten. Der Hinweis auf die zweifellos stark ausgeprägte Sexualthematik in H.s Werk kann ebensowenig wie der auf das vergleichsweise hohe Niveau der *Schwester Monika* als Beweis für H.s Verfasserschaft gelten. Magris, der die Frage der Urheberschaft offen läßt, führt zugunsten H.s immerhin die »bissige Ironie« von Szenen wie jener an, in der Monikas Mutter von vier Studenten in den Farben der Universitäten Jena, Marburg, Göttingen und Halle vergewaltigt wird, und die »Bezeichnung gewagter Liebkosungen« als »Mesmerische Reibungen« (1980, 112); doch finden sich in der zeitgenössischen Literatur allenthalben Bezüge auf den Mesmerismus, und bissigironische Grotesken sind bevorzugte Mittel der romantischen wie zuvor schon der aufklärerischen Satire. Als seltenes Zeugnis trivialliterarischer Sexualität der Goethezeit bleibt der Roman *Schwester Monika* auch unabhängig von der Frage der Verfasserschaft als Kontrastfolie für die *Elixiere des Teufels* – wie die *Nachtwachen* für die *Nachtstücke* – ein lesenswerter Text.

Fleig, Horst: Literarischer Vampirismus. Klingemanns »Nachtwachen von Bonventura«, Tübingen 1985; *Haag, Ruth:* Noch einmal: Der Verfasser der »Nachtwachen von Bonaventura«. In: Euphorion 81 (1987), 286–297; *Habersetzer, Karl-Heinz:* Bonaventura aus Prag und der Verfasser der »Nachtwachen«, in: Euphorion 77 (1983), 470–482; *Heiduk, Franz:* Bonaventuras »Nachtwachen«. Erste Bemerkungen zum Ort der Handlung und zur Frage nach dem Verfasser, in: Aurora 42 (1982), 143–165; *Hunter-Lougheed, Rosemarie:* Die Nachtwachen von Bonaventura: ein Frühwerk E. T. A. Hoffmanns?, Heidelberg 1985; *Kavanagh, R. J.:* Bonaventura unmasked again?, in: GLL 40 (1987), 2, 97–116; *Meyer, Richard M.:* »Nachtwachen von Bonaventura«, in: Euphorion 10 (1913), 578–588; *Schillemeit, Jost:* Bonaventura. Der Verfasser der »Nachtwachen«, München 1973; *Thimme, Gottfried:* [Rez. zu: Nachtwachen von Bonaventura. Hg. von Dr. Hermann Michel, Berlin 1904, in:] Euphorion 13 (1906), 159–184; *Wickmann, Dieter:* Eine mathematisch-statistische Methode zur Untersuchung der Verfasserfrage literarischer Texte. Durchgeführt am Beispiel der »Nachtwachen von Bonaventura« mit Hilfe der Wortübergänge, Köln 1969.

»Schwester Monika«

Schwester Monika. E. T. A. Hoffmann zugeschrieben. Mit einem Vorwort von Prof. Dr. *Gustav Gugitz* und einem Nachwort von Dr. *Rudolf Frank*, Hamburg 1965 (= anastatischer Neudruck von E. T. A. Hoffmann: Schwester Monika erzählt und erfährt. Eine erotisch-psychisch-physisch-philanthropisch-philanthropinische Urkunde des säkularisierten Klosters X. in S. . ., neu herausgegeben, eingeleitet und mit Anmerkungen versehen von Gustav Gugitz, Wien 1910, nach der Erstausgabe, Posen 1815); *Magris* 1980, 109–118; *Margis, Paul:* Ein anonymes pornographisches Werk von E. T. A. Hoffmann? Mit Entgegnungen von Carl Georg von Maassen und Hans von Müller, in: Zeitschrift für Bücherfreunde, N. F., 3 (1911), 1, 82–95, 2, 235 f., v. Müllers Entgegnung wieder in: v. Müller 1974, 261–263; *Segebrecht, Wulf:* Schwester Monika oder Die Demokratisierung der Pornographie, in: MHG 29 (1983), 61–66.

4. Systematische Forschungsaspekte

4.1. Die Auseinandersetzung mit zeitgenössischen Diskursen

4.1.1. Verhältnis zur romantischen Natur- und Geschichtsphilosophie

H. war, von der Begabung wie von der juristischen Schulung her, ein außerordentlich scharfsinniger Kopf, fachphilosophisch aber wenig interessiert. Während des Studiums in Königsberg scheint er Kant (dessen Ausführungen zur Zurechnungsfähigkeit er später zum Zweck juristischer Gutachten zustimmend studierte, Safranski 1984, 429), geradezu aus dem Weg gegangen zu sein; die Anspielung auf Fichtes Schrift *Der geschlossene Handelsstaat* zu Beginn des *Ritter Gluck* hat Rochlitz hinzugefügt (immerhin wird in der *Prinzessin Brambilla* und im *Kater Murr* die Identitätsfrage mit Hilfe von Fichtes Begriff des Nicht-Ich formuliert); allein für Schellings Werk *Von der Weltseele* (1798, [3]1809) ist ein Interesse an genuin philosophischem Schrifttum sicher belegt (B I, 403, 26. 7. 1813). Romantisches Gedankengut hat H. fast ausnahmslos durch poetische Quellen wie Wackenroder (Musik als die ursprünglichere Sprache), Novalis (Metaphorik des Spuren- bzw. Hieroglyphenlesens) und Tieck (Janusgesicht romantischer Transzendierungsversuche), durch spekulatives naturwissenschaftlich-medizinisches Schrifttum (Reil, Kluge, Ritter u. a.), vor allem aber durch den Schelling-Popularisator Gotthilf Heinrich Schubert aufgenommen. Die Beschäftigung mit Schuberts Werken *Ansichten von der Nachtseite der Naturwissenschaft* (Dresden 1808) und *Die Symbolik des Traumes* (Bamberg 1814) fällt gerade in jene Jahre 1813/1814, in denen H. sich verstärkt für die Literatur entscheidet (vgl. B I, 409, 461, 483).

In Schuberts Werken fand H. auf mittlerem Niveau das vereint, was bei den anderen romantischen Autoren trotz aller Grenzüberschreitungen eher arbeitsteilig philosophisch, naturwissenschaftlich oder poetisch abgehandelt wurde. Schubert

unternahm den Versuch, seine natur- und geschichtsphilosophischen Spekulationen empirisch zu stützen. Im Sinne der gegen Kant und Fichte gewendeten Identitätsphilosophie Schellings bildet die Überzeugung vom »gemeinschaftlichen Einen«
(*Ansichten*, 1808, 256), das allen Oppositionen zugrundeliegt,
den Dreh- und Angelpunkt seines Denkens. Folgerichtig inter-
essieren ihn die »Mittelwesen«, etwa zwischen Anorganischem
und Organischem oder zwischen Pflanzen- und Tierreich,
ebenso wie prophetische Zeugnisse, die von einer ursprünglichen Einheit von Materie und Geist sprechen, und der »tierische
Magnetismus«, dem er im Bereich des Menschlichen die Entdeckung jener »Sympathien« zuschreibt, die die Astrophysik
im Bereich des Anorganischen erkannt hat. Die ursprüngliche
Einheit und ihre künftige Wiederkehr ist in der schismatischen
Gegenwart nur an Indizien abzulesen. So wie sich in bestimmten Manifestationen des Anorganischen das organische Leben
und in höher entwickelten Pflanzen das Tier ankündigt, so ahnt
der Mensch in Grenzerfahrungen ein höheres – aller Dualismen
enthobenes – zugleich vergangenes und künftiges Sein. Als solche Grenzerfahrungen spricht Schubert u. a. den »tierischen
Magnetismus« und den Traum an, auf den er näher freilich nur
im ersten Kapitel seiner *Symbolik des Traumes* eingeht.

Daß gerade Schubert den Dichter H. inspirieren konnte (wie
zuvor schon, mit den *Ansichten*, Kleist), kann der Beginn der
Symbolik belegen, deren Einsatz verblüffend dem von Prousts
À la recherche du temps perdu ähnelt. Das hier vorgetragene Plädoyer für die Sprache des Traumes als die ursprünglichere Sprache ist doch selbst verbale Sprache. Auch deswegen durfte H. es
als Bestätigung seines eigenen schon Jahre zuvor mit dem *Ritter
Gluck* begonnenen Versuches lesen, im Medium der Sprache die
kognitiven und affektiven Wahrnehmungsklischees zugunsten
einer wenn nicht ursprünglichen, so doch unverstellteren Bildlichkeit zu zerstören. Die *Symbolik des Traumes* bestärkte ihn
bei dem Versuch, eine literarische Sprache zu entwickeln, die
psychische Prozesse räumlich veräußerlicht und mythische
Substrate psychologisch aktualisiert, die die Frage nach dem Ich
in der Dimension der Zeit stellt, assoziativ und analogisch das
durch die Ratio Geschiedene verbindet und die traditionelle
Trennung von Signifikans und Signifikat in Funktion einer literarischen Erforschung des Unbewußten widerruft (dazu Magris
1980, passim).

In dieser Erforschung des Unbewußten unterscheidet sich
der Autor der *Elixiere* freilich in einem entscheidenden Punkt

vom Verfasser der *Symbolik des Traumes* und damit von der identitätsphilosophisch geprägten Romantik überhaupt. H. hat Schuberts natur- und geschichtsphilosophische Einheitsvisionen zwar übernommen, doch überwiegend – durch Perspektivierung, Zitatcharakter, Parodie – skeptisch modalisiert. Schubert hatten psychische Extremsituationen vorrangig deswegen interessiert, weil sie in der gegenwärtigen Verfallszeit Aussagen über die vergangene und künftig wiederkehrende Einheit des Getrennten erlauben. Zwar erfährt auch H. an ihnen den Reiz eines Geheimnisvollen, an dem sich zeigt, was der Mensch eigentlich ist, doch weiß er das Ergebnis seines forschenden Interesses nicht von vornherein in identitätsphilosophischer Spekulation bzw. christlichem Offenbarungsglauben (beide konvergieren nach Schubert) abgesichert. Damit aber tritt bei ihm der in den *Ansichten* und der *Symbolik* dogmatisch geleugnete Dualismus als Opposition zwischen Alltagsbewußtsein und psychischer oder sozialer Grenzerfahrung wieder in sein Recht, und die von Schubert, etwa in den Ausführungen über das gelegentlich in die Irre führende Gewissen, zugestandenen Ambivalenzen beim Versuch einer Überschreitung des Alltags gewinnen nun erst ihre volle Schärfe. Die Skepsis gegenüber traditionell christlichen wie auch identitätsphilosophisch aktuellen Rückversicherungen bildet zugleich die Bedingung der Möglichkeit dafür, daß Schuberts mythologische Spekulationen als ästhetisches Spielmaterial verfügbar werden. H. hat die *Ansichten* und die *Symbolik* nicht nur als Quelle für mehr oder weniger kuriose Namen wie Swammerdamm (*Meister Floh*) und für die Fabel der *Bergwerke zu Falun* genutzt, sondern gerade auch, um die Identitätsmythologie, die für ihn weltanschaulich nicht mehr zu halten war, wenigstens im ästhetischen Spiel zu retten.

Literatur

d'Agostini, M. E.: E. T. A. Hoffmann. L'io ed i suoi vassalli infedeli, in: M. E. d'A. u. a.: I messageri dell'angoscia, Roma 1983, 81–109; *Asche* 1985; *Bollnow, Otto Friedrich:* Der »goldne Topf« und die Naturphilosophie der Romantik. Bemerkungen zum Weltbild E. T. A. Hoffmanns, in: Die Sammlung 6 (1951), 203–216, wieder in: O. F. B.: Unruhe und Geborgenheit im Weltbild neuerer Dichter, Stuttgart 1953 und wiederholt, 207–226; *Célis, Raphaël:* L'art et l'aspiration à l'unité »magique« de la vie dans le romantisme allemand. Méditations sur les affinités destinales des »Kreisleriana« d'E. T. A. Hoffmann et de R. Schumann, in R. C. (Hg.): Littérature et musique, Brüssel 1982, 111–137;

Cohn 1933; *Daemmrich, Horst S.:* Fragwürdige Utopie. E.T.A. Hoffmanns geschichtsphilosophische Position, in: JEGP 76 (1976), 503–514;
Dahmen, Hans: E.T.A. Hoffmann und G.H. Schubert, in: LJ 1 (1926),
62–111; *ders.* 1929; *Egli* 1927; *Ettelt, Wilhelm:* Philosophische Motive
im dichterischen Werk E.T.A. Hoffmanns, in: MHG 25 (1979), 31–45;
Hahn, H.J.: Schubert's Principle of Untimely Development. Aspects of
Schubert's »Ansichten von der Nachtseite der Naturwissenschaft« and
its Reverberations in Romantic Literature, in: GLL 37 (1984), 4, 336–
353; *Hewett-Thayer* 1948 (Kap. 6 und 8); *Hoffmann, Werner:* E.T.A.
Hoffmann. Lebensgefühl und Weltanschauung, Würzburg 1930; *Kolkenbrock-Netz* 1985; *Kontje, Todd:* Biography in Triplicate. E.T.A.
Hoffmanns »Die Abenteuer der Silvester-Nacht«, in: GQ 58 (1985),
348–360; *Kuttner* 1936; *Loecker* 1983 (Kap. 1 und 9); *Magris* 1980, pas-
sim; *Miller* 1975; *Mühlher, Robert:* Paracelsus und E.T.A. Hoffmann,
in: Gestalten und Ideen um Paracelsus . . . Hg. von der Internationalen
Paracelsus-Gesellschaft zu Salzburg, Wien 1971, wieder in: Mühlher
1976, 478–501; *Ochsner* 1936; *Pfeiffer-Belli, Wolfgang:* Mythos und
Religion bei E.T.A. Hoffmann, in: Euphorion 34 (1933), 305–340;
Pikulik 1979; *Schumm* 1974; *Sucher* 1912; *Tatar, Maria Magdalene:*
Romantic »Naturphilosophie« and Psychology. A Study of G.H.
Schubert and the Impact of His Works on H.v. Kleist and E.T.A.
Hoffmann, Diss. Princeton 1971; *Tretter, Friedrich Giselher:* Die Frage
nach der Wirklichkeit bei E.T.A. Hoffmann, Diss. München 1961.

4.1.2. Hoffmann als Jurist

Der glaubwürdigen Aussage Hippels zufolge hat H. »das Studium der Jurisprudenz nur als das Mittel« angesehen, »bald
Brod zu erwerben und [. . .] aus dem großmütterlichen Hause
zu kommen«; dem gleichen Gewährsmann zufolge besuchte er
aber »mit gewissenhafter Pünktlichkeit die Vorlesungen, und er
konnte für vorzüglich fleißig gelten« (JA 16). Seine fachliche
Kompetenz wird durch seinen amtlichen Briefwechsel (B III,
115–213) und durch die von Schnapp gesammelten »Zeugnisse
über H. als Juristen und Richter« (JA 16–41), sieht man von seinen politisch motivierten Gegnern während der »Demagogenverfolgungen« ab, durchweg bestätigt. Trützschler, der Vize-
präsident des Kammergerichts, lobte ihn in seinen Jahresberichten regelmäßig als erstklassigen Juristen (z.B. am 2.1.1818, JA
33). Von H.s juristischen Arbeiten haben sich nur Bruchstücke
erhalten, die indes noch immer einen stattlichen Band füllen:
eine frühe »Probe-Relation« vom 16. April 1798, einige Voten
aus den Jahren 1815–1821, von denen das von Segebrecht 1967
wiederaufgefundene Gutachten im Fall Schmolling das umfang-

reichste und wichtigste ist, sodann das umfängliche Material aus der Tätigkeit in der »Immediat-Untersuchungs-Kommission«. Eine Sonderstellung nimmt H.s Verteidigungsschrift innerhalb des gegen ihn anläßlich des *Meister Floh* angestrengten Disziplinarverfahrens ein.

H. ist seinen beruflichen Pflichten mit sachlichem Interesse, intellektueller Brillanz und ausgeprägtem Rechtsempfinden nachgekommen. Jedenfalls hat er sie nicht durchweg als die Fron erfahren, als die er sie in einzelnen Unmutsäußerungen gelegentlich bezeichnete. Die Stellungnahmen im Zusammenhang mit den »hochverräterischen Umtrieben« weisen ihn als einen im Sinn der Gewaltenteilung streng nach dem Gesetz handelnden Juristen aus. Diese Position führte notwendigerweise zum Zusammenstoß mit einer absolutistischen Exekutive, der die Justiz als nachgeordnete Behörde galt.

H.s literarischer Periodenbau zeugt durchaus auch von juristischer Schulung. Juristischem Scharfsinn und strengem Rechtsempfinden hat er u. a. in den *Elixieren*, im *Majorat* und in *Meister Wacht* literarische Denkmäler geschaffen, während umgekehrt die »Knarrpanti-Episode« des *Meister Floh* dem egoistisch motivierten Mißbrauch des Rechts satirisch den Spiegel vorhielt. Besondere Bedeutung kommt dem Gutachten im Fall Schmolling zu, nicht nur, weil es literaturgeschichtlich folgenreich war (Büchner hat es möglicherweise in Hitzigs »Zeitschrift für die Criminal-Rechts-Pflege« gelesen und für den *Woyzeck* mitbenutzt, Segebrecht 1967 b, 89 f., Reuchlein 1985), sondern vor allem deswegen, weil H. sich hier ausführlich zum Problem der Zurechnungsfähigkeit äußerte, das juristisch von höchster Aktualität war und zugleich engstens mit dem Menschenbild zusammenhing, wie es gleichzeitig in Philosophie, Psychologie und Literatur verhandelt wurde. Dem gutachtenden ärztlichen Sachverständigen gesteht H. uneingeschränkte Kompetenz nur bei der Feststellung physischer Ursachen zu, wohingegen ihm im Bereich psychischer Ursachen keine größere Bedeutung zukomme als dem untersuchenden Juristen. Unerläßliche Bedingung für die Zubilligung verminderter Zurechnungsfähigkeit ist für H. der positive Nachweis physischer oder psychischer Entlastungsgründe, wobei im letzten Fall nicht aus einer abnormen Tat wie der anscheinend grundlosen Ermordung der Henriette Lehne durch Schmolling auf eine abnorme – entlastende – Ursache geschlossen werden dürfe. Da keine Entlastungsgründe zugunsten Schmollings hatten geltend gemacht werden können, plädierte H. für die Todesstrafe.

H.s Gutachten hat unterschiedliche Auslegungen erfahren. Segebrecht sieht im Insistieren darauf, »den Einzelfall zum unteilbaren Gegenstand der mit ihm befaßten Persönlichkeit« zu machen, statt ihn, so Hitzigs Position, nach den unterschiedlichen Kompetenzen von Medizin und Justiz zu teilen, eine Aufgeschlossenheit H.s »gegenüber den modernen romantischen Strömungen in der Medizin, Naturwissenschaft, Psychologie und Jurisprudenz« (1967b, 131f.). Von daher verneint er die These vom »Doppelleben« H.s als Jurist und Dichter. Demgegenüber betont Safranski (1984, 429–435) die Differenz zwischen einem romantischen Dichten, das die Abgründigkeit der Person voraussetzt, und einer Rechtsposition, die sie zwar theoretisch zugesteht, für die Praxis der Rechtssprechung aber als irrelevant erklärt, da sie, konsequent angewandt, jedes geregelte Zusammenleben von Menschen unmöglich machen müßte (vgl. auch die kritische Auseinandersetzung mit Segebrecht bei Kolkenbrock-Netz, 1985 und Reuchlein, 1985).

Literatur

Blomeyer, Arwed: E.T.A. Hoffmann als Jurist. Eine Würdigung zu seinem 200. Geburtstag, Berlin, New York 1978; Ellinger, Georg: Das Disziplinarverfahren gegen E.T.A. Hoffmann, in: Deutsche Rundschau 32 (1906), 10, 79–103; Fittbogen, Gottfried: E.T.A. Hoffmanns Stellung zu den »demagogischen Umtrieben« und ihrer Bekämpfung, in: Preußische Jahrbücher, Bd. 189, H. 1, Juli 1922, 79–92; Günther, Hans: E.T.A. Hoffmanns Berliner Zeit als Kammergerichtsrat, Berlin 1976; Holtze, Friedrich: Das Kammergericht im 19. Jahrhundert, Berlin 1904, 52, 81–84, 91–103; Kolkenbrock-Netz 1985; Möller, Eva-Renate: Ernst Theodor Amadeus Hoffmann als Darsteller aktueller rechtlicher Fragen, jur. Diss. Wien 1934; Reuchlein, Georg: Das Problem der Zurechnungsfähigkeit bei E.T.A. Hoffmann und Georg Büchner. Zum Verhältnis von Literatur, Psychiatrie und Justiz im frühen 19. Jahrhundert, Frankfurt a.M., Bern, New York 1985; Reuchlein 1986; Safranski (Kap. 25, 28, 29); Schütz, Wolfgang: E.T.A. Hoffmann. Ein Richter im Spannungsfeld zwischen Terrorismus und Staatsmacht, in: Deutsche Richterzeitung 58 (1980), 4, 127–135; Segebrecht 1967b; ders. 1984; Walter, Eugen: Das Juristische in E.T.A. Hoffmanns Leben und Werk, jur. Diss. Heidelberg 1950; Wohlhaupter, Eugen: E.T.A. Hoffmann, in: E.W.: Dichterjuristen, hg. von H.G. Seifert, II, Tübingen 1955, 35–98.

4.1.3. Hoffmann und die zeitgenössische Medizin

Sowohl persönlich als auch von seiner juristischen Tätigkeit her war H. zu dem Interesse an psychischen Erkrankungen disponiert, das er mit der »Erfahrungsseelenkunde« des späteren 18. Jh.s und der Romantik teilte. Bamberg bot diesem Interesse reichlich Nahrung. Hier vor allem hat er durch Gespräche, Lektüre und auch durch eigene Anschauung jene Erfahrung gesammelt, die ihn befähigte, psychische Heilmethoden poetisch zu reflektieren und Gestalten wie Schönfeld/Belcampo (*Elixiere*), Nathanael (*Sandmann*) oder Serapion (*Serapions-Brüder*) zu schaffen. Zwar hatte Bamberg mit der politischen Unabhängigkeit auch seine Universität verloren, doch galt die Stadt weiterhin als ein deutsches Zentrum moderner Medizin. In Abwendung von der humoralpathologischen Tradition berücksichtigte man in der Behandlung von Geisteskranken verstärkt psychische Ursachen. H.s Freund Marcus, Direktor der Medizinal- und Krankenanstalten in den fränkischen Fürstentümern, war allen theoretischen Neuerungen in der Medizin gegenüber aufgeschlossen. U. a. rezipierte er den Brownianismus, den sogenannten tierischen Magnetismus Mesmers, Galls materialistische Cranioscopie und die romantische Naturphilosophie. Der Schwerpunkt seines Interesses lag in der empirischen Anwendung und Prüfung. Zusammen mit dem stärker theoretisch ausgerichteten Andreas Röschlaub hatte er der Bamberger Medizin zu Beginn des 19. Jahrhunderts ein Ansehen verschafft, das u. a. Schelling, Hufeland, Reil, F. und A. W. Schlegel, Steffens und Schubert zu Informationsreisen veranlaßte. (Mit Jean Paul, der selber über den »tierischen Magnetismus« schrieb und H.s *Magnetiseur* positiv aus den *Fantasiestücken* hervorhob, FS 8, Anm., ist H. in Gegenwart von Marcus zusammengetroffen.) Marcus gab von 1805 bis 1808 gemeinsam mit Schelling die »Jahrbücher der Medizin als Wissenschaft« heraus. Er war keineswegs der einzige Arzt, mit dem H. in Bamberg Umgang hatte. Die Verbindung mit dem Landgerichtsphysikus Friedrich Speyer, Marcus' Neffen, war so eng, daß sie nach H.s Weggang aus Bamberg brieflich fortgeführt wurde, und außer diesen beiden verkehrte er mit einer Reihe weiterer Ärzte (vgl. Segebrecht 1978). H.s Tagebuch bezeugt, daß er sich mit psychischen Störungen durch eigene klinische Anschauung vertraut gemacht hat (vgl. T 186, 21. 12. 1812). Die theoretische Neugierde, von der neben verdeckten Bezugnahmen die ausdrückliche Erwähnung u. a. Reils, Kluges, Schuberts und Pinels in den dichterischen Arbeiten zeugen, konnte H. in der mit medizinischer Fachliteratur bestens ausgestatteten Kunzschen Leihbibliothek befriedigen, an deren Aufbau er aktiv teilgenommen hatte (vgl. die medizinisch einschlägigen Titel bei Segebrecht 1978, 280 sowie Segebrecht 1977). Kunz trat übrigens auch selber als Verleger medizinischer und naturphilosophischer Schriften, u. a. von Schuberts *Symbolik des Traumes,* hervor.

Nachdem der Psychiater Klinke schon 1903 auf H.s Verarbeitung wissenschaftlicher Literatur und den Quellenwert seiner poetischen Gestaltungen geistiger Erkrankungen hingewiesen hatte, ist die neuere Forschung (Segebrecht 1978, Auhuber 1986, Loquai 1984, Reuchlein 1985, 1986) bestrebt, H.s Auseinandersetzung mit der zeitgenössischen Medizin / Psychiatrie detailliert zu belegen. Dies bedeutet einerseits eine Absetzung gegen die aktualisierende Parallele von romantischer Medizin bzw. psychiatrisch interessierter Literatur und Psychoanalyse (vgl. Auhuber 1986, 3 gegen Uber 1974), andererseits die Weigerung, H.s extensive Gestaltung psychiatrischer Probleme, die bis in Details auf Fachliteratur, die Beschreibung »magnetischer Kuren« etwa oder auf Galls Schädellehre (vgl. Oehler-Klein, Kap. 8), zurückgreift, als ausschließlich ästhetisch bedingt zu begreifen.

H. sei es nicht allein darum gegangen, eine »noch nicht poetisch behandelte Seite [. . .] (die Nachtseite)« des Mesmerismus zu entfalten, wie er an Kunz am 20. 7. 1813 mit Bezug auf den *Magnetiseur* schrieb (B I, 400), sondern, so eine Woche zuvor schon an Speyer, darum, »eine noch unberührte neue Seite des Magnetismus« zu »entwickeln« (B I, 398). Was H. mit poetischen Mitteln, doch geleitet von einem Erkenntnisernst jenseits der institutionellen Departementalisierungen des Wissens zeigen wollte, ist der neueren Forschung zufolge zum einen, wie wenig die Medizin von der menschlichen Psyche gesichert wisse, zum anderen aber, wie gefährlich deswegen alle psychischen Heilkuren und wie groß die Mißbrauchsgefahr seien (vgl. Auhubers Interpretation der *Genesung*, 1986, 100–108, sowie Nettesheim, 1967, und Segebrecht, 1978, über den *Magnetiseur*). »Die psychischen Kuren, wie sie die zeitgenössische Medizin für die Heilung des Wahnsinns nahelegt, greifen alle zu kurz, daran läßt H.s Darstellung keinen Zweifel.« (Auhuber 1986, 22)

Auhuber 1986; *ders.:* E. T. A. Hoffmanns produktive Rezeption der zeitgenössischen Medizin und Psychologie, in: MHG 32 (1986), 89–99; *Feldges/Stadler* 1986, 19–34; *Leibbrand, Werner:* Romantische Medizin, Hamburg und Leipzig o. J. (1937); *ders.:* Die spekulative Medizin der Romantik, Hamburg 1956; *Loquai* 1984; *Nettesheim, Josefine:* E. T. A. Hoffmanns Phantasiestück »Der Magnetiseur«. Ein Beitrag zum Problem »Wissenschaft« und Dichtung, in: JWGV 71 (1967), 113–127, wieder in: J. N.: Poeta doctus oder Die Poetisierung der Wissenschaft von Musäus bis Benn, Berlin 1975, 39–56; *Obermeit, Werner:* »Das unsichtbare Ding, das Seele heißt«. Die Entdeckung der Psyche im bürgerlichen Zeitalter, Frankfurt a. M. 1980, 104–126; *Ochsner* 1936; *Oehler-Klein, Sigrid:* Die Schädellehre Franz Joseph Galls in Literatur und Kritik des 19. Jahrhunderts. Zur Rezeptionsgeschichte einer medizinisch-biologisch begründeten Theorie der Physiognomik und Psychologie, phil. Diss. Gießen 1987; *Osinski, Jutta:* Über Vernunft und Wahnsinn. Studien zur literarischen Aufklärung in der Gegenwart und im 18. Jahrhundert, Bonn 1983; *Reuchlein, Georg:*Das Problem der Zurechnungsfähigkeit bei E. T. A. Hoffmann und Georg Büchner. Zum Verhältnis von Literatur, Psychiatrie und Justiz im frühen 19. Jahrhundert, Frankfurt a. M., Bern, New York 1985; *Reuchlein* 1986; *Segebrecht* 1978; *Tatar, Maria M.:* Spellbound. Studies on Mesmerism and Literature, Princeton 1978; *Uber, Wolfgang:* E. T. A. Hoffmann und Sigmund Freud. Ein Vergleich, phil. Diss. FU Berlin 1974.

4.2. Die Wahl zwischen den Künsten

4.2.1. Entscheidung für die Literatur

Im Zusammenhang mit H.s Abwendung von der identitätsphilosophisch geprägten Frühromantik gewinnt seine Entscheidung gegen die Musik und für die Literatur eine über die biographische Frage nach unterschiedlichen Begabungen hinausgehende Bedeutung. Die Vorzugsstellung, die die Romantiker der Musik zusprachen und die H. in seinen Musikrezensionen übernimmt, wenn er die Instrumentalmusik als »romantischste aller Künste« qualifiziert (M 34), mußte sich in dem Augenblick in einen Nachteil verkehren, in dem mit der Identitätsphilosophie die Spekulationen über eine Ursprache bzw. die auf sie folgende babylonische Sprachenverwirrung dem Zweifel unterworfen wurden. Umgekehrt konnte die Sättigung mit Alltagsempirie, die Schubert als das Defizit verbaler Sprache verstanden hatte, als Vorteil erscheinen, sobald der Kunst die Spannung zwischen Alltag und Alltagsbewußtsein und Grenzerfahrungen/ Sehnsucht nach Überschreitung bei gleichzeitig »leerer Transzendenz« (H. Friedrich) thematisch aufgegeben war. Wenn H. sich nach der Wende zur Literatur weiterhin, wenn auch in minderem Maße, für die Musik engagierte, so spiegelt die zeitliche Koinzidenz seiner unterschiedlichen Kunstinteressen auch das Zögernde und Widersprüchliche seiner Ablösung von den frühromantischen idealistischen Voraussetzungen wider. Auch *innerhalb* seiner eigenen Kompositionen hat man im übrigen jene Wendung zur Empirie beobachtet, die den Übergang zur Literatur wesentlich bestimmt haben dürfte (Miller 1977, 127).

4.2.2. Hoffmann als Musiker und die Bedeutung der Musik für sein literarisches Schaffen

Nicht nur dem Musikkritiker, sondern auch dem Musiker H. ist schon früh Anerkennung zuteil geworden, etwa durch Carl Maria von Weber, der die *Undine* in einer ausführlichen Rezension in der AMZ als »eines der geistvollsten« Werke pries, »das uns die neuere Zeit geschenkt hat« (zitiert nach Schnapp 1979, 19). Doch haben die Ungunst der Zeitumstände und der mit den *Fantasiestücken* einsetzende literarische Ruhm trotz des Erfolges der *Undine* verhindert, daß der Musiker H. eine angemessene Wertschätzung erfuhr. Von den acht Opern bzw. Singspielen, den 23 Bühnenmusiken oder Melodramen, den Messen, dem Miserere, der Sinfonie in Es-dur, den ungefähr zwanzig Liedern und Chören und fünfzehn Kammermusikwerken, die H. in knapp zwei Jahrzehnten schuf (vgl. das Werkverzeichnis Allroggens, 1970), ist vieles verschollen. Auch war nur weniges zu seinen Lebzeiten gedruckt worden, und so wird erst mit der Edition der *Ausgewählten musikalischen Werke* eine verläßliche Grundlage für die Beurteilung gegeben sein. Schon heute zeichnet sich indes in den neueren Arbeiten u. a. Allroggens, Schnapps, Millers und Dechants (zu älteren Einschätzungen vgl. Allroggen 1970, [19] – [24]) eine entschiedene Aufwertung des Musikers H. ab, der sich bei aller Bewunderung für Mozart, in dessen Nachfolge er häufig einseitig verstanden wurde, und trotz einer gewissen Schwäche im »Erfinden einer aus sich selbst lebendigen und prägnanten Melodie« (Allroggen 1970, [86]) durchaus selbständig zwischen den vorklassisch-empfindsamen bzw. klassischen Tendenzen einerseits und der Romantik ande-

rerseits bewegte, die er als Komponist wie auch kritisch-theore-
tisch vorbereiten half. Sein Schwanken zwischen Instrumental-
und Vokalmusik wie auch, innerhalb der Vokalmusik, zwischen opera buffa und opera seria sowie der Umstand, daß er als
Komponist gerade nicht an den über alle anderen Opern gestell-
ten *Don Giovanni,* sondern an die *Zauberflöte* anschließt, hat
Miller, 1977, gerade aus H.s durchaus selbständiger Position zu
Beginn der musikalischen Romantik einsichtig zu machen versucht. Allroggen, 1970, verband die durch den historischen Abstand begünstigte Einsicht in H.s eigenständige Leistung als
Musiker mit dem Plädoyer, das musikdramatische Werk, in
dem er die »Tendenz« erkannte, in der Vorläuferschaft von
Wagners *Lohengrin* »große dramatische Zusammenhänge in
weit ausgreifenden Nummern zusammenhängend zu vertonen«
([37]), auch für die Aufführungspraxis wiederzuentdecken
([94]).

H. hat lange zwischen seinen künstlerischen Begabungen geschwankt, bevor er sich, auch unter dem Druck materieller Umstände, vorübergehend stärker der Musik zuwandte, um nur
wenig später, über die Zwischenstufe des Musikrezensenten,
definitiv, doch nie exklusiv zur Literatur zu finden. Zumal seine
literarischen Werke, besonders die ersten, später in den *Fantasiestücken* zusammengefaßten, in produktiver Weiterführung
Wackenroders in hohem Maße von Musik und Musikern handeln, stellte sich schon früh die Frage nach der Bedeutung der
Musik für sein literarisches Schaffen. Die Forschung hat darauf
Antworten in drei Richtungen gesucht. Sie thematisierte 1. die
Musik als *Thema* bzw. *Motiv* H.scher Erzählungen, mit mehr
oder weniger ausgeführtem Bezug auf Kunstmetaphysik und
Künstlerbild der Romantik; ebenfalls stark thematisch und insofern vergleichbar sind die überwiegend von Musikhistorikern
verfaßten Arbeiten zu H.s bahnbrechenden Musikrezensionen,
die sich ja teilweise mit den im engeren Sinn literarischen Werken eng berühren (vgl. die *Don Giovanni*-Rezension und *Don
Juan*), ja gelegentlich, überarbeitet, in diese eingingen (Beetho-
ven-Rezensionen und *Kreisleriana*). Schon früh hat man 2.nach
der anregenden Bedeutung der Musik für *Sprache* und *Komposition* des Erzählwerkes gefragt, so Schaeffer, 1909, im Blick auf
eher mikrostrukturelle Phänomene und Rotermund, 1968, in
der Auslegung der Makrostruktur des *Kater Murr* vor dem Hintergrund der musikalischen Arabeskentradition. Ein 3. Weg zur
Bestimmung des Verhältnisses von Musik und Erzählwerk
wurde u. a. von Dobat, 1984, gewählt. Dobat wendet sich gegen

die Meinung, H. habe in Übereinstimmung mit der zeitgenössischen Kunstmetaphysik der Musik eine Mittlerfunktion zum romantisch verstandenen Absoluten, der Literatur aber die Darstellung eines ausweglosen Dualismus zwischen prosaischer Alltagswirklichkeit und »poetischen« Tranzendierungsversuchen zugesprochen. Vielmehr habe H. die Perfektion des Artifiziell-Technischen vor allem durch Beethoven als prinzipielle historische Gebundenheit aller musikalischen Sprache erfahren und sei so zum Verständnis von Musik – wie auch aller anderen Kunst – als bloß »künstlicher Paradiese« (Baudelaire) gelangt. Für H. habe das »›Romantische‹« des *Don Giovanni* beispielsweise »nur noch ästhetisch und nicht mehr ontologisch erfahren werden« können (Dobat 1984, 153). Mithin bestehe kein Widerspruch zwischen H.s Verständnis der Musik und seiner literarischen Praxis. Freilich sei H. nicht der Dichter radikaler Desillusion. Zwar decke er den »Mechanismus des romantischen Fehlschlusses« auf, »die ›Zauberkraft der Fiktion‹ enthülle das ›Wunderbare‹ und befreie aus den Zwängen des Alltags«, doch nur, »um immer wieder zu demonstrieren, daß allein sie hilft, der Wirklichkeit standzuhalten« (ebd., 177). Die Antwort auf die von Dobat vernachlässigte Frage nach den Gründen, die H. veranlaßten, nicht im Medium der Musik und auch nicht in Musikrezensionen die Abkehr von der romantischen Musik- und Kunstmetaphysik zu vollziehen – Dobat spricht von einer »radikalen Wende« (ebd., 231) –, würde wohl, über alles Akzidentelle jenes Wechsels hinaus, auf den größeren Empiriegehalt der verbalen Sprache führen, der Schubert emphatisch die »andere« Sprache u. a. des Traumes entgegengehalten hatte.

Literatur

Zu Hoffmanns Künstlerbild
Faesi 1975; *Frey, Marianne:* Der Künstler und sein Werk bei W. H. Wackenroder und E. T. A. Hoffmann. Vergleichende Studien zur romantischen Kunstanschauung, Bern 1970; *Holle, Rudolf:* Die Künstlergestalt bei E. T. A. Hoffmann. Ein Beitrag zur Deutung des Wesens der deutschen Romantik, Diss. Marburg 1925; *Jost* 1921; *Karoli* 1968; *Meyer, Herman:* Der Sonderling in der deutschen Dichtung, München [2]1963 (Kap. IV, 1); *Prümm, Karl:* Berglinger und seine Schüler. Musiknovellen von Wackenroder bis Richard Wagner, in: ZfdPh 105 (1986), 2, 186–212; *Schmidt,* 1985, II, 1–39; *Schneider, Karl-Ludwig:* Künstlerliebe und Philistertum im Werk E. T. A. Hoffmanns, in: Steffen, Hans (Hg.): Die deutsche Romantik. Poetik, Formen und Motive, Göttingen

1967, 200–218; *Thalmann, Marianne:* Meisterschaft. Eine Studie zu E. T. A. Hoffmanns Genieproblem, in: Der Gesichtskreis. J. Drexel zum 60. Geburtstag, München 1956, 142–163, wieder in: M. Th.: Romantik in kritischer Perspektive. 10 Studien, hg. von Jack D. Zipes, Heidelberg 1976, 116–135; *Wirz, Jacques:* Die Gestalt des Künstlers bei E. T. A. Hoffmann, Lörrach 1961.

Hoffmann als Musiker

Allroggen 1970; *Dadelsen, Georg von:* Alter Stil und alte Techniken in der Musik des 19. Jahrhunderts, Diss. FU Berlin 1951, 52–58; *Dechant, Hermann:* E. T. A. Hoffmanns Oper »Aurora«, Regensburg 1975; *Ehinger, Hans:* E. T. A. Hoffmann als Musiker und Musikschriftsteller, Olten und Köln 1954; *Fellerer, Karl Gustav:* Der Musiker E. T. A. Hoffmann, in: LJ 4 (1963), 43–54; *Ferlan, Françoise:* Le thème d'Ondine dans la littérature et l'opéra allemands au XIXe siècle, Bern . . ., 1987 (Kap. 10); *Greeff, Paul:* E. T. A. Hoffmann als Musiker und Musikschriftsteller, Köln und Krefeld 1948; *Keil, Werner:* E. T. A. Hoffmann als Komponist, Wiesbaden 1986; *Kroll, Erwin:* E. T. A. Hoffmann, Leipzig 1923; *Pfitzner, Hans:* E. T. A. Hoffmanns »Undine«, in: Süddeutsche Monatshefte 3 (1906), 10, 370–80, wieder in: H. P.: Vom musikalischen Drama, München 1915, 66–89 und: Gesammelte Schriften, I, 1926, 55–75; *Rienäcker, Gerd:* Finali in Opern von E. T. A. Hoffmann, Louis Spohr, Heinrich Marschner und Carl Maria von Weber. Gedanken zur Theorie und Geschichte des Opernfinales, 3 Bde., Diss. Berlin (DDR) 1984; *Schafer* 1975 (Appendix B); *Schläder, Jürgen:* »Undine« auf dem Musiktheater. Zur Entstehungsgeschichte der deutschen Spieloper, Bonn-Bad Godesberg 1979; *Schnapp, Friedrich:* Der Musiker E. T. A. Hoffmann, in: MHG 25 (1979), 1–23; *ders.* 1981; *Sölle, Dorothee* und *Wolfgang Seifert:* In Dresden und Atlantis. E. T. A. Hoffmann und die Musik, in: Neue Zeitschrift für Musik 124 (1963), 260–73, wieder in: Prang, 237–269; *Wöllner, Günter:* E. T. A. Hoffmann und die Musik. Der Stand der Hoffmann-Forschung, in: Der kleine Bund, Beilage für Literatur und Kunst zu: Der Bund, 13. 5. 1964.

Zur Bedeutung der Musik für das literarische Schaffen

Dobat 1984; *Hertrich, Elmar:* Joseph Berglinger. Eine Studie zu Wakkenroders Musiker-Dichtung, Berlin 1969, passim; *Katz, Moritz:* Die Schilderung des musikalischen Eindrucks bei Schumann, Hoffmann und Tieck, Leipzig 1910; *Miller, John Louis:* Musical Structures in »Der goldne Topf«, Diss. Univ. of Oregon 1972; *Mittenzwei, Johannes:* Die Musik als die »romantischste aller Künste« und ihre Bedeutung in den Dichtungen E. T. A. Hoffmanns, in: J. M.: Das Musikalische in der Literatur. Ein Überblick von Gottfried von Straßburg bis Brecht, Halle a. d. S. 1962, 124–143; *Muschg, Walter:* Hoffmann, der Dichter der Musik, in: W. M.: Gestalten und Figuren, Bern und München 1968, 47–86; *Prümm, Karl:* Berglinger und seine Schüler. Musiknovellen von Wakkenroder bis Richard Wagner, in: ZfdPh 105 (1986), 2, 186–212; *Riedel, Herbert:* Die Darstellung von Musik und Musikerlebnis in der erzählenden deutschen Dichtung, Bonn [2]1961 ([1]1959), 653–658; *Rotermund* 1968; *Schaeffer, Carl:* Die Bedeutung des Musikalischen und Akustischen in E. T. A. Hoffmanns literarischem Schaffen, Marburg 1909, Reprint: New York, London 1968; *Schafer* 1975; *Scher, Steven Paul:* Verbal Music in German Literature, New Haven, London 1968 (Kap. 4: über »Ritter Gluck«); *Schoolfield, George C.:* The Figure of the Musician in German Literature, Chapel Hill 1956, Reprint: New York, 1966; *Taylor, Ronald:* Music and Mystery. Thoughts on the Unity of the Work of E. T. A. Hoffmann, in: JEGP 85 (1976), 477–491; *Terras, Victor:* E. T. A. Hoffmanns polyphonische Erzählkunst, in: GQ 39 (1966), 549–569; *Wittkowski, Wolfgang:* E. T. A. Hoffmanns musikalische Dichtung, in: Forster, Leonhard u. a. (Hg.): Akten des 5. Kongresses der Internationalen Vereinigung für Germanische Sprach- und Literaturwissenschaft, Bern, Frankfurt a. M. 1976, 294–298.

4.3. Poetologie

Im Unterschied zu Novalis und F. Schlegel, den großen Theoretikern der Frühromantik, äußerte H. sich nur zurückhaltend theoretisch-programmatisch (vgl. schon B I, 141, 15. 10. 1798). Dies hat die Forschung lange Zeit zu einer Unterschätzung der einschlägigen Zeugnisse geführt. Deren wichtigste sind: *Jaques Callot,* das »Vorwort« zu den *Fantasiestücken,* die Rahmengespräche der *Serapions-Brüder,* die Rechtfertigungsschrift zum *Meister Floh,* die Kreisler-Schriften wie überhaupt alle Erzählungen, deren Protagonisten Künstler sind, seien es Schriftsteller (*Des Vetters Eckfenster*), Musiker (*Ritter Gluck*), Schauspieler (*Prinzessin Brambilla*) oder bildende Künstler (*Die Jesuiterkirche in G.*), die überwiegend dialogisch gehaltenen Erzählungen *Berganza, Seltsame Leiden eines Theater-Direktors* und *Der Dichter und der Komponist,* einzelne der in N gesammelten »Prosastücke« (*Über die Aufführung der Schauspiele des Calderon de la Barca auf dem Theater in Bamberg, Schreiben an den Herausgeber* [des »Zuschauers« , J.-D. Symanski]), die Musik-Rezensionen, die, wenn auch nur jeweils in einzelnen Aspekten, durchweg auch für die literarische Programmatik relevant sind, schließlich die in Tagebüchern, Briefen und zeitgenössischen Berichten verstreuten und von Schnapp in DüD zusammengestellten Äußerungen H.s über eigene Werke. Was dieses doch umfängliche, spezifisch poetologische Textcorpus an Systematik bzw. Kohärenz vermissen lassen mag (darauf insistierend v. Matt, 1–3 und passim), macht es wett durch die Weite des Blicks, der von der Shakespeare-Exegese über die Propädeutik des rechten Sehens, die der schriftstellernde Vetter im *Eckfenster* seinen Besucher lehrt, bis zur Erörterung des Verhältnisses von Libretto und Vertonung reicht und dabei – wie es nur der praktizierende Künstler vermochte – durchweg auch auf spezifisch technische Aspekte eingeht.

4.3.1. »Serapiontisches Prinzip«

Die berühmteste poetologische Formulierung H.s findet sich im dritten Band der *Serapions-Brüder* (1820). Im Anschluß an die *Brautwahl* verteidigt Lothar, ihr fiktiver Verfasser, seine Tendenz, »das Märchenhafte in die Gegenwart, in das wirkliche Leben zu versetzen«, eine Formulierung, die H, als einen Kenner Tiecks und von dessen Poetik des Wunderbaren ausweist (vgl. Ludwig Tieck: Schriften in 12 Bdn, Bd. 12 hg. v. Uwe Schweikert, Frankfurt a. M. 1986, 1080–1083).

Durch den Mund der Freunde formuliert H. seine Poetik unter Berufung auf die *Märchen aus Tausendundeine Nacht,* die im Europa des 18. Jh.s einen ungeheuren Erfolg gehabt hatten, und in schroffer Absetzung von jener durch *Tausendundeine Nacht* angeregten Tradition der Feenmärchen, deren extensiven Gebrauch des Wunderbaren schon Wieland im *Biribinker*-Märchen seines *Don Silvio* der Lächerlichkeit preisgegeben hatte. Doch während das literaturgeschichtliche Koordinatennetz, in das H. sich einordnet, deutlich wird, gibt die programmatische Verbindung von »Leben« und »Zauberreich«, Alltag und Wunderbarem (man vgl. in der dichterischen Praxis etwa die Erzähleinsätze des *Ritter Gluck,* des *Goldnen Topfes* oder der *Königsbraut*), Rätsel auf. In der Konsequenz unterschiedlicher Auslegungen des »serapiontischen Prinzips« liegen denn auch abweichende Einschätzungen der Entwicklung von H.s poetologischer Programmatik bzw. dichterischer Praxis (s. 4.6.).

Unstrittig ist, daß H.s Überlegungen stark wirkungsästhetisch ausgerichtet sind und darauf abzielen, das »verständige« Alltagsbewußtsein und die verfestigten Wahrnehmungsklischees des Lesers/Hörers zu irritieren (u. a. Werner 1984, 234). Schon bei H. mehrdeutig – und daher in der Forschung kontrovers – ist die nähere inhaltliche Bestimmung des Grundes jenes Bewußtseins- bzw. Wahrnehmungsschocks. Schematisch lassen sich die möglichen Lesarten danach scheiden, ob man das irritationsauslösende Potential allein der subjektiven Imaginationskraft des Künstlers zuspricht (v. Matt, 1971, 18, 74) oder aber ein objektives Substrat annimmt, dem der Künstler kraft seiner Imagination zum Ausdruck verhilft (Segebrecht 1967a, 140, 143). Die zweite Variante läßt sich ihrerseits danach unterscheiden, ob man, gestützt durch die Äußerungen H.s zur Phantastik des Alltäglichen, von einer Phantastik des äußerlichen oder psychisch Wirklichen selbst ausgeht oder aber »dahinter« eine mehr oder weniger traditionell gefaßte objektiv-transzendente Instanz ansetzt. Solche Distinktionen sind gewiß etwas willkürlich. Dennoch vermögen sie, zumal wenn man H.s Überzeugung von der grundlegenden Ambivalenz *aller* Alltagsüberschreitungen hinzunimmt, den geschichtlichen Ort des Dichters zu bezeichnen: In der Annahme einer janusgesichtigen transzendenten Macht unterschiede sich H. radikal von der christlichen Tradition eines gütig waltenden Gottes, der Eichendorff zu gleicher Zeit Ausdruck verlieh; mit der Vorstellung eines zugleich berauschenden und zerstörerischen Wunderbaren in der äußeren und der psychischen Wirklichkeit selbst stände er an jener literaturgeschichtlichen Schwelle des 19. Jh.s, an der, zwischen Balzac und Flaubert, die Entdeckung der faszinierenden Wirklichkeit in die Desillusionserfahrung hoffnungsloser Immanenz umschlägt; und das radikal subjektive Verständnis des Wunderbaren als Produkt allein der Einbildungskraft würde den Künstler als Opfer der Schrecken, die ihm aus dem eigenen Inneren erwachsen können, in die radikale Einsamkeit des existentiellen Außenseitertums eines Rimbaud entlassen. Tatsächlich dürfte H.s Konzeption des Wunderbaren an allen drei Aspekten teilhaben: Seine eine transzendente Macht umschreibenden Formeln sind ihm Mittel, das Ganze der inneren und äußeren, menschlichen und außermenschlichen Welt zu umschreiben, für das ihm der christliche Gottesbegriff nicht mehr zur Verfügung steht; in der menschlichen Psyche (»tierischer Magnetismus«!) und in der sei es deutschaltväterlichen (Magris 1980, 33f.), sei es großstädtisch-modernen Lebenswelt (Werner 1984, über H. und Berlin) entdeckt er ein zugleich faszinierendes und bedrohliches Wunderbares; und dieses tritt ihm, wie der wiederholte Rückgriff auf Schuberts Formel vom »versteckten Poeten« im Menschen belegt, gerade auch in der künstlerischen Einbildungskraft entgegen.

4.3.2. »Besonnenheit«

Indem H. dem Künstler aufgibt, das »verständige« Bewußtsein und die automatisierte Wahrnehmung des Alltags zu durchbrechen, gewinnt gegenüber dem bloß registrierenden Sehen das echte Sehen bzw. Schauen eine außerordentliche Bedeutung. Nur was der Künstler an gegenständlich-äußerer und psychisch-innerer Wirklichkeit wahrhaft, mit den »innern Augen, deren Blick die dichterische Anschauung bedingt« (N 100), gesehen hat, kann legitimerweise Gegenstand künstlerischer Anstrengung werden und kraft dieser den Leser/Hörer in seinen Bann ziehen.

Die Serapions-Brüder halten Leander mit folgender Begründung ihrer Runde fern: »Alles was er schafft, hat er gedacht, reiflich überlegt, erwogen, aber nicht wirklich geschaut. Der Verstand beherrscht nicht die Fantasie, sondern drängt sich an ihre Stelle.« (SB 101) Diese Formulierungen umschreiben das genetische Primat der wahren inneren Anschauung, ohne doch dem Verstand, der jene zu »beherrschen«, d. h. zu kontrollieren habe, eine zentrale Rolle im Prozeß künstlerischer Produktion abzusprechen (vgl. Hemmerichs Deutung des *Signor Formica*, 1982, der schon im Titel [ital. formica = Ameise] emblematisch den Kunstverstand qua téchnē zitiere). Wem nicht in wahrhafter Anschauung das Poetische äußerer und innerer Wirklichkeit aufgegangen ist, fehlt die Voraussetzung echten Dichtertums; wer aber solcher Anschauung teilhaftig wurde, muß sie, um dichterisch Gültiges zu schaffen, der strengen Kontrolle des »Verstandes« unterwerfen. Darauf ist H. immer wieder zurückgekommen. Zustimmend zitiert er in den *Seltsamen Leiden eines Theater-Direktors* das Wort des Winckelmann-Editors Fernow, das »Genie« wirke »auch in den höchsten Graden des Enthusiasmus mit Besonnenheit und Freiheit« (FS 660). In den *Serapions-Brüdern* hält Lothar im Anschluß an sein *Nußknacker*-Märchen dem möglichen Vorwurf, nur »tüchtiges Fieber« habe »solch Unding« schaffen können, die unabdingbare Mitwirkung des »ordnenden richtenden Verstandes« und eines »klaren ruhigen Gemütes« entgegen (SB 253 f.). An noch stärker exponierter Stelle, nach Vinzenz' *Königsbraut*, mit der die *Serapions-Brüder* schließen, tritt Ottmar – und durch ihn wiederum H. – jenen Kritikern entgegen, die das Durchgearbeitete gerade seiner fantastischsten Erzählungen verkannten. Auch hier fällt der Begriff »Besonnenheit« (SB 995).

H.s Postulat einer Verbindung prärationaler Inspiration und rationaler Kontrolle ist nicht schon als solches revolutionär. Zuvor schon hatte beispielsweise Jean Paul in der *Vorschule der Ästhetik* von den »passiven Genies« gesagt, sie seien »reicher an empfangender als schaffender Phantasie«, da »ihnen im Schaf-

135

fen jene geniale Besonnenheit abgehe, die allein von dem Zusammenklang aller und großer Kräfte erwacht« (Werke, hg. von N. Miller, V, München 1963, 52 f.). Doch unterscheidet H. sich von dieser Tradition dadurch, daß er die Inspirationsquelle noch weiter ins Prärationale vorverlegt (erinnert sei beispielshalber an die eigenen Körperängste, die in Figuren wie Nußknacker, Klein Zaches und Daucus Carotta eingingen), daß er die »Besonnenheit« zunehmend davon entlastete, die primären Obsessionen im Sinne des Versöhnungspostulats zu entschärfen (man denke an die ironischen Brechungen seiner utopischen Finali), und daß er so zu einer Literatur vorstieß, die in bis dahin unbekannter Schärfe vor- bzw. unbewußte Impulse und artistisches Kalkül zu einer spannungsvollen Einheit verband. Im Blick auf H. Friedrichs Ausführungen über die Struktur der modernen Lyrik hat man in diesem Befund ein entscheidendes Signum H.scher Modernität zu sehen.

4.3.3. »Ironie« und »Humor«

Der Zugang zum Verständnis dieser für H.s Poetologie und dichterische Praxis konstitutiven Begriffe bzw. Verfahren ist zweifach verstellt: einerseits durch die zunehmende Entleerung des Humorbegriffs im Lauf des 19. Jh.s und in dessen Folge auch im heutigen Bewußtsein, andererseits durch die – in sich terminologisch keineswegs homogene – romantische Kunstphilosophie, der H. zwar weitgehend praktisch im Verfahren reflexiver Brechungen, doch nur bedingt theoretisch-begrifflich folgt.

Ironie ist für H. das schmerzliche, befangen bleibende Bewußtsein der für die menschliche Existenz konstitutiven Widersprüche. So ist etwa, in *Die Doppeltgänger,* vom »finstren Geist einer Ironie« die Rede, »die dem mit sich selbst entzweiten Innern entsteigt« (SW 458). Ähnliche Ausführungen finden sich u. a. im *Meister Wacht* (SW 549) und im *Kater Murr* (EM 342). Der Humor, der im vollen Bewußtsein menschlichen Elends zum freien Lachen gefunden hat, wird von H. sowohl im *Kater Murr* als auch in der *Prinzessin Brambilla* der Ironie begrifflich übergeordnet (EM 352, SW 258). Dort, wo H. ausnahmsweise einmal von »Ironie« im Sinne von »Humor« spricht, neigt er dazu, ein positiv modifizierendes Adjektiv zu gebrauchen (z. B. N 79). Auch die allegorische Vignette zum zweiten Band der *Fantasiestücke* mit Dolch, Dornenkrone und Jokusstab ist ein wichtiger Beleg für sein Humor-Verständnis (vgl. B I, 413). Anthropologisch begründet ist Humor für H. ein zugleich existentielles und ästhetisches Postulat (Segebrecht spricht von der »Aufgabe« des Humors, die »existentielle Not zu überspielen«, 1967a, 174; ähnlich, mit stärker gesellschaftlichem Bezug, Werner 1984, 232 f.). Als ästhetisches Postulat fundiert er, gestützt durch die Berufung auf Shakespeare und Mozart, die Forderung nach der Mischung von Komischem und Tragischem und trägt somit zur Erklärung dafür bei, warum H. den *Goldnen Topf* und den *Kater Murr,* nicht aber die dunkler gehaltenen *Elixiere des Teufels* und den *Sandmann* positiv aus dem eigenen Werk hervorhob.

Wie in der Konzeption der dichterischen »Besonnenheit« kommt H. in der Differenzierung von »Ironie« und »Humor« der *Vorschule der Ästhetik* nahe (Jean Paul: Werke, hg. von N. Miller, V, München 1963, §32, besonders S. 125). Während Jean Paul aber noch alles einzelne Negative in der christlich gefärbten »Idee«, der »Unendlichkeit« gehalten weiß, hat H. sich nahezu vollständig von der christlichen Tradition gelöst. Das Prekäre und historisch fast Einmalige seiner Kunst besteht darin, daß sie sich in einzelnen Werken ohne die Rückversicherung des Glaubens im rückhaltlosen Gewahrwerden der conditio humana immer wieder zur Souveränität wahrhaften Humors aufzuschwingen vermochte.

4.3.4. »Groteske« und »Arabeske«

Groteske und Arabeske sind konstitutive Elemente sowohl von H.s poetischer Praxis als auch seiner poetologischen Reflexion. Ihrer bildkünstlerischen Herkunft nach, an die H. vor allem in seinen Umschlagzeichnungen anknüpft, wie auch nach dem zeitgenössischen Sprachgebrauch gehören beide eng zusammen.

Unter Berufung auf Callot hatte H. schon in der programmatischen Einleitung seiner ersten Buchveröffentlichung die Groteske als wesentliches eigenes Gestaltungsmittel indirekt genannt. Und noch im späten *Kater Murr* bekennt er sich zur Groteske, indem er in der unteren Rahmenleiste seiner Umschlagzeichnungen der »erhabenen« Sphinx die »niederen« Böcke und in der oberen Leiste der behäbigen Falstaff-Figur die Flügel zuordnet, die unten mit der Sphinx verbunden sind. Im Grotesken wird der fundamentale Widerspruch des Menschen, am Tierischen bzw. Mechanischen teilzuhaben und dennoch spiritueller Aufschwünge fähig zu sein, im prägnanten, radikalen Bild gefaßt und damit zugleich die überkommene Scheidung von Erhabenem/Tragischem und Trivialem/Komischem unterlaufen. Während klassizistisch geprägte Kunst die widersprüchliche Einheit des Menschen allenfalls durch Auseinanderfalten partieller Aspekte und entsprechender Stillagen bzw. Genera entwickelt, gibt die Groteske sie kraft ihrer synthetisierenden Form in sich selbst zu erkennen. In *diesem* Sinne weisen ein Krespel und ein Dapsul von Zabelthau (*Die Königsbraut*) auf die moderne Literatur Kafkas, Becketts und Dürrenmatts voraus. (Über Verbindungen zur Renaissance-Groteske unterrichtet Michail Bachtin: Rabelais und seine Welt, Frankfurt a. M. 1987).

Die vier Umschlagzeichnungen, die H. zu den beiden Bänden des *Kater Murr* geschaffen hat, zeigen in der Bildmitte jeweils zwei große Szenen, die dem Murr- und dem Kreisler-Strang zugeordnet sind. Darum ist als Rahmen ein arabeskes Rankenwerk gelegt, in dem pflanzliche Formen in belebte Körper übergehen. Bildmitte und Rand stehen im Gleichgewicht. Nicht nur durch das, was in ihnen gegenständlich-thematisch ist, sondern auch in der Ausgewogenheit ihres Verhältnisses illustrieren sie den *Kater Murr* und, darüber hinaus, ein grundlegendes Prinzip von H.s Erzählen. So sehr H. nämlich einerseits dramatisch-bildhaft erzählt, so sehr ist er doch auf der anderen Seite darum bemüht, zu dem dramatisch-straffen Hauptstrang ein arabeskes Gegengewicht zu schaffen. Die konkreten Ausformungen solch arabesker Anreicherung können sehr unterschiedlich sein. Die Lichtenberg-Anekdote von dem »doppelten Kronprinzen«, die Celionati in der *Prinzessin Brambilla* erzählt (SW 311–313), ist der arabesken Grundintention ebenso zuzurechnen wie die gegen ihre eigentliche Funktion gerichteten – desorientierenden – Inhaltsangaben, wie sie sich außer in der *Brambilla* u. a. auch in *Klein Zaches* und in der *Brautwahl* finden. Arabeske Verschlingungen um den Handlungskern sind auch die zahlreichen, das Erzählen selbst thematisierenden, teilweise ausgesprochen fiktionsironischen Passagen. Entspricht H. in ihnen F. Schlegels Programm der progressiven Aufhebung aller Setzungen, so kommt er mit ihm zu Beginn von *Das steinerne Herz* auch im Prinzip der Arabeske überein. Wie Schlegel im Zusammenhang seiner romantischen Theorie des Romans die Arabeske in Absetzung von Goethes und Moritz' klassizistischen Grenzziehungen aufgewertet hatte (Oesterle 1985), gibt H. hier in Form

einer »mise en abîme« die arabeskenhafte – und zugleich groteske – Intention seines Erzählens zu erkennen (FN 587).

4.3.5. »Fülle«, »fester Kern«, »Kaleidoskop«

Gegen Ottmars Kritik, die *Brautwahl* sei »eine [!] [. . .] willkürlich zusammengefügte Mosaik, die das Auge verwirrt«, läßt H.
Lothar sein Märchen mit den Worten verteidigen: »sei wenigstens nachgiebig genug, dem Dinge [. . .] eine kaleidoskopische
Natur einzuräumen, nach welcher die heterogensten Stoffe
willkürlich durcheinandergeschüttelt, doch zuletzt artige Figuren bilden« (SB 598 f.). Daß durch Lothar H. selber spricht, legen Parallelstellen wie der *Jaques Callot* nahe, der die auf »klei-
nem Raum« versammelte »Fülle von Gegenständen«, die »über-
reichen aus den heterogensten Elementen geschaffenen Kompositionen« des Lothringers positiv hervorhebt (FS 12), oder der
exponierte Schluß der *Serapions-Brüder,* der im Anschluß an die
Königsbraut die durch »den raschen Flug der erregten Einbildungskraft« stimulierten »fantastischen Werke« unter Hinweis
auf die unerläßliche »Besonnenheit« gegen den Vorwurf verteidigt, sie entsprängen einem »krankhaften Seelenzustande« (SB
994 f.).

Die auf Brewsters Erfindung von 1817 zurückgreifende Ka-
leidoskop-Metapher bringt drei Aspekte H.scher Erzählkunst
zur Geltung. Erstens drückt sie das im serapiontischen Prinzip
geforderte Mit- und Gegeneinander von *Alltags- und Wunder-
welt* aus und postuliert die Verarbeitung einer *Fülle heterogen-
ster Materialien*. Die Rede von den »willkürlich durcheinandergeschüttelt[en]« »heterogensten Stoffen«, die »doch zuletzt artige Figuren bilden«, hebt zweitens auf die *Gestalteinheit* ab, zu
der sich kraft der epischen Integration die disparaten Materialien selbst noch im diskontinuierlichen Erzählen H.s zusam-
menschließen. Als das organisierende Prinzip solcher Integration nennt das *Brambilla*-Vorwort »die aus irgendeiner philoso-
phischen Ansicht des Lebens geschöpfte Hauptidee« (SW 211),
und in den Gesprächen der Serapionsbrüder ist davon die Rede,
gerade ein »wie in regelloser spielender Willkür von allen Seiten
ins Blaue hinausblitzend[es]« Werk bedürfe eines »festen
Kerns« (SB 254). Genau gelesen steckt in der Kaleidoskop-Me-
tapher jedoch mehr als das Plädoyer für heterogene Fülle und
die überkommene Einheits- bzw. Ganzheitsforderung. Lothar
spricht im Plural von »artigen Figuren«, und tatsächlich bildet

das Kaleidoskop, »willkürlich durcheinandergeschüttelt«, ganz unterschiedliche, doch jeweils im Sinne der Gestalteinheit in sich geschlossene Bilder. Im Unterschied zur traditionellen organologischen Metaphorik ist im Bild des Kaleidoskops drittens *der Betrachter (Leser/Hörer/Zuschauer) und dessen konstitutive Verstehensanstrengung* mitgedacht. Das rechte Kunstwerk ist so organisiert, daß es sich, für die unterschiedlichsten Rezipienten und für jeden einzelnen Rezipienten jeweils neu im kaleidoskopisch ruckhaften Prozeß seiner allmählichen Aneignung, zu einer Einheit je eigener Art zusammenschließt. Der substantialistische Textbegriff wird nicht zugunsten der Beliebigkeit des Meinens, sondern, und darin zeigt sich auch H.s juristische Schulung, zugunsten der Möglichkeit mehrerer Lesarten preisgegeben. Im Vorwort zur *Prinzessin Brambilla* und in der Diskussion der Serapionsbrüder im Anschluß an die beiden Kindermärchen *Nußknacker und Mausekönig* und *Das fremde Kind* werden solch unterschiedliche Lesarten ausdrücklich angesprochen. Zwar geschieht dies noch im Sinne einer hierarchischen Stufung, doch zeigt jede einläßliche Auseinandersetzung mit H., daß seine Werke in besonderer Weise zu divergierenden Lesarten herausfordern (Köhn 1966).

Wie im Produktionsprozeß der »Besonnenheit« die wahre innere Anschauung vorausgehen muß, ohne die nur dürres Verstandeswerk zustandekäme, so der hermeneutischen Anstrengung des Rezipienten der zur Begeisterung entzündete Nachvollzug der dichterischen Vision. Bei H. hat die Intellektualisierung des Rezeptionsprozesses die Steigerung der bildlich-emotionalen Suggestivität zur Voraussetzung: Nur wo der Rezipient sich ihr kraft der Organisation des Textes überlassen kann, wird er in tieferen Schichten des eigenen Wesens betroffen, kann er deutend die im Alltag gesetzten Wahrnehmungs- und Vorstellungsgrenzen überschreiten.

Literatur

Poetologie, Poetik, Verhältnis zur Frühromantik
Cohn 1933; *Daemmrich, Horst S.:* Zu E. T. A. Hoffmanns Bestimmung ästhetischer Fragen, in: WB 14 (1968), 640–663; *ders.:* Wirklichkeit als Form. Ein Aspekt Hoffmannscher Erzählkunst, in: CG 1970, 36–45; *Dahlhaus, Carl:* E. T. A. Hoffmanns Beethoven-Kritik und die Ästhetik des Erhabenen, in: Archiv für Musikwissenschaft 38 (1981), 79-92; *Feldt* 1982; *Girndt-Dannenberg* 1969; *Heine* 1974, 1985; *Givone, Sergio:* Hoffmanns moderne Ästhetik, in: MHG 30 (1984), 59–68; *Jebsen,*

Regine: Kunstanschauung und Wirklichkeitsbezug bei E. T. A. Hoffmann, Diss. Kiel 1952; *Karoli* 1968; *Momberger* 1986; *Mühlher* 1962, 1976; *ders.* 1963, 1976; *Mühlher* 1968, 1976; *Pfotenhauer* 1982; *Pix, Gunther:* E. T. A. Hoffmanns Poetologie im Spiegel seiner Kunstmärchen, in: MHG 31 (1985), 18–29; *Preisendanz* 1963, 1976, 1985; *Rüdiger* 1972; *Schumm* 1974; *Stadler, Ulrich,* in: Feldges/Stadler 1986, 46–63; *Strohschneider-Kohrs* 1960, 1977; *Thalmann, Marianne:* Romantiker als Poetologen, Heidelberg 1970, 44–46 und passim; *Vitt-Maucher, Gisela:* Die wunderlich wunderbare Welt E. T. A. Hoffmanns, in: JEGP 75 (1976), 515–530; *Wellenberger* 1986.

»Serapiontisches Prinzip«, Fantastik

Cramer 1966, 1970, 83 f.; *Dobat,* 228–248; *Görgens* 1985; *Magris* 1980; *v. Matt* 1971; *Miller* 1982; *Montandon* 1979; *Preisendanz* 1963, 1976, 1985; *Schmitz-Emans, Monika:* Der durchbrochene Rahmen. Überlegungen zu einem Strukturmodell des Phantastischen bei E. T. A. Hoffmann, in: MHG 32 (1986), 74–88; *Schumm* 1974, 154–178; *Segebrecht* 1967a, 133–141; *Thalmann, Marianne:* Romantiker entdecken die Stadt, München 1965, passim; *Toggenburger* 1983, 38–84; *Werner* 1984; *Willenberg, Kurt:* Die Kollision verschiedener Realitätsebenen als Gattungproblem in E. T. A. Hoffmanns »Der goldne Topf«, in: ZfdPh 95 (Hoffmann-Sonderheft 1976), 93–112; *Winter* 1976.

Humor, Ironie, Satire

Brüggemann 1958, 213–226; *Egli* 1927, 104–162; *Girndt-Dannenberg* 1969, 251–268; *Köster, Heinrich:* Das Phänomen des Lächerlichen in der Dichtung um 1800 (Jean Paul, E. T. A. Hoffmann, Bonaventura), Diss. Freiburg i. B. 1956, 175–215; *McGlathery* I, 1981, 168–180; *Mühlher, Robert:* Gedanken zum Humor bei E. T. A. Hoffmann, in: R. M. u. a. (Hg.): Gestalt und Wirklichkeit. Festschrift für Ferdinand Weinhandl, Berlin 1967, 505–519, wieder in: Mühlher 1976, 337–351; *Peters, Diana Stone:* E. T. A. Hoffmann. The Conciliatory Satirist, in: Monatshefte 66 (1974), 55–73; *Preisendanz* 1963, 1976, 1985; *Röser* 1976; *Segebrecht* 1967a, 166–185; *Strohschneider-Kohrs* 1960, 1977.

Groteske, Arabeske, Manierismus

Cramer 1966, 1970; *Desalm, Elli:* E. T. A. Hoffmann und das Groteske, Remscheid 1930; *Kayser* 1957, 1960; *Lee* 1985; *Oesterle, Günter:* Arabeske und Roman. Eine poetikgeschichtliche Rekonstruktion von Friedrich Schlegels »Brief über den Roman«, in: Grathoff, Dirk (Hg.): Studien zur Ästhetik und Literaturgeschichte der Kunstperiode, Frankfurt a. M, Bern, New York 1985, 233–292; *Rotermund* 1968; *Stanley, Patricia:* Hoffmanns »Phantasiestücke [!] in Callots Manier« in the light of Friedrich Schlegels's theory of the arabesque, in: GSR 8 (1985), 399–419; *Thalmann, Marianne:* Romantik und Manierismus, Stuttgart 1963, 80–88, 122–127 und passim; *Ulbrich, Arnold Hermann:* Manieristische Züge in E. T. A. Hoffmanns »Der goldne Topf«, »Prinzessin Brambilla«, »Der Sandmann«, »Rat Krespel« und »Die Abenteuer der Silvester-Nacht«, Diss. Univ. of Massachusetts, Amherst 1969.

»Heterogenität«
Deterding, Klaus: Der Zusammenhang der Dinge. Zum Phänomen der Integration in Hoffmanns Werk, in: MHG 25 (1979), 46–50; *Rockenbach, Nikolaus:* Bauformen romantischer Kunstmärchen. Eine Studie zur epischen Integration des Wunderbaren bei E. T. A. Hoffmann, Diss. Bonn 1957; *Segebrecht, Wulf* 1972, 1976, 1981.

4.4. Poetik

4.4.1. Erzählpersonal und Handlungsschemata

Auf die serapiontische Grenzerfahrung als Zentrum H.schen Erzählens lassen sich typische Figuren und Handlungsabläufe beziehen. Mit Hilfe von Tieren als Handlungs- bzw. Erlebnisträgern wird die automatisierte Wahrnehmung des Alltags aufgebrochen (Milo, Berganza, Murr). Als Protagonisten sind der serapiontischen Grenzerfahrung selber vorzugsweise fähig: Künstler wie der Maler Berthold (*Die Jesuiterkirche in G.*), der Musiker Kreisler (*Kreisleriana, Murr*) und der Schauspieler Giglio Fava (*Prinzessin Brambilla*); Kinder (*Nußknacker und Mausekönig, Das fremde Kind*), Kranke bzw. Genesende (Viktor im *Elementargeist,* der Vetter im *Eckfenster,* Marie im *Nußknacker*) und jugendliche Männer, die noch nicht durch Ehe und Amt fest im bürgerlichen Alltag verwurzelt sind (zu dieser Gruppe zählt auch der schon etwas ältere Peregrinus Tyß in *Meister Floh*, dem das ererbte Vermögen gestattet, außerhalb der Berufswelt zu bleiben); Menschen, die, etwa als Einsame, in besonderer Weise für das »Wunderbare« empfänglich bzw. durch es gefährdet sind (wie der Elis Fröbom der *Bergwerke zu Falun*). Zu dieser Gruppe tritt der Typ des väterlichen Ratgebers (Prosper Alpanus in *Klein Zaches*), manipulierenden Arrangeurs (Celionati in der *Prinzessin Brambilla*) oder auch dämonischen Verführers mit stechendem Blick (Dapertutto in der *Silvester-Nacht*), dessen Aufgabe darin besteht, den Protagonisten in der Konfrontation mit der serapiontischen Grenzerfahrung entweder auf eine höhere Bewußtseinsstufe zu heben (Celionati – Giglio) oder aber zu verderben (Torbern – Elis Fröbom). Weibliche Figuren kommen als Protagonisten nur in den Kindermärchen und in der *Königsbraut* vor, worin man weniger einen misogynen Zug H.s als vielmehr Konventionen seiner Zeit zu sehen hat; doch spielen sie im Prozeß der von Männern gemachten Grenzerfahrungen eine zentrale Rolle als dämonisch lockendes Wesen (Giulietta, *Silvester-Nacht*), eheversessene Verführerin zum bürgerlichen Alltag (Veronika, *Der goldne Topf*) oder aber auch als Projektionsfigur der künstlerischen Imagination (wobei der Künstler sich hüten muß, die idealisierte Frau zur Geliebten oder Ehefrau zu nehmen, *Jesuiterkirche, Artushof;* eine Ausnahme stellt in dieser Hinsicht die *Prinzessin Brambilla* dar).

Im Vergleich zu den genannten drei Gruppen sind die übrigen Personen in der Regel nur mehr oder weniger wichtige Nebenfiguren. Aus der konstitutiven Ambivalenz aller alltagsüberschreitenden Erfahrung folgt, daß sich innerhalb jeder Personengruppe eher positive und eher negative Gestalten finden, ja daß häufig selbst die Wertung der Einzelfigur oszilliert, im Falle Celionatis etwa, der Giglio zwar zum höheren Selbst führt, doch dies mit den Mitteln eines regelrechten psychischen Terrors, oder auch im Falle von Spikhers »frommer Hausfrau«, die in ihrer lieblosen Kälte an die Seite des teuflischen Dapertutto zu stehen kommt.

Aus dem ambivalenten Charakter der Grenzüberschreitung ergeben sich auch die wichtigsten Varianten in der Abfolge der Handlung. Entweder die serapiontische Erfahrung führt in die Katastrophe (*Der Magnetiseur, Die Bergwerke zu Falun*) oder aber zu einer mehr oder weniger ironisch gebrochenen positiven Selbstfindung (*Der goldne Topf, Meister Floh*) oder schließlich auch zu einem labilen Gleichgewicht im mühsam wieder betretenen Alltag (*Spielerglück*, mit Einschränkungen auch *Die Automate*). Nicht jede Erzählung H.s bietet vollständig das hier als typisch bezeichnete Personal auf, und nicht jede läßt sich einem der typischen Handlungsverläufe zuordnen. Dennoch sind die Rekurrenzen nicht zu übersehen, und sie wären es noch weniger, wenn H. es nicht verstanden hätte, die handlungsauslösenden Grenzerfahrungen in möglichst unterschiedlichen Dimensionen auszuleuchten. Noch die parodistische Selbstüberbietung der *Irrungen* und der *Geheimnisse* ist ein Versuch, den stets gleichen Erzählelementen eine neue Variante abzugewinnen. (zu H.s Anteil am gemeinromantischen Erzählrepertoire vgl. Buchmann 1910.)

4.4.2. Motive

»So oft ich durch eine Brille sehe«, läßt Goethe Wilhelm Meister sagen, »bin ich ein anderer Mensch und gefalle mir selbst nicht; ich sehe mehr als ich sehen sollte, die schärfer gesehene Welt harmoniert nicht mit meinem Innern« (*Wanderjahre* I, 10). H. restituiert in seinen Erzählungen den Zauber der »Brillen«, den Gewohnheit und eine zunehmend rational bestimmte Weltsicht vergessen ließen. Allenthalben begegnet man in seinen Werken optischen Instrumenten. Erinnert sei an das »Perspektiv« Nathanaels (*Der Sandmann*), die Brillen, die Celionati während des römischen Karnevals verkauft (*Prinzessin Brambilla*), das Gedankenmikroskop, um dessen Besitz Leuwenhoeck und Swammerdamm streiten (*Meister Floh*), und an das Fernrohr, das es dem Vetter erlaubt, seinen Besucher in die Kunst des Schauens einzuweihen (*Des Vetters Eckfenster*). Das Motiv ist für H. ergiebig, weil es erlaubt, die im serapiontischen Prinzip erhobene Forderung nach Überschreitung des registrierenden in Richtung des wahrhaften Sehens und die daraus entspringenden Chancen und Gefahren erzählerisch in Szene zu setzen (vgl. Milner 1982, 40). Es gehört zu dem Handlungssegment der Schwellenüberschreitung, dessen berühmteste Gestaltung die Türklopferszene im *Goldnen Topf* ist und das auch im Motivbereich des Alkoholgenusses zum Ausdruck findet (Punschszene im *Goldnen Topf,* Syrakuser in den *Elixieren,* Alkoholika in der *Silvester-Nacht;* vgl., Bachelard, 1985, über den »Hoffmann-Komplex«). Auch das bei H. omnipräsente Doppelgängermotiv (*Elixiere, Prinzessin Brambilla, Die Doppeltgänger . . .*), in dem die individuelle Identität zum Problem wird, läßt sich auf die serapiontische Grenzerfahrung beziehen.

Geraten im serapiontischen Sehen die Grenzen zwischen »Alltag« (»Normalität«) und »Wunderbarem« (»Wahnsinn«) und im Doppelgängermotiv die zwischen »Ich« und »Nicht-Ich« in Bewegung, so im Motiv der gemalten Geliebten (*Elixiere, Jesuiterkirche*) die zwischen Bild und Realität, in dem des Automaten (*Die Automate, Der Sandmann*) die zwischen belebt und unbelebt, im verwandten Motiv des Alrauns/Wechselbalgs (*Der Kampf der Sänger, Klein Zaches, Die Königsbraut*) die zwischen beseelt und unbeseelt und im Motiv des Revenants (*Die Brautwahl*) die zwischen Vergangenheit und Gegenwart. Gemeinsamer Nenner solcher Motivrekurrenzen ist die Infragestellung jener fundamentalen ideologischen Oppositionen, mit denen wir die Wirklichkeit wie mit einem Netz überziehen

144

und die zugleich lebenssichernde und -gefährdende Funktionen haben. Im übrigen ist der Formel- und Versatzstückcharakter H.schen Erzählens nicht auf die eng mit dem serapiontischen Prinzip verbundenen Motive beschränkt (vgl. etwa die stereotypen »ästhetischen Tees«) und geht im Falle rekurrenter Topoi (das »heitere, unbefangene Gemüt« zahlreicher Mädchen, Candidas in *Klein Zaches* z. B.) in eine ausgesprochen zitathafte Rede über (s. 4.4.7.).

4.4.3. Bildlichkeit

4.4.3.1. Verbale Bildlichkeit

H. hat seine Poetologie in der Auslegung Callots entwickelt, zwei seiner Sammlungen im Titel ausdrücklich auf die bildende Kunst bezogen, wiederholt Maler zu Protagonisten seiner Erzählungen gemacht (*Jesuiterkirche, Artushof, Signor Formica*) und Werke der bildenden Kunst als Ausgangs- bzw. Bezugspunkt seiner Erzählungen gewählt. So entwickelt sich *Die Fermate* aus dem eingangs erwähnten Bild Hummels, und die *Prinzessin Brambilla* ist entlang ausgewählter Radierungen nach Callots *Balli di Sfessania* erzählt, wobei der Text bis ins Detail, oft über eine ganze Seite, der bildlichen Vorlage folgt; Vorbild dafür waren Lichtenbergs *Ausführliche Erläuterung von Hogarth' Kupferstichen* (zur Tradition des literarischen »tableau«, der »Attitüde« als zeitgenössischer »Anschauungsform«, die »weit über den Bereich der Literatur hinaus bis in die grundsätzlichen Apperzeptionsweisen von Wirklichkeit« reicht, Miller 1972, 121). H.s sprachliche Bildlichkeit ist aber auch dort noch stark bildkünstlerisch bestimmt, wo ein Bezug nicht ausdrücklich im Text hergestellt wird. Die scharfe Wahrnehmung von Mimischem, Gestischem und Szenischem, die ihn vor allem zur Karikatur befähigte, verleiht seinen Erzählungen eine scharf geprägte verbale Bildlichkeit im Dienste des serapiontischen Erzählens. Zwar mischt sich in H.s Erzählungen der auktoriale Erzähler, z. B. in Leseradressen und fiktionsironischen Kommentaren, immer wieder ein, doch nie im Sinne einer kommentierenden Entschärfung des Irritationspotentials, das sich im alltäglich-grotesken oder wunderbar-befremdlichen Sprachbild kristallisiert. Wenn H. einer der meistillustrierten Autoren der Weltliteratur ist, so wegen Schilderungen wie der von Klein Zaches zu Pferde oder des Medardus in der Gefäng-

niszelle, unter dem sich der Boden öffnet, aus dem der Doppelgänger aufsteigt, oder, in *Signor Formica*, der Schilderung Pas-
quale Capuzzis, des Pyramidendoktors und Pitichinaccios, die
mit Marianna vor die Tore Roms ziehen. Serapiontisch, wahrhaft erschaut sind diese Bilder teilweise durchaus im Sinne der
von Schubert angesprochenen Überlegenheit der Traumbild-
über die verbale Sprache.

4.4.3.2. Bedeutung der bildenden Kunst
für den Erzähler Hoffmann

H. ist seinen bildkünstlerischen Neigungen von der Königsberger bis in die letzte Berliner Zeit treu geblieben, doch wird ihm
schon um die Jahrhundertwende klar geworden sein, daß seine
eigentliche Begabung eher im Dichterischen und in der Musik
lag.

Während zur Bedeutung der Musik für sein literarisches
Schaffen schon früh gründlich gearbeitet wurde, sind seine
zeichnerisch-malerische Begabung und sein kunstgeschichtli-
ches Wissen in ihren Auswirkungen auf die literarische Arbeiten
erst mit Lees Dissertation, 1985, zum Gegenstand einer ausführlichen Untersuchung gemacht worden. Lee beginnt mit Ka-
piteln zu H. als Zeichner und Maler (seine Begabung habe eindeutig im Zeichnerischen gelegen – Unterscheidung von Porträt, karikiertem Porträt und eigentlicher Karikatur – karikaturistische Verfahren) und zum Verhältnis von Zeichenkunst/
Malerei und Dichtung im Rahmen romantischer Reflexionen
über das Verhältnis der Künste (keine Werthierarchie, sondern
Funktionsdifferenzierung bei H.). Unter dem Titel »Bildliche
Darstellung im Erzählwerk H.s« untersucht er im Hauptteil
Porträts, Karikaturen und Arabesken. Die von Lessing im *Lao-
koon* bezeichneten Grenzen zwischen Malerei und Dichtung
gerade bei der Entwicklung der literarischen aus der bildkünstlerischen Sprache respektierend, versuche H. in seinen Porträts
überwiegend in Konsequenz des serapiontischen Prinzips die
Einbildungskraft des Lesers suggestiv zu wecken; stärker als
durch das statische Bild »deformierter physiognomischer Züge«
(Lee 1985, 167) charakterisiere er durch dynamische Handlung.
Eigentlich verbale Karikaturen seien seltener als gemeinhin angenommen und gälten vorzugsweise falschem Künstlertum,
z. B. dem Baron Dümmerl der *Brautwahl*, Adligen wie Alzibiades von der Wipp (*Murr*) und karrieristisch-opportunistischen

Beamten (Knarrpanti, *Meister Floh*). Am stärksten zeige sich die verbalkarikaturistische Tendenz in der Darstellung von Mißgeburten wie Pitichinaccio (*Signor Formica*), Klein Zaches oder dem verwachsenen Zwerg des *Eckfensters*, die sich wesentlich Anregungen durch Callots *Gobbi* verdankten. Leider unterläßt es Lee, diesen Befund zu der viel grundsätzlicher gemeinten Einschätzung H.s als Dichter der Karikatur, des »Fratzenhaften«, durch Tieck (Zitat: Lee, 1985, 166) und andere Zeitgenossen wie auch weitgehend in den deutschen Literaturgeschichten des 19. Jh.s , ins Verhältnis zu setzen. Am wichtigsten sind wohl seine Anregungen Polheims und Rotermunds verarbeitenden Hinweise zur Bedeutung der Arabeske für den Erzähler H., ihrer historischen und ihrer zeitgenössischen bildkünstlerischen Praxis wie auch ihrer theoretischen Aufwertung bei F. Schlegel im Verhältnis zu Moritz (dazu präziser: Oesterle 1985). Zwar verwickelt Lee sich in Widersprüche beim Versuch, H.s Praxis der literarischen Arabeske auf Novalis' Identitätsdenken zu beziehen, doch gelingt ihm u. a. in der Analyse des *Goldnen Topfes* und der *Prinzessin Brambilla* der Nachweis zentraler Textsequenzen, in die die europäische Arabeskentradition eingegangen ist. Im Anschluß an Dieterle, 1986, der Lee ein lediglich analogisches Verbinden der beiden Künste entgegenhält, bedürfte der gesamten lange vernachlässigte Komplex, besonders auch H.s Illustrationspraxis, weiterer gründlicher Untersuchungen. Diese hätten auch der Tradition der *literarischen* Karikatur Rechnung zu tragen (vgl. T 65, 7. 1. 1804 über die »Carrikaturen« in Voltaires *Candide).*

Zu H. als Vignettenzeichner bzw. Illustrator eigener Werke vgl. oben zu den *Fantasiestücken* (S. 41), den Kindermärchen (S. 67, 71, 73), *Klein Zaches* (S. 93), *Kater Murr* (S. 90) und *Meister Floh* (S. 103).

4.4.4. Affinität zum Drama

4.4.4.1. Szenisches Erzählen

H. hat außer der als Fragment angelegten *Prinzessin Blandina*, dem nicht erhaltenen Lustspiel *Der Preis* und verschiedenen Libretti keine dramatischen Werke geschaffen, doch sind seine dramatischen Interessen und Fähigkeiten seinem erzählerischen Werk weit über das hinaus, was Drama und Novelle seit dem 19. Jh. an Gemeinsamkeiten zugeschrieben wird, vielfältig zugute gekommen. Nach den überzeugenden Analysen von

Sdun, 1961, und Schau, 1966, sind *Prinzessin Brambilla* und *Klein Zaches* spezifisch dramatisch-szenisch aufgebaut, ja man könne geradezu von erzählten Dramen sprechen. Ausgesprochen dramatisch sind auch die Dialogform, die H. für die *Seltsamen Leiden eines Theater-Direktors* wählte und in die er auch den *Berganza* und *Der Dichter und der Komponist* übergehen ließ, sowie die zahlreichen an Opernfinali angelehnten Schlüsse seiner Erzählungen, besonders der Märchen. H.s Erzählungen kennen wohl einen reflektierenden Erzähler, doch verstärkt dieser die aus dem Berichteten entspringenden Irritationen, statt sie interpretativ aufzulösen, indem er den Leser auf den Geheimnischarakter, die Mehrdeutigkeit des erzählten Geschehens hinweist. Dramatisch-szenisches Erzählen wurde H. deswegen zum bevorzugten Medium, weil gerade im Erzählerischen die psychologischen Fragen und die Erkenntnisproblematik Gestalt annehmen konnten, die den thematischen Kern seines Werkes bilden, und weil andererseits gerade das Hervortreten des Dramatisch-Szenischen jenes letzten Endes Geheimnisvolle intensiv ins Bild zu setzen vermochte, das nach H. menschlicher Selbst- und Fremderfahrung unauflösbar eigentümlich bleibt.

4.4.4.2. Bedeutung von Drama und Bühne für den Erzähler Hoffmann

Die Bedeutung des Theaters für den Erzähler H. erschöpft sich nicht in der stark dramatisch bestimmten Komposition bzw. im ausgeprägt szenischen Charakter seiner Werke. Sie betrifft gleichermaßen die erzählerische Mikrostruktur, einschließlich zahlreicher Requisiten, die Thematik und die poetologischen Reflexionen im Werk selbst. Die stark zitathafte Sprache H.s dürfte sich auch seiner genauen Kenntnis der Bühnenliteratur und dem Umgang mit Schauspielern verdanken und zwar nicht nur dort, wo er den eitlen Mimen Giglio und den Abbate Chiari tragische Worthülsen von sich geben läßt (*Prinzessin Brambilla*). Eilert, 1977, hat in ihrer – auf Mays leider ungedruckt gebliebenen Arbeit von 1950 aufbauenden – Studie einsichtig gemacht, daß sich ganz spezifische Elemente H.schen Erzählens wie kontrastive Beleuchtung, musikalische Einführung von Personen sowie deren Masken und Verwandlungen oder spezifische Effekte wie Prospers Einschweben auf einem Libellengefährt (*Klein Zaches*) auf Bühnenerfahrungen zurückführen las-

sen: »Vor allem in seinen Märchendichtungen versucht H. [...],
dem Postulat einer ›realistischen‹ Darstellung des Phantastischen u. a. dadurch zu genügen, daß er seine Figuren in einer
Bühnenwelt agieren läßt, daß er gleichsam Theatereffekte der Illusionsbühne ›nacherzählt‹« (Eilert 1977, 19; May, 1950, hatte
von »epischem Theater« gesprochen, 3f., 25). Daraus ergeben
sich nach Eilert interpretative Konsequenzen ersten Ranges: H.
hebe seine Versöhnungsutopien, am Ende des *Goldnen Topfes*
z. B., bewußt als ästhetische Arrangements hervor, denen keine
ontologische Dignität zukomme, und das serapiontische Postulat einer Verbindung von Alltag und Wunder sei wesentlich der
Illusionsbühne verpflichtet, für die H. u. a. in dem *Kreisle-
rianum* über den »vollkommenen Maschinisten« eingetreten ist.
Ferner falle auf, daß H. in seinen Erzählungen bzw. Romanen
wiederholt Theateraufführungen zum Gegenstand gewählt hat,
sei es, daß er in ihnen episodisch zentrale Bedeutungsstränge
verknüpft (Belcampos Marionettenspiel in den *Elixieren*), sei
es, daß Aufführungen im Zentrum eines Werkes stehen (wie die
commedia dell'arte-Improvisation in *Signor Formica*). Den
darin angelegten Ansätzen zu ästhetischer Metareflexion im erzählerischen Werk selbst entsprächen theatereinschlägige
Schriften wie die *Seltsamen Leiden eines Theater-Direktors*, vor
allem aber die *Prinzessin Brambilla*, die als konsequente Auseinandersetzung mit dem Dramen- und Bühnenklassizismus zu
lesen sei, wie ihn Goethe in den *Regeln für Schauspieler* kodifi-
ziert und in Weimar praktiziert hat. Die neuere Forschung hat
überwiegend, was H.s Verhältnis zur romantischen Identitätsphilosophie betrifft, mit Eilert eine dualistische Weltsicht H.s
angenommen, womit über alle biographischen »Erklärungen«
hinaus ein zentraler Ermöglichungsgrund seines so stark dramatisch geprägten Erzählens angegeben ist.

4.4.5. Schockmetaphorik und Synästhesien

Die Erfahrungen, die H.s Protagonisten bei ihren Alltagsüberschreitungen machen, treffen diese als existentielle Erschütte-
rungen mit körperlicher Gewalt. Darin liegt das Verbindende
zweier Eigentümlichkeiten H.schen Erzählens: der Schocks, in
denen die Wirklichkeit als bodenlos bzw. doppelbödig, und der
Synästhesien, in denen, nicht minder überraschend, das scheinbar Getrennte als Einheit erfahren wird. Beide Momente wurden von Baudelaire an H. hervorgehoben, und in Benjamins

Baudelaire-Deutung kommt dem Schock als spezifisch moderner Erfahrungsqualität konstitutive Bedeutung zu.

Wo dem Erzählen »serapiontisch« aufgegeben ist, den Einbruch des Wunderbaren in den Alltag bzw., umgekehrt, den Einbruch des Alltags in die Welt des Wunderbaren darzustellen, wird der – beseligende oder desillusionierende – Schock zur zentralen Erfahrung der Protagonisten. Die Metaphern, die H. dafür findet, entstammen fast durchweg einigen wenigen Bildfeldern: dem der Erstarrung, dem des schneidenden, durchbohrenden Schmerzes, dem des Eisstromes und andererseits der Fieberglut (vgl. auch, oxymorisch, »Fieberfrost«, SW 168) sowie, zur damaligen Zeit von besonderer Aktualität, dem der Elektrizität bzw. des Blitzes.

Synästhetische Erfahrungen läßt H. beispielsweise Kreisler als »Übereinkunft« von »Farben, Tönen und Düften« formulieren (FN 50), und sie dienen ihm immer wieder dazu, etwa in der Szene unter dem Holunderbusch im *Goldnen Topf*, die Glücksvisionen seiner zerrissenen Helden zu gestalten. Wie die Schocks nicht aus H.s Nervosität sind die Synästhesien nicht aus seiner Mehrfachbegabung zu »erklären«. Vielmehr ist umgekehrt zu fragen, warum diese biographischen Dispositionen gerade in H.s Zeit ästhetisch fruchtbar werden konnten. H.s Verhältnis zu Goethe und die klassizistisch geprägte Ästhetik des 19. Jh.s geben Auskunft. Der Klassizismus ist gekennzeichnet u. a. durch eine Werthierarchie der Sinne. An der Spitze der Skala steht das Sehen, der am stärksten distanzierte und insofern rationalste Sinn, am anderen Ende der Geruch, der am stärksten somatische, »irrationalste« Sinn. Bei aller optischen Begabung und ungeachtet der programmatischen Verpflichtung aufs Sehen/Schauen begehrt H. gegen den in jener Hierarchie formulierten Primat rational-distanzierter optischer Wahrnehmung auf. Das ist u. a. seiner Auseinandersetzung mit Goethes *Römischem Carneval* abzulesen, als die man die *Prinzessin Brambilla* lesen kann. Gemeinsamer Nenner von Kreislers Spekulationen über den Zusammenhang von Farben, Tönen und Düften oder von verschiedenen Alkoholika und musikalischen Gattungen, den synästhetischen Erfahrungen eines Anselm und der in Giglio Favas Karnevalserlebnis formulierten Distanzierung vom Goetheschen Klassizismus ist die Betonung der traditionell abgewerteten, vergleichsweise stärker somatischen Sinneseindrücke. Dieser Befund fügt sich ein in das zu den prärationalen Inspirationsquellen Gesagte, und zu ihm passen auch die Schocks und die stark orgastische Färbung der H.schen synästhetischen Versöhnungsutopien, stellt die sexuelle Vereinigung doch gerade eine Umkehrung der Sinneshierarchie des rational kontrollierten Alltags dar. Proust, der über Baudelaire mit H. korrespondiert, verdeutlicht aus der Perspektive des zwanzigsten Jahrhunderts die Position H.s in der Vorgeschichte der Moderne: Die seltenen, schockhaft hereinbrechenden, alles entscheidenden Augenblicke der mémoire involontaire in *A la recherche du temps perdu* verdanken sich gerade traditionell geringer eingeschätzten Sinneseindrücken.

4.4.6. Modalisierung und Perspektivismus

Die Erfahrung der Diskontinuität der sicher geglaubten äußeren und inneren Welt führt zu Bewußtseinsirritationen der H.schen Protagonisten. Die wahre Wirklichkeit wird zum Rätsel, indem die Erzählerrede die Krise von Wahrnehmung, Erfahrung und Erkenntnis nicht in der sicheren Distanz zu dem ausdrückt, von dem die Rede ist, sondern durch extensiven Gebrauch modalisierender Verfahren den Leser selbst in ihren Bann zieht (Todorov spricht von der »Integration des Lesers in die Welt der Personen«, 1975, 31). Besonders eindrucksvoll ist die oft zitierte Passage im *Goldnen Topf*, die schildert, wie Lindhorst Anselmus verläßt, nachdem er ihm ein Mittel gegen das »Äpfelweib« ausgehändigt hat (FN 202). Artistisch-raffiniert konzentriert H. hier die unterschiedlichen, über sein gesamtes Werk verstreuten Mittel der Modalisierung: die mögliche Wahrnehmungstäuschung durch die äußeren Umstände (Dämmerung), die Als-ob-Formel und das Modalverb, die Zeitadverbien, die den Punkt der Metamorphose umkreisen und ihn gerade doch als unbestimmbaren herausarbeiten, den Sprung von der figürlichen Ebene in die des Gegenständlich-Tatsächlichen (vgl. Preisendanz 1976, 93–95). Solch extensive Modalisierung, traditionell ein Prärogativ fantastischer Literatur, hat für die Literatur des zwanzigsten Jahrhunderts (man denke an den Konjunktiv bei Musil oder Bernhard) konstitutive Bedeutung gewonnen.

Der extensiven Modalisierung als grammatisch-stilistischem Verfahren und dem optischen Instrument als Motiv mit hoher Rekurrenz entspricht ein ausgeprägter erzähltechnischer Perspektivismus. Als Grenzerfahrung ist die serapiontische Überschreitung des Alltags stets individuell und fällt notwendigerweise aus dem Rahmen des intersubjektiv Mitteilbaren heraus, ja, sie mag auf Betrug, Sinnestäuschung oder Wahnvorstellung beruhen. Dennoch bedarf es zur höheren Selbstfindung der in ihr erfahrenen Irritationen, und so erzählt H. nicht nur von irritierenden Erfahrungen, sondern er irritiert den Leser durch pointiert perspektivisches Erzählen. Das wohl berühmteste Beispiel ist *Der Sandmann*. Die Erzählung setzt unvermittelt ein mit einem Brief Nathanaels an Lothar, den Freund; ihm folgen, wiederum ohne vermittelnde Erzählerrede, der Antwortbrief Claras, an die Nathanaels Brief irrtümlich geriet, und, wiederum an Lothar, Nathanaels Antwort auf Claras Brief. Der zweite Teil verzichtet auf den Brief als perspektivierenden Kunstgriff, doch kehrt er nur scheinbar zur autoritativen Erzählerrede zurück. Tatsächlich ist auch dieser Teil vielfältig perspektivisch gebrochen – durch die einleitende Erörterung möglicher Erzähleinsätze, durch das Zitat der unterschiedlichsten, über Clara geäußerten Meinungen, durch die Hereinnahme von Nathanaels Obesessionen in die Erzählerrede selbst. Perspektivisch in einem weiteren Sinn ist auch der *Kater Murr*, in dem das verschlungene Mit- und Gegeneinander der beiden Erzählstränge alle eindeutigen Setzungen auflöst; und bewußt kontradiktorisch werden schon im *Goldnen Topf* unterschiedliche Perspektiven voneinander abgehoben, etwa am Schluß, der dem Bericht von Anselmus' Leben im poetischen Atlantis die armselige Existenz des Erzählers als Spitzwegscher Dachstubenpoet gegenüberstellt. Zusammen mit dem stark bildhaften und ausgesprochen dramatischen Charakter H.schen Erzählens sowie den modalisierenden Verfahren trägt der Perspektivismus zu jenem Entzug von Bedeutung bei, die traditioneller Literatur in ihren unterschiedlichsten ideologischen Ausprägungen eingeschrieben war. Der Wechsel der Perspektiven steht im Dienst des »Wiedergewinns des Objekts in all seiner weitverzweigten und unvollendeten Unbestimmtheit« (Magris 1980, 6).

4.4.7. Zitathafte Sprache

Die traditionelle Einschätzung, H.s Sprache sei klischeehaft und eben darin gründe ihre leichte Übersetzbarkeit als eine Bedingung seines ausländischen Erfolges, wird von der neueren Forschung zunehmend als undifferenziert abgelehnt. Wohl ist richtig, daß H.s Stärke, mit den Kategorien der Rhetorik gesprochen, eher in der inventio und in der dispositio als in der elocutio liegt. Eine unvoreingenommene Analyse zeigt jedoch ein anderes Bild als das bis vor wenigen Jahren gängige vom

schwachen Stilististen H. Seine Sprache *ist* zwar stark formel-
bzw. klischeehaft und überdies voller Eigen- und Fremdzitate,
von hoher intertextueller Bezüglichkeit (Meyer 1961). Von
Ausnahmen aber abgesehen, nutzt H. den extensiven Rückgriff
auf präformierte Sprache in reflexiver Distanz für die eigenen
Zwecke (vgl. Bachtin: »Ästhetik des Wortes«, Frankfurt a. M.
1979 und besonders seine Analyse von Dostojewskijs »poly-
phonem« Erzählen, »Probleme der Poetik Dostoevskijs«,
München 1961). Er schafft das Paradox, zitathaft und doch stets
prägnant zu schreiben. Klischee und Zitat werden ihm zum
Mittel, die eigenen Erzählintentionen mittelbar zu verwirkli-
chen. Insofern darf man formulieren, H. habe einen Kunststil
des exoterischen Zitats geschaffen bzw., zum Paradox ver-
schärft, sein Individualstil bestehe gerade im höchst artistischen
Verzicht auf einen solchen. Wenn H.s Erzähler vom »heiteren,
unbefangenen« Gemüt einer Clara (*Der Sandmann*) oder Candida (*Klein Zaches*) spricht, so ist das Klischeehafte der Sprache
angemessener Ausdruck eines stereotypen weiblichen Sozial-
charakters, mit dem sich die männlichen Protagonisten der Erzählungen auseinanderzusetzen haben. Wenn er die Schocks,
die seine Helden beim Sprung in die Welt des Wunderbaren
– oder zurück in den Alltag – erfahren, mit den stets gleichen
metaphorischen Formeln faßt, so wird das Thema einer zutiefst
diskontinuierlichen Erfahrung in fast leitmotivisch zu nennen-
der Technik sprachlich hervorgehoben. Und wenn er die ver-
zweifelte ironische Rede eines Kreisler beispielsweise als zitie-
rende Rede anlegt, so vermittelt gerade das Zitat jene innere Bewegung der Negation, die seine Gestalten treibt. Solch dialekti-
sche Nutzung des Zitats mit dem plötzlichen Umschlagen des
verfestigten Wortes in die optimal bezeichnende Rede ist durchaus Konsequenz aus dem serapiontischen Prinzip, demzufolge
das radikal andere gerade aus dem Alltäglich-Immergleichen
entspringt. Der dialektischen Distanz zum ästhetischen Material Sprache entspricht es auch, wenn H. in der Szene unter dem
Holunderbusch im *Goldnen Topf* in extremem Widerspruch
zur formelhaft verfestigten Sprache die lautlichen und rhythmi-
schen Qualitäten der Sprache über die Bedeutungsdimension
triumphieren läßt. Die Passage ist zwar nicht repräsentativ,
doch bezeichnend für seinen Sprachgebrauch. Als extremer
Gegenpol zur Sprache des Klischees fällt auch von ihr Licht auf
einen weiteren Aspekt H.scher Modernität. Hundert Jahre vor
Joyce spiegelt der sich anbahnende Verlust eines ausgeprägten
Individualstils, die Dissoziation der Sprache einerseits ins Kli-

schee, andererseits ins Lautmaterial, jene Entmächtigung des Subjekts wider, von dem H.s Erzählungen gleichzeitig inhaltlich handeln.

4.4.8. Autothematik

Die unter 4.3. herangezogenen Belege zu H.s Poetologie entstammen überwiegend dem erzählerischen Werk selbst, zu dessen konstitutiven Merkmalen die autothematische Tendenz zählt. Sie manifestiert sich verdeckt in den zahlreichen Werken, in denen von Musikern und Malern die Rede ist, und offen u. a. im *Sandmann*, dessen Protagonist sich selber schriftstellerisch betätigt. Zu dieser erzählerisch vermittelten Autothematik kommen die eher essayistische Abhandlung bzw. Skizze wie die im *Jaques Callot* und dialogische Erörterungen wie in den Rahmengesprächen der *Serapions-Brüder* hinzu. Die Skala dessen, was inhaltlich in den autothematisch relevanten Texten verhandelt wird, reicht von der problematischen Metaphysik des Künstlertums bis zu konkreten Auslassungen beispielsweise zur Zusammenarbeit von Librettist und Musiker (*Der Dichter und der Komponist*). Von besonderer Bedeutung sind jene Passagen, die Inhalt und Form des Erzählten als poetische, d. h. gemachte Veranstaltungen, als ästhetische Arrangements kenntlich machen. So tritt im letzten Kapitel von *Klein Zaches* der Erzähler und durch ihn H. hervor und bekennt, daß er »zu der Geschichte aus dem Innern heraus unwiderstehlich angeregt wurde«; wenig später wird sogar der Ausgang der Erzählung zum Gegenstand einer ausdrücklichen Erörterung (SW 97). Im *Sandmann* berichtet der Erzähler zu Beginn des zweiten Teiles bis in konkrete Formulierungen hinein, wie er die Erzählung, die tatsächlich mit Nathanaels Brief an Lothar anfängt, ursprünglich hatte beginnen wollen (FN 344). Nach Asche (1985, 148) »schreibt« H. »in seinen Helden und seinen zentralen Motiven [...] das, was Schreiben und Fiktion sei; er schreibt das Schreiben.« Damit ist auf einen weiteren zentralen Punkt H.scher Modernität hingedeutet, wie der Vergleich etwa mit dem Beginn von Musils *Mann ohne Eigenschaften* oder mit Gides *Faux-Monnayeurs* belegt (zur »transzendentalpoetischen« Begründung des *Goldnen Topfes* vgl. Heine 1974, 1985).

4.4.9. Leserlenkung

Werner hat H. als den romantischen Erzähler bezeichnet, »der am meisten darauf bedacht war, den durchschnittlichen Leser geistig zu erreichen« (1984, 212). Tatsächlich sind H.s Werke außerordentlich stark adressatenbezogen. Durch Motivrekurrenzen, affektische Rhetorik, modalisierende Kunstgriffe u. a. arbeitet er darauf hin, dem Leser den Nachvollzug jener Grenzüberschreitungen zu ermöglichen, denen seine Gestalten ausgesetzt sind. Auch spricht H.s Erzähler den Leser immer wieder ausdrücklich an, um ihn aus den Banden des Alltagsbewußtseins zu lösen und ihn für das erzählte Außerordentliche zu gewinnen. Andererseits fehlt auch das Äquivalent zu jenen die Reflexion freisetzenden Desillusionierungen nicht, mit denen sich seine Protagonisten konfrontiert sehen. So wie beispielsweise Anselmus unter dem Holunderbusch schockhaft mit der Dresdner Alltagsrealität konfrontiert wird, so der Leser am Ende des *Goldnen Topfes* mit der Tatsache des fiktiven Charakters dessen, was ihn in seinen Bann zog. H. steigert einerseits die rhetorisch-suggestiven Mittel der Leserlenkung zu seltener Intensität; andererseits stößt er den so gebannten Leser, in der Konsequenz frühromantischer Theoreme, auf den »artifiziellen« Charakter der ästhetischen Veranstaltung, öffnet er ihm den Blick auf das ästhetische Material als ästhetisches Material (Heilborn sprach schon 1926 in diesem Zusammenhang von »Dekomposition«, 161 f.). Im Sinne Benjamins »unberaten« sind nicht nur H.s Protagonisten, sondern auch die Leser seiner Geschichten. Die Verweigerung von traditionellem »Sinn« bei extremer Steigerung der Kommunikativität des Erzählens läßt Fühmann zu dem Schluß kommen:

»jedem bleibt die Wahl seiner Lesart frei; allerdings wird er durch sie auch festgelegt. Eben diese Unbestimmtheit, dieses Offensein mehrerer Möglichkeiten gehört zum Einzigartigen von Hoffmanns Kunst; es ist dies eine seiner Methoden, um die Gespenstischheit des Alltags zu fassen, der von mehreren Wertsystemen bestimmt ist, seine Mehrdeutigkeit, sein Doppelwesen, kurzum: seine Widersprüchlichkeit.« (1980, 52)

4.5. Binnendifferenzierung des erzählerischen Werkes

Sieht man von Ausnahmen wie der *Prinzessin Blandina* und von der musikkritischen Tätigkeit ab, so hat sich der Schriftsteller

H. fast ausschließlich im erzählerischen Genre bewegt, dafür aber innerhalb dieser Gattungsgrenzen ein außerordentlich differenziertes Werk geschaffen. Der epischen Großform Roman, die er in Fortsetzung einerseits des Schauer- und des Bundesromanes, andererseits der durch Cervantes, Sterne und Jean Paul bezeichneten humoristischen Tradition in den *Elixieren* und dem *Kater Murr* aufnimmt, steht eine Fülle von Erzählungen gegenüber, die ihrerseits die unterschiedlichsten Gattungstraditionen (Märchen, Novelle, Essay, Anekdote . . .) produktiv verarbeiten und in Umfang (*Haimatochare* vs. *Meister Floh*) wie auch in den Darstellungsformen (Dialog vs. Bericht) und thematisch-inhaltlich (Identitätsproblem, Kunsttheorie, Gesellschafts- und Wissenschaftskritik . . .) außerordentlich stark voneinander abweichen. Gleichwohl gewinnen sie durchgängig aus dem serapiontischen Prinzip bzw. der Callotschen Manier, die sie konkretisierend entfalten, ihre innere Zusammengehörigkeit.

H. hat das Prinzip der Mischung von Komischem und Tragischem, für das Shakespeare literarische wie Callot bildnerische und Mozart musikalische Maßstäbe gesetzt hatte, im wesentlichen in drei Richtungen verfolgt: zum einen durch Oppositionen im einzelnen Werk und zwar unabhängig davon, ob es jeweils eher dunkel oder eher hell getönt ist (vgl. die Belcampo-Episoden in den »dunklen« *Elixieren* und andererseits das Suizid-Motiv im »hellen« *Klein Zaches*); zum zweiten durch Oppositionen innerhalb der größeren zyklischen Einheiten *Fantasiestücke, Nachtstücke, Serapions-Brüder* (z. B. die Stellung des *Nußknacker*-Märchens zwischen den »dunkleren« Erzählungen *Die Bergwerke zu Falun* und *Der Kampf der Sänger* in den *Serapions-Brüdern*); zum dritten, nur teilweise bewußt geplant, innerhalb seines erzählerischen Gesamtwerkes (wo den besonders »dunklen« *Nachtstücken* die helleren Märchen wie die *Prinzessin Brambilla* gegenüberstehen).

Bis in die Gegenwart hat die Forschung die Gattungsdifferenzierung und die unterschiedliche emotionale Tönung in Verbindung mit der Tatsache, daß H. selber seine Taschenbuchproduktion eher skeptisch beurteilte, zum Anlaß streng wertender Scheidungen – so als gäbe es einen eigentlichen und einen uneigentlichen H. – genommen. Dem wurde begründet u. a. von Segebrecht, von v. Matt, zuletzt von Toggenburger und Auhuber widersprochen, die einsichtig machen konnten, daß H. seine zentralen Themen, Motive und Darstellungsweisen auch in bislang geringer geschätzten Erzählungen verfolgt. Gerade angesichts der Pionierleistungen in der Entdeckung des bislang vernachlässigten H. der *Nachtstücke* und der Almanach-Erzählungen ist es nun freilich an der Zeit, H.s eigene, teilweise sehr dezidierten Wertungen, die Schnapp 1974 in DüD übersichtlich zusammengestellt hat, wie auch die aus der Rezeptionsgeschichte überlieferten Oppositionen (beispielsweise die von *Meister Martin* und der *Prinzessin Brambilla,* die auf Hitzig zurückgeht und mit umgekehrten Wertungen von Baudelaire aufgenommen wird) ernst zu nehmen und die Einsicht in kaum zu leugnende Qualitätsunterschiede nicht einem radikalen Historismus zu opfern.

4.6. Entwicklung

H. starb im Alter von nur 46 Jahren, und überdies ist das überlieferte literarische Werk, sieht man von dem *Schreiben eines Klostergeistlichen* ab, ausschließlich innerhalb der letzten eineinhalb Lebensjahrzehnte entstanden. Für die These, er habe seine in den *Fantasiestücken* als »Callotsche Manier« bezeichnete Poetik lediglich variiert, spricht u. a. der Umstand, daß schon im frühen *Ritter Gluck* das Verfahren, in die Welt des Alltags das Wunderbare einbrechen zu lassen, vollgültig gestaltet wurde. Für die Gegenthese einer Entwicklung vom Romantischen zum Realistischen hin wurden u. a. das auf die äußere phantastische Apparatur verzichtende, späte *Eckfenster* und die Abfolge der großen Märchen vom *Goldnen Topf* bis zum *Meister Floh* mit der Preisgabe der angeblichen metaphysischen Versöhnungsperspektive zugunsten biedermeierlicher Resignation geltend gemacht. Die neuere Forschung hat der Entwicklungsthese überwiegend widersprochen, indem sie einerseits herausstellte, daß H. im *Eckfenster* bei allem Verzicht auf die fantastischen Märchenrequisiten gerade in der Darstellung Berliner Alltagsgeschehens am Wunderbaren festhält, das sich allererst der Imagination des Dichters erschließt. Andererseits hat sie geltend gemacht, daß H. schon im *Goldnen Topf* die Schelling-/Schubertsche Natur- und Geschichtsphilosophie nurmehr im ästhetischen Zitat aufgreift und des Anselmus Atlantis an die Immanenz eines einsamen, bedrohten Bewußtseins bindet, dessen realen sozialen Ort der am Ende aus seiner Dachstubenmisere hervortretende Erzähler bezeichnet. Sicher gibt es Akzentverschiebungen innerhalb von H.s literarischem Werk.

So spielt im »Frühwerk« die Musik eine noch wichtigere Rolle als im »Spätwerk«, während in Werken der letzten Lebensjahre etwa das Thema der Wissenschaftskritik und die verdeckt auf konkrete Zeitereignisse reagierende Satire stärkeres Gewicht erlangen. Und sicher schafft der *Goldne Topf* die Illusion einer metaphysischen Statthalterschaft des Dichters, während *Klein Zaches* Balthasars Dichtertum vergleichsweise deutlicher ironisiert, die *Prinzessin Brambilla* der Kunst nur unter den exzeptionellen Bedingungen des verklärten Rom einen angemessenen Platz einzuräumen weiß und der *Meister Floh* gar den Peregrinus Tyß ein Glück diesseits der Kunst finden läßt. Doch handelt es sich dabei, vom Weltbild wie auch von der Poetik her, eher um Variationen einer Grundkonstellation und keinesfalls um eine Entwicklung von der Romantik zum Realismus (anders nuancierend Köhn, 1966, 222, 224; zur Sonderstellung von *Des Vetters Eckfenster* vgl. Oesterle 1987).

4.7. Literarische Quellen

Die im engeren Sinn literarischen Quellen H.s lassen sich unter qualitativen, genologischen und chronologischen Aspekten ordnen. In ihrer Gesamtheit tragen sie dazu bei, H.s ästhetische Physiognomie und seinen literatur- bzw. geistesgeschichtlichen Ort zu bezeichnen.

H.s Bewußtsein künstlerischen Ranges war außerordentlich ausgeprägt, was besonders deutlich die feine Abstufung des Lobes in seinen Musikrezensionen zu erkennen gibt. An der überragenden Größe und am Vorbildcharakter Mozarts und Beethovens bzw. Shakespeares, Cervantes' und Calderóns hat er keinen Zweifel gelassen, andererseits aber dem bescheiden-redlichen Bemühen auch noch drittklassiger Künstler seine Anerkennung nicht versagt. Verhaßt waren ihm allerdings das Scheinhafte und bloß Mechanische, jede Prätention und dünkelhafte Impotenz. Die frühe Lektüre empfindsamer Literatur (darunter solcher höchsten Ranges wie der Werke Sternes und Jean Pauls) hat in seinen Jugendbriefen Spuren hinterlassen, doch beeindruckte ihn auch der durchweg weniger anspruchsvolle Schauer- und der Bundesroman (u. a. Grosses *Genius* und Vulpius). Als literarische Materialien, mit denen er mehr oder weniger distanziert spielte, stand ihm jedenfalls nach dem Durchbruch des *Ritter Gluck* gleichermaßen Literatur weltliterarischen Ranges – Cervantes, dem er im *Berganza* folgte – wie solche minderen Wertes – Langbeins *Bräutigam ohne Braut,* dem er einige Motive für *Klein Zaches* entnahm – zur Verfügung. Ließ er sich durch Cervantes, Sterne oder Goethe zu gewichtigen thematischen und formalen Repliken bzw. Variationen herausfordern, so kam ihm andererseits noch ein Machwerk wie das Langbeins als Quelle wenigstens punktueller Inspiration gelegen. Insbesondere an der psychologisch vertieften Verarbeitung des Lewisschen Schauerromans *The monk* in den *Elixieren* ist ablesbar, daß sich H.s antiklassizistische und antiidealistische Wende im Medium einer bislang aus dem Kanon ausgegrenzten Gattung vollzog. Seine Aufmerksamkeit auf populäre Lesestoffe/Trivialliteratur darf man wohl grundsätzlich als Moment eines allenthalben beobachtbaren, grenzüberschreitenden ästhetischen Interesses werten. Grenzüberschreitung in Richtung populärer/trivialer Themen, Motive und Formen hieß für ihn nun allerdings gerade nicht Verminderung des ästhetischen Anspruchniveaus, sondern, umgekehrt, Übertragung der an weltliterarischen Paradigmen gewonnenen Maßstäbe auf das eigene innovative Werk.

H. hat das dramatische Werk Shakespeares, Calderóns und Gozzis geliebt. Bezüge auf Shakespeare – besonders auf *Midsummer's Night Dream* und *The Tempest* – finden sich überall in seinem erzählerischen Werk. Gozzi versuchte er schon in dem dramatischen Fragment *Prinzessin Blandina* zu folgen, und in dem späten »Capriccio« *Prinzessin Brambilla* schrieb er eine Apologie des Humors und der Phantasie, als deren wichtigster Zeuge der Venezianer erscheint. Zu Calderóns deutschem Erfolg auf der Bamberger Bühne hat er selber maßgeblich beigetragen. Die französische, italienische und deutsche klassizistische Dramatik verfolgte H. hingegen vom frühen *Schreiben eines Klostergeistlichen* bis zur *Brambilla* mit Kritik und Spott, ebenso die Rührstücke eines Kotzebue und Iffland. An neuerer dramatischer Literatur haben ihm Tieck, dessen Komödien eher Lesedramen sind, und Kleist, dessen *Käthchen von Heilbronn* er außerordentlich schätzte, größeres Interesse eingeflößt. Auch seine Vorlieben im Bereich der erzählenden Literatur teilt H. weitgehend mit der Romantik (besondere Bedeutung für ihn erlangten Novalis und Tieck) bzw. den ihr wie ihm selbst nahestehenden Autoren Jean Paul und Kleist: Goethe, Diderot, Rousseau, Rabelais, Cervantes, Sterne und Swift zählen zu seinen Lieblingslektüren. Wichtig ist dabei der hohe Anteil autobiographischer Literatur; außer Rousseaus *Confessions* und den zu Lebzeiten H.s veröffentlichten Teilen von *Dichtung und Wahrheit* hat H. u. a. Goethes Verdeutschung von Cellinis *Vita* und Moritz' *Anton Reiser* gelesen. Der lyrischen Tradition scheint er hingegen weniger Interesse entgegengebracht zu haben. Zu den lyrischen Einlagen im erzählerischen Werk eines Novalis, Tieck oder Eichendorff gibt es bei ihm immerhin einige wenigstens formale Entsprechungen (etwa in den ausgesprochen reflexiven Versen innerhalb der *Prinzessin Brambilla*; vgl. Porterfield 1941). Die didaktische Literatur der Aufklärung hat er abgelehnt, doch bewunderte er den »Witz« Lessings und Lichtenbergs, in dem sich gedankliche Kraft, Imagination und pointierte Formulierung verbanden. Erwähnung verdient auch, daß er sich in Reiseberichten über Italien, Frankreich und Schweden, in alten Chroniken über Nürnberg, in einschlägigen Darstellungen des Küferhandwerks für einzelne Erzählungen sorgfältig dokumentierte. H.s literarische Präferenzen fallen nicht aus dem Konsens seiner Zeit heraus, doch zeichnet sich in der Konstellation der Lieblingslektüren die ästhetische Physiognomie seines eigenen Werkes ab: Es ist stark dramatisch bzw. dialogisch geprägt (Shakespeare, Diderot) und entbehrt sowohl der lyrischen Entgrenzung als auch des langatmig behaglichen Erzählens; es zielt im Interesse am Außerordentlichen/Wunderbaren auf eine Erfahrung an der Grenze historisch definierter Normalität (Kleist); es ist in hohem Maße autobiographisch bzw. biographisch reflexives Erzählen, ein insistierendes Fragen nach Einheit und Vielheit des Ich (Rousseau); es ist ein Erzählen, dem das Erzählen selbst thematisch wird (Sterne); schließlich ist es ein Erzählen aus dem Geist der Groteske und des Humors (Rabelais, Shakespeare, Cervantes, Sterne, Jean Paul).

Vergegenwärtigt man sich die von H. produktiv angeeignete Literatur in chronologischer Hinsicht, so kann man sagen, daß ihm die europäische Weltliteratur seit der Renaissance und besonders die von Bachtin als karnevalistisch bezeichnete Tradition der Leiblichkeit von Rabelais und Shakespeare über Cervantes und die commedia dell'arte bis zu Sterne und Lichtenberg zum Mittel wurde, ästhetisch Einspruch gegen idealistische Überforderungen des Menschen zu erheben (vgl. McGlatherys Akzentuierung der Quellennutzung, I, 1981). Auf den forcierten Klassizismus der Schillerschen *Braut von Messina* hat er ebenso idiosynkratisch reagiert wie auf Goethe, dessen eng mit Schillers Spätwerk verbundene *Regeln für Schauspieler* er in der *Prinzessin Brambilla* dem Gelächter preisgab, wobei das

»Capriccio«, als Kontrafaktur des *Römischen Carneval*, auch noch auf anderen Ebenen den Klassizismus widerruft. Bei all dem stand für H. der Rang Schillers und mehr noch der Goethes fest, auf die er bis zum *Kater Murr* und zu den *Räubern* immer wieder zurückkommt. Von der Romantik, die ihm in Wackenroder, Tieck, Novalis, Brentano und später in Arnim, Fouqué und Eichendorff begegnete, setzte H. sich gleichermaßen in der Distanzierung von aller Kunstmetaphysik (vgl. etwa *Der Kampf der Sänger* mit Novalis' *Ofterdingen*) wie auch von identitätsphilosophischen bzw. traditionell christlichen Rückversicherungen ab (vgl. die ironisch gebrochene Verarbeitung Schuberts schon im *Goldnen Topf* und andererseits Brentanos christlich begründete Absage an die *Abenteuer der Silvester-Nacht*, B II, 80–83). Mit Lessing und Lichtenberg teilt H. wohl die Vorliebe für den »Witz«, doch scheidet ihn vom ersten ein sehr viel begrenzteres Vertrauen in die menschliche Vernunft (wie von der Empfindsamkeit die Skepsis gegenüber dem Wert des bloßen Gefühls), von Lichtenberg aber der fehlende Glaube in den naturwissenschaftlich in Gang gebrachten Fortschritt. Der Versuch, gegen die genannten Tendenzen der neueren deutschen Literatur weltliterarische Paradigmen seit Shakespeare zu bemühen, war freilich kein Rückgriff, sondern ein Experiment jenseits der historischen Wende von 1789, d. h. unter den gewandelten Bedingungen einer tendenziell atheistischen Gesellschaft, die sich weitgehend vom individuellen, nationalen und Klasseninteresse leiten ließ (Thematik des Philisters und der Macht bzw. des Machtmißbrauchs in Wissenschaft und Politik), und einer verschärften psychologischen Introspektion. Beide bestritten, einander verstärkend, dem Humoristen zunehmend sein Existenzrecht. Auch so erklärt sich, daß H. nur mit stets neuer Anstrengung – und nicht durchweg – jene Höhe des Humors erreichte, der er sein Schreiben programmatisch unterstellte, und daß ein radikaler Desillusionist wie Baudelaire das ganze Ausmaß der Ernüchterung erkannte, das noch H.s am stärksten humoristischen Werken wie der *Prinzessin Brambilla* und der *Königsbraut* zugrundeliegt. P. v. Matt, 1971, 99, ordnet H. zwischen Wieland und Feuerbach ein, Tretter, 1961, 101, zwischen dem »Nihilismus« der *Nachtwachen des Bonaventura* und dem »Optimismus« Novalis', und Magris 1980, 49, zwischen dem »Mythischen und Märchenhaften« und der »trostlosen Sinnentleertheit« der Moderne.

Literatur

Erzählpersonal

a) Tiere
Beardsley 1985.

b) (Künstler-)Helden
Daemmrich, Horst S.: Hoffmann's Tragic Heros, in: GR 45 (1970), 94–104; *Meyer, Herman:* Der Sonderling in der deutschen Dichtung, München 1963, 101–135; *Wirz, Jacques:* Die Gestalt des Künstlers bei E. T. A. Hoffmann, Lörrach 1961.

c) Kinder
Ewers, Hans-Heino: Kinder, die nicht erwachsen werden. Die Geniusgestalt des ewigen Kindes bei Goethe, Tieck, E. T. A. Hoffmann, J. M. Barrie, Ende und Nöstlinger, in: Kinderwelten. Kinder und Kindheit in der neueren Literatur. Festschrift für Klaus Doderer. Hg. vom Freundeskreis des Instituts für Jugendbuchforschung Frankfurt, Weinheim, Basel 1985, 42–70.

d) Ratgeber/Verführer
Beardsley, Christa-Maria: E. T. A. Hoffmann. Die Gestalt des Meisters in seinen Märchen, Bonn 1975.

e) Frauen
Asche 1985; *Grob, Hans:* Puppen, Engel, Enthusiasten. Die Frauen und die Helden im Werke E. T. A. Hoffmanns, Bern, Frankfurt a. M., New York 1984; *Matt, Peter von:* Die gemalte Geliebte. Zur Problematik von Einbildungskraft und Selbsterkenntnis im erzählenden Werk E. T. A. Hoffmanns, in: GRM 21 (1971), 395–412; *Rosteutscher, Joachim:* Das ästhetische Idol im Werke von Winckelmann, Novalis, Hoffmann, Goethe, George und Rilke, Bern 1956, 102–165; *Wolff, Joachim:* Der Idealisierungskomplex in den Werken E. T. A. Hoffmanns, Bern 1965.

Handlungssegment »Schwellenüberschreitung«
Albrecht, Michael von: Die Verwandlung bei E. T. A. Hoffmann und Ovid, in: Antike und Abendland 10 (1961), 161–180; Miller 1975.

Alkohol
Bachelard, Gaston: Psychoanalyse des Feuers, München, Wien 1985 (Paris [1]1949) (Kap. 6); *Felzmann, Fritz:* Der Wein in E. T. A. Hoffmanns dichterischem Werk, in: MHG 24 (1978), 1–13; *Jennings, Lee B.:* The role of alcohol in Hoffmann's mythic tales, in: Metzger, Michael u. a. (Hg.): Fairy Tales as Ways of Knowing, Bern, Frankfurt a. M., Las Vegas 1981, 182–194.

Traum
Béguin (1937) 1979, 295–311 und passim; *Cramer* 1966, 1970, 30–35, 125–133; *Peters, Diana Stone:* The Dream as Bridge in the Works of E. T. A. Hoffmann, in: Oxford German Studies 8 (1973), 60–85; *Stegmann, Inge:* Deutung und Funktion des Traumes bei E. T. A. Hoffmann, Diss. Bonn 1973; *dies.:* Die Wirklichkeit des Traumes bei E. T. A. Hoffmann, in: ZfdPh 95 (Hoffmann-Sonderheft 1976), 64–93.

Wahnsinn
Matzker, Reiner: Der nützliche Idiot. Wahnsinn und Initiation bei Jean Paul und Hoffmann, Frankfurt a. M., Bern, New York, Nancy 1984; *Nipperdey, Otto:* Wahnsinnsfiguren bei E. T. A. Hoffmann, Köln 1957; *Osinski, Jutta:* Über Vernunft und Wahnsinn. Studien zur literarischen Aufklärung in der Gegenwart und im 18. Jahrhundert, Bonn 1983; *Reuchlein* 1986.

Tod
Segebrecht, Wulf: Hoffmanns Todesdarstellungen, in: MHG 12 (1966), 11–19.

Motive

a) allgemein
Kanzog, Klaus: Formel, Motiv, Requisit und Zeichen bei E. T. A. Hoffmann, in: Brinkmann 1978, 625–638, 678 f.; *Mühlher, Robert:* E. T. A. Hoffmann. Beiträge zu einer Motivinterpretation, in: LJ 4 (1963), 55–72, wieder in: Mühlher 1976, 352–367.

b) Auge, Blick, optisches Instrument, Spiegel
Hoffmann, Ernst Fedor: Spiegelbild und Schatten. Zur Behandlung ähnlicher Motive bei Brentano, Hoffmann und Chamisso, in: Lebendige Form, hg. v. J. L. Sammons und E. Schürer, München 1970, 167–188; *Holbeche, Yvonne Jill Kathleen:* Optical Motifs in the Works of E. T. A. Hoffmann, Göppingen 1975; *Milner,* 1982, 39–93; *Slessarev, Helga:* Bedeutungsanreicherung des Wortes Auge. Betrachtungen zum Werke E. T. A. Hoffmanns, in: Monatshefte 63 (1971), 358–371.

c) Automat, Marionette, Golem
Boie, Bernhild: Die Sprache der Automaten. Zur Autonomie der Kunst, in: GQ 54 (1981), 284–297; *dies.:* Der zärtliche Haubenstock und die schöne Automate. Zur weiblichen Kunstfigur der Romantik, in: Seminar 20 (1984), 4, 246–261; *Drux, Rudolf:* Marionette Mensch. Ein Metaphernkomplex und sein Kontext von E. T. A. Hoffmann bis Georg Büchner, München 1986; *Gendolla, Peter:* Die lebenden Maschinen. Zur Geschichte der Maschinenmenschen bei Jean Paul, E. T. A. Hoffmann und Villiers de l'Isle-Adam, Marburg 1980; *Kreplin, Dietrich:* Das Automaten-Motiv bei E. T. A. Hoffmann, Diss. Bonn 1957; *Sauer, Lie-*

selotte: Marionetten, Maschinen, Automaten. Der künstliche Mensch in der deutschen und englischen Romantik, Bonn 1983, passim; *Vietta, Silvio:* Das Automatenmotiv und die Technik der Motivschichtung im Erzählwerk E. T. A. Hoffmanns, in: MHG 26 (1980), 25–33.

d) Doppelgänger, Gespenst

Asche 1985, 68–96; *Freud* 1919, 1970; *Kanzog, Klaus:* Der dichterische Begriff des Gespenstes. Bestimmung einer Motiv-Wort-Funktion, Diss. Berlin (Humboldt-Univ.) 1951; *Krauss, Wilhelmine:* Das Doppelgängermotiv in der Romantik. Studien zum romantischen Idealismus, Berlin 1930, Reprint: Nendeln 1967, Kap. 5; *Kuttner* 1936; *Rank, Otto:* Der Doppelgänger, in: Imago 3 (1914), passim; *Roehl, Martin:* Die Doppelpersönlichkeit bei E. Th. A. Hoffmann, Diss. Rostock 1918.

Bildlichkeit

Grahl-Mögelin, Walter: Die Lieblingsbilder im Stil E. T. A. Hoffmanns, Greifswald 1914; *Hillmann, Heinz:* Bildlichkeit der deutschen Romantik, Frankfurt a. M. 1971, 131–206.

Hoffmann als Zeichner und Maler

Deterding, Klaus: Der Kunzische Riß als zeichnerische Gestaltung von Hoffmanns poetischer Weltsicht, in: MHG 28 (1982), 25–32; *Maassen, Carl Georg von:* E. T. A. Hoffmann als Maler, in: Die Bücherstube 5 (1926), 1, 30–39, 2, 78–88; *Müller, Hans von:* E. T. A. Hoffmann als bildender Künstler, in: Handzeichnungen E. T. A. Hoffmanns in Faksimilelichtdruck nach den Originalen. Hg. von Walter Steffen und Hans von Müller, Berlin 1925, 7–45; Teildruck: v. Müller 1974, 661–672; überarbeitet in: Handzeichnungen E. T. A. Hoffmanns in Faksimiledruck. Mit einer Einleitung: E. T. A. Hoffmann als bildender Künstler hg. von Hans von Müller. Textrevision der Erläuterungen von Friedrich Schnapp. Hildesheim 1973, 7–62.

Die Bedeutung der bildenden Kunst für den Erzähler Hoffmann

Harnisch, Käthe: Deutsche Malererzählungen. Die Art des Sehens bei Heinse, Tieck, Hoffmann, Stifter und Keller, Berlin 1938, 46–62; *Lee* 1985 (dazu Rezension Bernard Dieterle in: MHG 32, 1986, 126–128); *Mühlher, Robert:* E. T. A. Hoffmann und die bildkünstlerische Darstellung des Jenseits, in: Jahrbuch des Kunsthistorischen Instituts der Universität Graz 1 (1965), 69–105. Mit 10 Tafeln, wieder in: Mühlher 1976, 398–446; *Oesterle* 1987.

Die Bedeutung von Drama und Bühne für den Erzähler Hoffmann

Eilert 1977; *Gravier, Maurice:* E. T. A. Hoffmann et la psychologie du comédien, in: Revue de la Société d'Histoire du Théâtre 7 (1955), 3/4, 255–277; *Köppler* 1929; *Mausolf, Werner:* E. T. A. Hoffmanns Stellung zu Drama und Theater, Berlin 1920, Reprint: Nendeln 1967; *May, Joachim:* E. T. A. Hoffmanns theatralische Welt, Diss. Erlangen 1950;

Nehring, Wolfgang: Die Gebärdensprache E.T.A. Hoffmanns, in: ZfdPh 89 (1970), 207–221; *Schau, Peter:* »Klein Zaches« und die Märchenkunst E.T.A. Hoffmanns. Eine Studie zur Entwicklung seiner ästhetischen Prinzipien, Diss. Freiburg i.B. 1966; *Sdun, Winfried:* E.T.A. Hoffmanns »Prinzessin Brambilla«. Analyse und Interpretation einer erzählten Komödie, Diss. Freiburg i.B. 1961.

Schockmetaphorik/Synästhesien
Fischer, Ottokar: E.T.A. Hoffmanns Doppelempfindungen, in: Archiv 63 (1909), 123, 1–22, wieder in: Prang, 28–55; *Margis, Paul:* Die Synästhesien bei E.T.A. Hoffmann, in: Zeitschrift für Ästhetik 5 (1910), 91–99; *Mühlher* 1962, 1976.

Modalisierung, Perspektivismus, Mehrdeutigkeit
Dattenberger 1986; *Girndt-Dannenberg* 1969; *Just* 1964, 1976, 1981; *Köhn* 1966; *Momberger* 1986; *Motekat* 1973; *Preisendanz* 1963, 1976, 1985; *ders.:* 1974, 1976, 1977, 1981; *Todorov, Tzvetan:* Einführung in die fantastische Literatur, München 1972, Frankfurt a.M., Berlin, Wien 1975 ([1]Paris 1970).

Zitathafte Sprache, Stil
Bourke, Thomas: Stilbruch als Stilmittel. Studien zur Literatur der Spät- und Nachromantik. Mit besonderer Berücksichtigung von E.T.A. Hoffmann, Lord Byron und Heinrich Heine, Frankfurt a.M., Bern, Cirencester/UK 1980; *Dahmen, Hans:* Der Stil E.T.A. Hoffmanns, in: Euphorion 28 (1927), 76–84, wieder in: Prang, 141–154; *ders.* 1929; *Feldt* 1982; *Heilborn* 1926, 168–180; *Grahl-Mögelin, Walter:* Die Lieblingsbilder im Stil E.T.A. Hoffmanns, Greifswald 1914; *Hillmann, Heinz:* Bildlichkeit der deutschen Romantik, Frankfurt a.M. 1971, 131–206; *Kanzog, Klaus:* Formel, Motiv, Requisit und Zeichen bei E.T.A. Hoffmann, in: Brinkmann 1978, 625–638; *Katz, Moritz:* Die Schilderung des musikalischen Eindrucks bei Schumann, Hoffmann und Tieck, Leipzig 1910; *Meyer, Herman:* Das Zitat in der Erzählkunst. Zur Geschichte und Poetik des europäischen Romans, Stuttgart 1961, [2]1967, 114–134; *Müller, Helmut:* Untersuchungen zum Problem der Formelhaftigkeit bei E.T.A. Hoffmann, Bern 1964; *Nock, J.F.:* Notes on E.T.A. Hoffmann's linguistic usages, in: JEGP 55 (1956), 588–603; *Rausche, Charlotte:* E.T.A. Hoffmanns attributives Empfinden. Ein Beitrag zur Attributcharakteristik der Romantik, Diss. Halle 1922; *Raydt, Olga:* Das Dämonische als Stilform in den literarischen Werken E.T.A. Hoffmanns, Diss. München 1912; *Schaeffer, Carl:* Die Bedeutung des Musikalischen und Akustischen in E.T.A. Hoffmanns literarischem Schaffen, Marburg 1909, 99–106, 165–213; *Schmerbach, Hartmut:* Stilstudien zu E.T.A. Hoffmann, Berlin 1929; *Wright, Elizabeth:* E.T.A. Hoffmann and the Rhetoric of Terror. Aspects of Language Used for the Evocation of Fear, London 1978; *Zoerb, Ulrike:* Clemens Brentano und E.T.A. Hoffmann. Ein vom Stil ausgehender Vergleich, Diss. Bonn 1948.

Autothematik/Fiktionsironie
Heimrich, Bernhard: Fiktion und Fiktionsironie in Theorie und Dichtung der deutschen Romantik, Tübingen 1968.

Leserlenkung
Elling, Barbara: Leserintegration im Werk E. T. A. Hoffmanns, Bern und Stuttgart 1973; *Miller, Norbert:* Der empfindsame Erzähler. Untersuchungen an Romananfängen des 18. Jahrhunderts, München 1968, 12–20, 329–332; *Wellenberger 1986*, 105–126; *Werner 1978, 1981, 1984.*

Gattung, Ton
Benz, Richard: Märchen-Dichtung der Romantiker. Mit einer Vorgeschichte, Gotha, 1908, [2]1926; *Bohrer, Karl Heinz:* Die Ästhetik des Schreckens. Die pessimistische Romantik und Ernst Jüngers Frühwerk, München, Wien 1978, passim; *Buchmann 1910*, passim (Märchen); *Conrad, Horst:* Die literarische Angst. Gestaltung und Funktion des Schrecklichen im Schauerroman, bei E. T. A. Hoffmann und in der Detektivgeschichte, Düsseldorf 1974; *Grimm, Reinhold:* Die Formbezeichnung »Capriccio« in der deutschen Literatur des 19. Jahrhunderts, in: Burger, Heinz-Otto (Hg.): Studien zur Trivialliteratur, Frankfurt a. M. 1968, 101–116; *Kilchenmann, Ruth J.:* Die Kurzgeschichte. Formen und Entwicklung, Stuttgart, Berlin, Köln, Mainz 1967, 24–35 und passim; *Klein, Johannes:* Geschichte der deutschen Novelle von Goethe bis zur Gegenwart, Wiesbaden [4]1960, 99–137; *Klotz, Volker:* Das europäische Kunstmärchen. Fünfundzwanzig Kapitel seiner Geschichte von der Renaissance bis zur Moderne, Stuttgart 1985, 196–207; *Loecker 1983* (Märchen); *Martini, Fritz:* 1955, 1976 (Märchen); *Miller 1972, 1978* (Nachtstück – Märchen); *Reimann 1926* (Märchen); *Pongs, Hermann:* Das Bild in der Dichtung, Marburg 1939, II, 146–149, 170–176 (Novelle); *Reinert, Claus:* Das Unheimliche und die Detektivliteratur. Entwurf einer poetologischen Theorie über Entstehung, Entfaltung und Problematik der Detektivliteratur, Bonn 1973, 28–48; *Schönhaar, Rainer F.:* Novelle und Kriminalschema. Ein Strukturmodell deutscher Erzählkunst um 1800, Homburg v. d. H., Berlin, Zürich 1969, 121–148 und passim; *Schumacher 1977* (Märchen); *Segebrecht 1967a* (autobiographische Verfahren); *Stackelberg, Lorenz von:* Die deutsche Gespenstergeschichte in der Zeit der Spätaufklärung und der Romantik (1787–1820), Diss. München 1982, 267–279; *Strauss, Heinz:* Der Klosterroman von Millers »Siegwart« bis zu seiner künstlerischen Höhe bei E. T. A. Hoffmann. Ein Beitrag zur Literaturgeschichte des 18. Jahrhunderts, Diss. München 1921; *Tecchi 1962* (Märchen); *Thalmann, Marianne:* Der Trivialroman des 18. Jahrhunderts und der romantische Roman. Ein Beitrag zur Entwicklungsgeschichte der Geheimbundmystik, Berlin 1923, passim; *Thalmann 1952, 1976* (Märchen); *Todsen, Hermann:* Über die Entwicklung des romantischen Kunstmärchens. Mit besonderer Berücksichtigung von Tieck und E. T. A. Hoffmann, Berlin 1906; *Trautwein, Wolfgang:* Erlesene Angst. Schauerliteratur im 18. und 19. Jahrhundert. Untersuchungen zu Bürger, Maturin, Hoff-

mann, Poe und Maupassant, München, Wien 1980; *Wührl* 1963 (Märchen); *ders.:* 1984 (Märchen).

Entwicklung
Cramer 1966, 1970, 85–116; *Günzel* 1972, 1976; *Köhn* 1966; *Mollenauer, Robert:* The Three Periods of E. T. A. Hoffmann's Romanticism. An Attempt at a Definition, in: SiR 2 (1963), 213–243; *Nehring* 1976, 1981; *Oesterle* 1987; *Toggenburger* 1983; *Werner, Hans-Georg* 1962.

Literarische Quellen
Adel, Kurt: Faust-Reflexe bei E. T. A. Hoffmann, in JWGV 76 (1972), 105–117; *Brüggemann* 1958 (Cervantes); *Cerny, J.:* Jean Pauls Beziehungen zu E. T. A. Hoffmann. Programm des K. K. Staats-Obergymnasiums in Mies, 1907, 3–20, 1908, 5–23; *Cramer* 1966, 1970, 117–178 (»Die Quellen der Groteske bei E. T. A. Hoffmann«); *Dahmen* 1929, 13–69; *Dammann* 1975 (Vulpius, Zauber-, Bundesroman); *Dunn, Hough-Lewis:* The circle of love in Hoffmann and Shakespeare, in: SiR 11 (1971/72), 113–137; *Feldmann, Helmut:* Die Fiabe Carlo Gozzis. Die Entstehung einer Gattung und ihre Transposition in das System der deutschen Romantik, Köln, Wien 1971, 148–153 und passim; *Jesi, Furio:* Novalis e Hoffmann dinanzi al patto di Faust, in: F. J.: Letteratura e mito, Torino 1968, 61–76; *Jost* 1921, 1969 (Tieck); *Kanzog, Klaus:* E. T. A. Hoffmann und Karl Grosses »Genius«, in: MHG 7 (1960), 16–23; *Matzker, Reiner:* Der nützliche Idiot. Wahnsinn und Initiation bei Jean Paul und Hoffmann, Frankfurt a. M., Bern, New York, Nancy 1984; *McGlathery* I, 1981, 93–167; *Mühlher* 1963, 1976 (Spätbarock); *ders.:* E. T. A. Hoffmann und das Kunstleben seiner Epoche, in: JWGV 70 (1966), 84–115, wieder in: Mühlher 1976, 284–320; *ders.:* Barocke Vorstufen zur romantischen Kunsttheorie E. T. A. Hoffmanns, in: Acta Germanica 3 (1968), 137–152, wieder in: Mühlher 1976, 321–336; *Negus, Kenneth:* The Allusions to Schiller's »Der Geisterseher« in E. T. A. Hoffmann's »The Majorat«. Meaning and Background, in: CQ 22 (1959), 341–355; *Nock, Francis J.:* E. T. A. Hoffmann and Shakespeare, in: JEGP 53 (1954), 369–382; *Orth, Wilhelm:* Kleist und Hoffmann. Eine Studie über beider Technik, Stil und literarische Abhängigkeit, Opladen 1920; *Pirker, Max:* [Rezension zu Sucher 1912, in:] Euphorion 20 (1913), 261–276; *Robertson, Ritchie:* Shakespearean Comedy and Romantic Psychology in Hoffmann's »Kater Murr«, in: SiR 24 (1985), 201–222; *Scher, Steven Paul:* »Kater Murr« und »Tristram Shandy«. Erzähltechnische Affinitäten bei Hoffmann und Sterne, in: ZfdPh 95 (Hoffmann-Sonderheft 1976), 24–42, wieder in: Scher, 156–171; *Schneider, Albert:* Le double Prince. Un important emprunt de E. T. A. Hoffmann à Lichtenberg, in: Annales Universitatis Saraviensis 2 (1953), Philosophie – Lettres, 4, 292–299; *Segebrecht* 1967a, 63–87 (autobiographische Literatur); *ders.:* E. T. A. Hoffmann and English Literature, in Gish, Theodore G. u. a. (Hg.): Deutsche Romantik and English Romanticism . . ., München 1984, 52–66; *Slusser, George Edgar:* »Le

Neveu de Rameau« and Hoffmann's Johannes Kreisler: Affinities and Influences, in: CL 27 (1975), 327–343; *Spiegelberg, Hartmut:* Der »Ritter Gluck« von NN (1809) als Wegweiser zum dichterischen Schaffen des Komponisten und bildenden Künstlers in Sprache E. T. A. Hoffmann, Diss. Marburg 1973, 103–140 (Diderot, Goethe); *Sucher* 1912; *Thalmann, Marianne:* Der Trivialroman des 18. Jahrhunderts und der romantische Roman. Ein Beitrag zur Entwicklungsgeschichte der Geheimbundmystik, Berlin 1923, passim; *Trautwein, Wolfgang:* Erlesene Angst. Schauerliteratur im 18. und 19. Jahrhundert. Systematischer Aufriß. Untersuchungen zu Bürger, Maturin, Hoffmann, Poe und Maupassant, München 1980.

5. Wirkung

5.1. Literarische Wirkung

5.1.1. Deutsches Sprachgebiet

Zu seinen Lebzeiten war H. ein geschätzter Autor gewesen, um den sich die Verleger der seinerzeit so beliebten Almanache mit hohen Honorarangeboten stritten. Schon damals freilich stieß er, wie Steinecke 1971 gezeigt hat, auf erheblichen Widerstand seitens der Literaturkritik. Dieser galt weniger den vergleichsweise konventionellen »Taschenbuch«-Beiträgen als vielmehr, das *Brambilla*-Vorwort etwa belegt es, den formal und thematisch kühneren Erzählungen. Auffällig ist die Reserve gerade der bedeutenderen Zeitgenossen. Jean Paul, der auf Vermittlung von Kunz hin die – gewiß von Vorbehalten nicht durchaus freie – Vorrede zu den *Fantasiestücken* geschrieben hatte, distanzierte sich 1821 in der Vorrede zur zweiten Auflage der *Unsichtbaren Loge* von H., der in »neuerer Zeit« die »humoristischen Charaktere [. . .] zu einer romantischen Höhe hinaufzutreiben« wisse, »daß der Humor wirklich den echten Wahnwitz erreicht« (Werke, hg. von N. Miller, I, München 1960, 19). Überwiegend ablehnend reagierte auch Tieck (Zeydel 1971, 297, 306 ff., 312 f.). Börne hat, möglicherweise auch aufgrund falscher Informationen über H.s Rolle in den »Demagogenverfolgungen«, den *Kater Murr* und die beiden ersten Bände der *Serapions-Brüder* in längeren Rezensionen scharf kritisiert (Sämtliche Schriften, hg. von I. und P. Rippmann, Darmstadt 1977, II, 450–456, 555–562). Von den etwas bekannteren Autorenkollegen äußerte sich zu H.s Lebzeiten allein Wetzel in seiner Besprechung der *Fantasiestücke* uneingeschränkt positiv (Heidelbergische Jahrbücher der Literatur 8, 1815, 1041-1056).

Schon für die Jahre bis 1822 darf man von einer charakteristischen Differenz der Einschätzung zwischen dem insgesamt eher positiv eingestellten breiteren Lesepublikum und der Literaturkritik bzw. den bedeutenderen Schriftstellerkollegen sprechen (vgl. Rahel Varnhagen im Februar 1820 über *Fräulein von Scu-*

deri: »Wie hideux, krankhaft, unnütz, und ohne allen sittlichen Grund und Kampf eigentlich! [. . .] Und *vive l'auteur!* schreit das deutsche Publikum. Nicht zum Verstehen.« Gesammelte Werke, hg. von K. Feilchenfeldt, U. Schweikert und R. E. Steiner, München 1983, III, 14 f.). Nach H.s Tod verbreitete sich diese Kluft bis zu einem Punkt, wo beide Positionen kaum mehr zu vermitteln waren. Während H. nämlich durch das ganze 19. Jh. hindurch neu aufgelegt wurde, äußerten sich die ästhetischen Theoretiker, Literaturhistoriker und großen Autoren, die ihn alle gekannt haben dürften, von wenigen Ausnahmen abgesehen, außerordentlich reserviert. Eine zentrale Rolle dabei spielten Hitzigs 1823 erschienene und wiederholt aufgelegte Bände *Aus Hoffmann's Leben und Nachlaß.* Ihrerseits ein Konzentrat der Widerstände, auf die H. schon zu Lebzeiten gestoßen war, leisteten sie der selbstgerecht moralisierenden Verurteilung seiner Person und der Ablehnung gerade der kühnsten Schöpfungen zugunsten der konventionelleren Vorschub. Über Carlyle und vor allem über Scotts H.-Essay, den Goethe zustimmend zitierte und der, gerade auch indem er Widerspruch hervorrief, entscheidend für die europäische und nordamerikanische Rezeption wurde, hat Hitzig das H.-Bild des 19. Jh.s maßgeblich bestimmt. In Hegels *Vorlesungen zur Ästhetik,* Vischers *Ästhetik oder Wissenschaft des Schönen* und in Rosenkranz' *Ästhetik des Häßlichen,* die alle beiläufig, doch entschieden negativ auf H. Bezug nehmen, ist nachzulesen, in welchen philosophisch-systematischen Zusammenhängen – einer die literarische Klassik um Jahrzehnte überlebenden klassizistisch geprägten Ästhetik – die negativen Einzelurteile stehen. Zu den gewichtigeren Ausnahmen zählten: Heine, dessen *Briefe aus Berlin* ihn als gründlichen Kenner H.s ausweisen (sein Urteil über den *Meister Floh* wäre positiver ausgefallen, wenn er den Zensurvorgang gekannt hätte) und der noch in der *Romantischen Schule* der *Brambilla* seine Referenz erweist, obwohl er sich mit der Romantik überhaupt zunehmend auch von H. distanzierte; der junge Marx, der in dem Erzählfragment *Scorpion und Felix* (1836/37) »seine engagierte und beißende Polemik gegen die ›deutsche Misère‹ in einem bizarren und grotesken ›Capriccio‹, das sich perfekt in die Linie der Ironiker Sterne – Jean Paul – Hoffmann – Heine einfügt, zum Ausdruck bringt« (Magris 1980, 18); Grillparzer, der sich zu seinem *Armen Spielmann* durch den *[Baron von B.]* anregen ließ (v. Matt 1971, 9, Anm. 6); möglicherweise Büchner, der seiner Braut am 10. März 1834 schrieb, er hätte »Herrn Callot-Hoffmann sitzen können« (Sämtliche Werke, hg. von W. Lehmann, Darmstadt 1971, II, 424), und dessen karikaturistisch-groteskes Verfahren sich auch Anregungen durch H. verdanken dürfte; mit Sicherheit Hebbel, der sich begeistert über die *Elixiere* äußerte und bekannte, von H. »zuerst auf das Leben, als die einzige Quelle echter Poesie hingewiesen« worden zu sein (Werke, hg. von G. Fricke, W. Keller und K. Pörnbacher, IV, München 1966, 458 f.).

Die allgemeine Abwendung von der Romantik nach 1848 verstärkte die Skepsis gegenüber H., indem sie diese in ein umfassenderes Verdikt einbettete. Immerhin blieb der im 19. Jh. häufig als »Callot-«, »Teufels-« oder »Gespenster-H.« apostrophierte Autor, häufig unter der Oberfläche, auch im bürgerlichen Realismus gegenwärtig. O. Ludwig schrieb 1848 das Drama *Das Fräulein von Scuderi*, das H.s dämonischen Cardillac bürgerlich-klassenkämpferisch verharmlost. Fontane äußerte in einem Brief aus dem Jahr 1858: »Nur bedeutende Erscheinungen, wie immerhin fehlerhaft und beklagenswert, üben solchen Einfluß.« (Sämtliche Werke, Aufsätze, Kritiken, Erinnerungen, I, hg. von J. Kolbe, München 1969, 886) Raabe hat H. früh gelesen und noch in späteren Werken auf ihn angespielt. Bei Storm wirkt H. u. a. in *Bulemanns Haus* nach, vor allem aber bei Keller, der sich 1843 in einer längeren Tagebuchaufzeichnung über ihn äußerte und ihm u. a. für *Die drei gerechten Kammacher* und *Spiegel, das Kätzchen*, möglicherweise auch für die Erzählkonstruktion im *Grünen Heinrich* (R. Böschenstein: Der Schatz unter den Schlangen. Ein Gespräch mit Gerhard Kaisers Buch »Gottfried Keller«, in: Euphorion 77, 1983, 186) und für die Auseinandersetzung mit den Naturwissenschaften im *Sinngedicht* wichtige Anregungen verdankte.

Wie sehr H. trotz dieser Bezüge aus dem Kanon des 19. Jh.s und vollends als mögliches Vorbild produktiver Praxis ausgegrenzt wurde, zeigen vor allem die zeitgenössischen Literaturgeschichten. Menzel nahm ihn mit nationalistisch-fragwürdiger Begründung gegen die französische Rezeption in Schutz. Eichendorff kanzelte ihn in seinen Literaturgeschichten ab, wobei er bezeichnenderweise noch am ehesten *Das Fräulein von Scuderi*, *Das Majorat* und *Küfer Martin und seine Gesellen* (sic!) gelten ließ (Werke, III, München 1976, 897). Gervinus verurteilte ihn wie der bis ins zwanzigste Jahrhundert immer wieder aufgelegte Vilmar und der als Programmatiker des bürgerlichen Realismus so wichtige Julian Schmidt, der Scotts Charakterisierung des *Sandmann* in seiner Einschätzung der französischen

Sozialromane insgesamt als »krankhafter Gebilde eines Opium-
rausches« zu einer negativen Diagnose der Moderne verallge-
meinerte (Geschichte der Französischen Literatur seit der Re-
volution 1789, II, Leipzig 1858, 439). Gegen Ende des 19. Jh.s
äußerte sich Scherer sehr kühl über H., und noch zu Beginn des
zwanzigsten konnte dieser von Rosenbaum im »Goedeke« unter dem Deckmantel wissenschaftlicher Seriosität beschimpft
werden. Selbst Bleis hartes Wort über den um H. so verdienten
Ellinger (Prinz Hypolit und andere Essays, Leipzig 1903, 152)
entbehrte nicht völlig der Berechtigung, blieb dessen »erster
größerer Versuch, ihm [H.] gerecht zu werden« (Ellinger 1894,
VIII), doch in mancher Hinsicht dem 19. Jh. verhaftet (so hatte
Ellinger die Prinzessin Brambilla zu »den geringwertigsten Lei-
stungen des Dichters« gezählt, 163).

Die von Blei um die Jahrhundertwende ausgesprochene
Hoffnung, H. möchte sich künftig größerer Wertschätzung er-
freuen, sollte sich in den folgenden Jahrzehnten erfüllen. Hofmannsthal hatte schon in dem 1899 geschriebenen Bergwerk zu
Falun an H. produktiv angeknüpft, Panizza schon 1892 den
Berganza in Aus dem Tagebuch eines Hundes fortgesponnen,
und auch dem 1877 geborenen Kubin, der 1909 den phantastischen Roman Die andere Seite vorlegte, war H. um die Jahrhundertwende längst vertraut. Den Widerständen, auf die H.s
Werk um 1900 stieß, und dem Reiz, den es ausstrahlte, hat Benjamin rückblickend in der Berliner Kindheit in einer Sprache
Ausdruck verliehen, in der sich Anklänge an H. und Proust mit
unverwechselbar Eigenem mischen (Gesammelte Schriften, IV,
1, Frankfurt a. M. 1972, 284 f.; vgl. auch Benjamins für H. werbenden Rundfunkbeitrag Das dämonische Berlin, MHG 31,
1985, 1–5).

Nun, in den ersten Jahrzehnten des zwanzigsten Jahrhunderts, erschienen die Editionen Grisebachs, v. Maassens, Ellingers und Harichs. Nun wurde H. zu einem der am häufigsten
illustrierten Autoren. Nun kam es im Gegenzug zum reali-
stisch-naturalistischen Paradigma zu einer Welle fantastischer
Literatur, die nicht nur von einem Ewers, sondern auch von
Autoren ersten Ranges getragen wurde (vgl. etwa Schnitzlers
Weissagung und Musils Grigia). Die deutsche Rezeption Baudelaires und Poes kommt auch H. zugute, den Blei jenen an die
Seite gerückt hatte. Nietzsches Verdikt über die Romantik und
mit ihr auch über H. vermag die Neubewertung nicht aufzuhal-
ten. Freuds Traumdeutung, die Psychoanalyse überhaupt, die
untergründig vielfach mit der Romantik kommuniziert, schärf-

ten den Blick für die Sprache der romantischen Literatur, längst bevor Freud selber 1919 in seinem Essay über das »Unheimliche« mit dem *Sandmann* und den *Elixieren* zwei der radikalsten Erzählexperimente H.s heranzog. Die Präsenz H.s ist nun allenthalben greifbar, von Richard von Schaukal, der ihn 1906 im *Kapellmeister Kreisler. Dreizehn Vigilien aus einem Künstlerdasein* fortschreibt, bis Spengler, der 1923 im *Untergang des Abendlandes* Kreisler Faust, Werther und Don Juan an die Seite stellt (Sonderausgabe, München 1979, 354, Anm.), von Hesse bis E. Jünger, von Bloch bis Kafka (besonders wichtig die *Forschungen eines Hundes, Ein Bericht für eine Akademie* und *Der Jäger Gracchus*, Binder 1966, 150–166, 177 f., 395). Zu Beginn des zwanzigsten Jahrhunderts kam es auch zu jener Neubewertung, die gegen die vorherrschende Meinung des 19. Jh.s nicht in der *Scuderi* und im *Meister Martin*, sondern in den beiden Romanen, im *Sandmann* und in den Märchen den Gipfel des von H. Geleisteten erblickt.

Im Faschismus verfiel H. weder, wie Heine, dem rassistischen Bann, noch auch wurde er in dem Ausmaß wie Hölderlin oder Kleist vereinnahmt. Freilich hat man auch ihn braun zu schminken versucht, wie Willimcziks Monographie (1939) und der Bamberger Dichterkreis um Zerkaulen belegen (Segebrecht 1985). Schon für das *Zauberberg*-Kapitel »Fragwürdigstes« könnte Thomas Mann auf H.s Darstellungen hypnotischer und parapsychologischer Phänomene zurückgegriffen haben. Im Exil hat er den Doppelroman um Murr und Kreisler wieder gelesen, um daraus für den *Dr. Faustus* zu lernen. Heinrich Mann, dem H. wie Thomas seit seinen literarischen Anfängen vertraut war, hat sich in *Ein Zeitalter wird besichtigt* sehr positiv über ihn geäußert.

Nach dem Zweiten Weltkrieg dürfte H. zunächst nicht zu den bevorzugten Leseerlebnissen der produktiven Autoren wie auch des breiteren Lesepublikums gezählt haben. Immerhin hatte H. Mayer in der DDR H. im Anschluß an Lukàcs von dem gegen die Romantik geäußerten Ideologieverdacht ausgenommen, und 1958 konnte eine umfangreiche H.-Ausgabe im Aufbau-Verlag erscheinen. In der Bundesrepublik dienten zunächst eher Kafka und die westeuropäisch-nordamerikanische Moderne als literarische Orientierungsmarken. Eigentlich wiederentdeckt wurde H. erst im Zuge jener neuen Skepsis, die sich in den siebziger und achtziger Jahren im gesamten deutschen Sprachgebiet als Reaktion auf den sei es staatlich geförderten, sei es durch die westlichen Alternativbewegungen getragenen revolutionären Optimismus ausbreitete und gerade auch der fantastischen Literatur ein neues Existenzrecht zusprach. Inzwischen wird H. nicht nur viel gelesen und kommentiert, wie die Vielzahl neuer Ausgaben und kritischer Schriften zeigt, sondern, teilweise durch führende Autoren, produktiv fortgeschrieben.

In der DDR legte Anna Seghers in der *Reisebegegnung* (1972) H. im Gespräch mit Gogol und Kafka die Worte in den Mund: »Symbolische oder phantastische Darstellungen, Märchen und Sagen wurzeln doch irgendwie in der Wirklichkeit. Genausogut wie greifbare Dinge. Ein richtiger Wald gehört zur Wirklichkeit, doch auch ein Traum von einem Wald« (Sonderbare Begegnungen, Darmstadt und Neuwied 1973, 147). Christa Wolf rechnete in den *Neuen Lebensansichten eines Katers* (1970) mit technokratischen Menschheitsbeglückungsvisionen ab. Franz Fühmann schrieb ebenso dichte wie beziehungsreiche H.-Essays (*Fräulein Veronika Paulmann aus der Pirnaer Vorstadt oder Etwas über das Schauerliche bei E. T. A. H.*, 1979). Hans Joachim Schädlich griff in den Prosastücken *Oktoberhimmel* und *Satzsuchung* seines Buches *Versuchte Nähe*, 1977, die Knarrpanti-Affäre aus dem *Meister Floh* und *Des Vetters Eckfenster* auf, um das sozialistische Überwachungssystem im Schutz verdeckter Rede zu attackieren. Ingo Zimmermann ließ H. in einem fingierten Gespräch mit Goethe gegen dessen These, die »luftigen Gestalten« unserer »Einbildungskraft« dürften nicht mit der »Wahrheit« verbunden werden, mit den Worten recht behalten: »Ich will kein Leben als Dichter, ich schreibe, um das Leben nicht zu verfehlen. Mich ruft das geheimnisvolle, schreckliche, herrliche Leben.« (*Hoffmann in Dresden. Erzählung*, Berlin [DDR] 1985, 151). Und Wolfgang Hegewald, wie Schädlich inzwischen im Westen, griff in *Hoffmann, Ich und Teile der näheren Umgebung*, Frankfurt a. M. 1985, das mit dem Doppelgänger-Motiv verbundene H.-Thema der bedrohten Identität auf und aktualisierte es unter den Bedingungen des geteilten Deutschland. Auch Wolfgang Hilbig greift auf H. zurück.

Gegenwärtig ist H. aber auch in der westlichen Literatur: bei Arno Schmidt etwa, der in *Das steinerne Herz. Historischer Roman aus dem Jahre 1954* einen Titel aus den *Nachtstücken* aufnimmt und in *Die Schule der Atheisten* bzw. *Zettels Traum* die sexuelle Symbolik der *Königsbraut* sprachspielerisch akzentuiert; bei Peter Henisch (*»Hoffmanns Erzählungen«. Aufzeichnungen eines verwirrten Germanisten*, München 1983), bei

Zsuzsanna Gahse (*Berganza. Erzählung,* München 1984); auch
– punktuell nur, aber nicht weniger bezeichnend – bei Peter
Handke, der im *Gewicht der Welt* Anselmus' Dresdner Erfahrung mit dem Archivarius Lindhorst im Kontext Paris zitiert:
»Ich suche mit den Augen eine Frau, die gerade noch die Treppe
zum Bahnhof hinauflief: sie hat sich in das Vogelvieh verwandelt, das gerade in einen Baum abschwirrt« (Frankfurt a. M.
1982, st 500, 119). Noch vor der gegenwärtigen H.-Begeisterung hat Günter Eich, in seinen Hörspielen ein konsequenter
Verfechter des serapiontischen Prinzips, H. in dem Rollengedicht *Aussicht vom Spezial-Keller* sagen lassen, seine »Freunde«
seien ihm »noch nicht begegnet«. (*Zu den Akten*, Frankfurt a.
M. 1964, 47)

Literatur

Übergreifende Wirkungsgeschichte
Berczik, Arpád: E. T. A. Hoffmann und die Weltliteratur, in: Mádl, Antal (Hg.): Festschrift Karl Mollay zum 65. Geburtstag, Budapest 1978,
43–63; *Feldges, Brigitte* und *Ulrich Stadler,* in: Feldges/Stadler, 258–
290; *Görgens* 1985, 131–159; *Kaiser, Gerhard R.:* »impossible to subject
tales of this nature to criticism«. Walter Scotts Kritik als Schlüssel zur
Wirkungsgeschichte E. T. A. H.s im 19. Jh., in: Mennemeier, Franz
Norbert u. a. (Hg.): Deutsche Literatur in der Weltliteratur/Kulturnation statt politischer Nation, Tübingen 1986, 35–47; *McGlathery* I,
1981, 14–39; *Tecchi, Bonaventura:* Ritratto di Hoffmann, in: B. T.: Romantici tedeschi, Milano, Napoli 1959, 1964, 100–119.

Deutsches Sprachgebiet

a) Quellensammlungen

Salomon, Gerhard (Hg.): Apokryphe Erzählungen von E. T. A. Hoffmann. Nach der Überlieferung durch Honoré de Balzac, Rudolf
v. Beyer, Johann Peter Lyser, Adam Oehlenschläger und Adolf von
Schaden . . ., Berlin, Leipzig 1928; *Schnapp, Friedrich* (Hg.): E. T. A.
Hoffmann in Aufzeichnungen seiner Freunde und Bekannten, München 1974 (u. a.: »Goethe und Hoffmann«, 737–751); dazu Rez. von
Hartmut Steinecke: MHG 21, 1975, 64–66; *Segebrecht, Wulf* (Hg.):
»Ich denke mir mein Ich durch ein Vervielfältigungsglas«. Gedichte für
E. T. A. Hoffmann, Bamberg 1984.

b) Kritische Literatur, allgemein
Blei, Franz: Ernst Th. Amadeus Hoffmann, in: F. B.: Prinz Hypolit
und andere Essays, Leipzig 1903, 151–172; *Köhn* 1966, 229–244 (»Zur

literarhistorischen Stellung Hoffmanns«); *Ludwig, Albert:* E. Th. A. Hoffmanns Gestalt in der deutschen erzählenden Dichtung, in: Archiv 79, 147 (1924), 1–29; *Maassen, Carl Georg von:* Hoffmann im Urteil seiner Zeitgenossen I, in: Der grundgescheute Antiquarius 2, 1923, 51–61; *ders.:* E. T. A. Hoffmann im Urteil zeitgenössischer Dichter, in: MHG 2 (1941/43), 36–40; *Sakheim* 1908, 1–26 (»Der Gespensterhoffmann im Urteil deutscher Dichter und Kunstrichter«); *Segebrecht, Wulf:* Der Bamberger Dichterkreis 1936–1943. Katalog zur Ausstellung in der Staatsbibliothek Bamberg vom 8. bis 31. Mai 1985, Bamberg 1985; *Stadler, Ulrich* in: Feldges/Stadler 1986, 258–268; *Steinecke, Hartmut:* »Der beliebte, vielgelesene Verfasser . . .« Über die Hoffmann-Kritiken im »Morgenblatt für gebildete Stände« und in der »Jenaischen Allgemeinen Literatur-Zeitung«, in: MHG 17 (1971), 1–16.

c) Kritische Literatur, einzelne Autoren

Martens, Wolfgang: Der Barbier in *Büchners* »Woyzeck«, in: ZfdPh 79 (1960), 361–383 (Belcampo, »Elixiere des Teufels«); *Nehring, Wolfgang: Eichendorff* und E. T. A. Hoffmann. Antagonistische Brüderschaft, in: Aurora 45 (1985), 91–105; *Helmke, Ulrich:* Theodor *Fontane* und E. T. A. Hoffmann, in: MHG 18 (1972), 33–36; *Hennig, John: Goethe's* translation of Scott's criticism of Hoffmann, in: MLR 51 (1956), 369–377; *Hoefert, Sigfrid:* E. T. A. Hoffmann und Max *Halbe* . . ., in: MHG 13 (1967), 12–19; *Haussmann, J. F.:* E. T. A. Hoffmanns Einfluß auf *Hauff,* in: JEGP 16 (1917), 53–66; *Wittmann, Karl:* Der Einfluß E. T. A. Hoffmanns auf Friedrich *Hebbel,* Arnau 1908; *Siebert, Wilhelm:* Heinrich *Heines* Beziehungen zu E. T. A. Hoffmann, Marburg 1908, Reprint: New York, London 1968; *Uhlendahl, Heinrich:* Fünf Kapitel über H. *Heine* und E. T. A. Hoffmann, Berlin 1919; *Ziolkowski, Theodore:* The Novels of Hermann *Hesse,* Princeton 1965, 200–206 (»Steppenwolf«) und passim; *Lorenz, Emil Franz:* Die Geschichte des Bergmanns von Falun, vornehmlich bei E. T. A. Hoffmann, Richard Wagner und Hugo von *Hofmannsthal,* in: Imago 3 (1914), 250–301; *Wunberg, Gotthart:* Der frühe *Hofmannsthal.* Schizophrenie als dichterische Struktur, Stuttgart, Berlin, Köln, Mainz 1965, passim; *Cerny, Johann: Jean Pauls* Beziehungen zu E. T. A. Hoffmann. Programm des K. K. Staats-Obergymnasiums in Mies, 1907, 3–20, 1908, 5–23; *Fife, Robert Herndon: Jean Paul Friedrich Richter* and E. T. A. Hoffmann. A Study of the Relations of Jean Paul to Romanticism, in: PMLA 32 (1907), 1, 1–33; *Bohrer, Karl Heinz:* Die Ästhetik des Schreckens. Die pessimistische Romantik und *Ernst Jüngers* Frühwerk, München, Wien 1978, passim; *Binder, Hartmut:* Motiv und Gestaltung bei Franz *Kafka,* Bonn 1966, Kap. 4 und passim; *Wöllner* 1971 (Kafka); *Jennings, Lee B.:* Kater Murr und Kätzchen Spiegel. Hoffmann's und *Keller's* uses of felinity, in: CG 15 (1982), 66–72; *Wörtche, Thomas:* Gottfried *Keller,* Salzburg 1982, 114–124; *Barthel, Karl Werner:* Die dramatischen Bearbeitungen der Novelle E. T. A. Hoffmanns »Das Fräulein von Scuderi« und ihre Bühnenschicksale mit besonderer Berücksichtigung des gleichnamigen Schauspiels von Otto *Ludwig* und seiner Bühnenbearbeitungen, Diss. Greifswald 1929; *Hirth, Friedrich:* Johann Peter *Lyser.* Der Dichter, Maler, Musiker, München und Leipzig 1911, passim; *Gersdorff, Dagmar von: Thomas Mann* und E.T.A. Hoffmann. Die Funktion des Künstlers und der Kunst in den Romanen »Doktor Faustus« und »Lebens-Ansichten des Katers Murr«, Frankfurt a. M. 1979; *Koelb, Clayton: Mann,* Hoffmann, and »Callot's Manner«, in: GR 52 (1977), 260–273; *Schultz, Werner:* Einwirkungen des »Romantikers« E.T.A. Hoffmann auf den »Realisten« Wilhelm *Raabe,* in: Jahrbuch der Raabe-Gesellschaft 1976, 133–150; *Petzel, Jörg:* E.T.A. Hoffmann und Arno *Schmidt,* in: MHG 26 (1980), 88–98; *Kosch, Wilhelm:* Adalbert *Stifter* als Mensch, Künstler, Dichter und Erzieher, Regensburg 1952, passim; *Schuster, Ingrid:* Theodor *Storm* und E.T.A. Hoffmann, in: LJ 11 (1970), 209–223; *Segebrecht, Wulf:* Ludwig *Tieck* an E.T.A. Hoffmann. Ein bisher unpublizierter Brief vom 12. August 1820, in: MHG 32 (1986), 1–11; *Zeydel, Edwin H.:* Ludwig *Tieck,* the German Romanticist, ²1971 (¹1935), passim; *Stinchombe, J.: Trakl's* Elis poems and E.T.A. Hoffmann's »Die Bergwerke zu Falun«, in: MLR 59 (1964), 609–615; *Castein, Hanne:* Christa *Wolfs* »Neue Lebensansichten eines Katers«. Ein Beitrag zur Hoffmann-Rezeption in der DDR, in: MHG 29 (1983), 45–53.

5.1.2. Schottland, England, USA

Den Weg in die englischsprachige Welt hat H. zunächst über die Vermittlung Schottlands gefunden. Robert Pearce Gillies veröffentlichte 1824 in Edinburgh seine Übersetzung *The Devil's Elixir;* zusammen mit einer Inhaltsangabe erschienen Auszüge daraus im selben Jahr in Blackwoods *Edinburgh Magazine* (Zylstra 1940, 64). Am Anfang steht mithin ein Werk, das selbst die Tradition der englischen gothic novel produktiv weiterführt. Wichtig wurden sodann Carlyles Übersetzung des *Goldnen Topfes* von 1827 im zweiten Band seiner Edition *German Romance* sowie seine in der moralisierend-abwertenden Darstellung Hitzig folgende biographische Skizze *E.T.W. Hoffmann.* Am folgenreichsten aber war Walter Scotts Abhandlung *On the Supernatural in Fictitious Composition; and particularly on the works of E.T.W. Hoffmann* von 1827, die auch für Deutschland, Frankreich und Rußland größte Bedeutung erlangen sollte. Scott, zu dem H. sich seinerseits distanziert geäußert hat (SB 924 f.), setzte *Das Majorat* als positives Beispiel vom *Sandmann* ab. Dessen negative Wertung ließ er in den Worten gipfeln, die »Einfälle« H.s ähnelten so häufig den »Vorstellungen«, die ein »übertriebener Gebrauch des Opiums« hervorrufe, daß man nicht umhin könne, seinen »Fall« aus der Zuständigkeit des Literaturkritikers in die des Arztes zu verweisen (W. S.: On Novelists and Fiction, hg. von J. Williams, London 1968, 352). Klassizistische Vorbehalte und eine von der Selbstgerechtigkeit des arrivierten Autors und Gesellschaftsmenschen geprägte Sicht des deutschen Schriftstellerkollegen verbanden sich mit einer dichotomischen Aufspaltung des H.schen Werkes, der Hitzig vorgearbeitet hatte. Freilich dürfte Scott als die europäische Autorität, die er in den zwanziger Jahren des 19. Jahrhunderts war, nicht nur durch den lobenden Hinweis auf das *Majorat*, sondern – in Frankreich und Rußland sicher stärker als im englischsprachigen Raum – auch durch die extrem negative Sicht des *Sandmann* und der Person des Autors ungewollt für H. geworben haben. In den antibürgerlichen Zügen H.s und der radikal modernen Schreibweise des *Sandmann* konnte eine Schriftstellergeneration Anregungen finden, die sich zunehmend vom Scottschen Modell einer im Bürgerlichen verankerten Erzählprosa entfernte.

Zylstra, der in der Forschung kaum rezipiert wurde, hat schon 1940 nachgewiesen, in welch erstaunlichem Maße H. im englischsprachigen Kulturraum des 19. Jh.s gegenwärtig war, wenngleich ein Jahrhundert vergehen mußte, bevor er in seiner Komplexität adäquat angeeignet war (Zylstra 1940, 160). Scott selbst hat sich trotz seines Verrisses nicht gescheut, für *The Surgeon's Daughter* Anregungen aus dem *Gelübde* zu verarbeiten. Für Emily Brontës *Wuthering Heights* ist das *Majorat* wichtig geworden. Dante Gabriel Rossetti hat H. produktiv aufgegriffen. In George Meredith' erstem Roman *The Shaving of Shagpat* sind Anregungen durch H. eingegangen (Mainland 1936). 1833 veröffentlichte Thackeray seine englische Fassung des *Märchens von der harten Nuß* aus *Nußknacker und Mausekönig*. Zylstra resümiert: »The Hoffmannesque does not appear to have been a distinguishable tributary to the main stream of English fiction in the 19th century. The presence of Hoffmann's art in England, however, cannot be denied. Here and there it was productive of significant results.« (1940, 271)

Was die amerikanischen Autoren angeht, so kannte Washington Irving möglicherweise, Hawthorne höchstwahrscheinlich, Longfellow ganz ohne Zweifel das Werk H.s (*Hyperion*, Buch 4, Kap. 4 und 5). Das Klischee von Poes »Beeinflussung« durch H. ist von Zylstra differenziert worden. Angesichts der starken Präsenz H.s im englischsprachigen Zeitschriftenwesen (schon 1827 wurde Scotts Essay in Boston wiederabgedruckt) und seines eigenen journalistischen Engagements muß Poe H. gekannt haben, zumal er ihm auch in den zahlreichen französischen Übersetzungen zugänglich war. Verbindungen bestehen sowohl im Poetologisch-Programmatischen (Bedeutung des »effect«) als auch im Begrifflichen (»fantasy-piece«, »Tales of the Arabesque and Grotesque«) und im Thematisch-Motivlichen (Mesmerismus, über Scott vermittelte Beziehung zwischen dem *Majorat* und *The Fall of the House of Usher*). Ob angesichts dieser Konvergenzen Zylstras Behauptung aufrechterhalten werden kann, der »wirkliche H.« ähnele Poe »im wesentlichen« nicht (1940, 358 f.; vgl. auch Bachelards Gegenüberstellung beider Autoren unter dem Aspekt unterschiedlicher elementarer Präferenzen, Feuer vs. Wasser, Psychoanalyse des Feuers, München, Wien 1985, 120–122), muß einer einläßlichen Prüfung ebenso vorbehalten bleiben wie die geläufige Gegenthese von der denkbar größten Nähe beider Autoren. Über Poe und über den durch Baudelaire nach Frankreich vermittelten Poe dürften jedenfalls indirekte Wirkungen H.s ausgegangen sein. Daß H. noch gegenwärtig im englischsprachigen Kulturraum präsent ist, hat Wellek 1967 bestritten (»today hardly more than a name in the English-speaking world«, 49), doch scheinen neuere Ausgaben und Angela Carters *The Infernal Desire Machines of Doctor Hoffmann* (1972, dt. 1984) eher für das Gegenteil sprechen.

Literatur

a) Kritische Literatur, allgemein
Ashton, R. D.: The Reception of German Literature in England from the Founding of »Blackwood's Magazine« (1817) to the Time of Carlyle and his Disciples, Diss. Cambridge 1974; *Segebrecht, Wulf:* E. T. A. Hoffmann and English Literature, in: Gish, Theodore G. u. a. (Hg.): Deutsche Romantik and English Romanticism, München 1984, 52–66; *Zylstra, Henry:* E. T. A. Hoffmann in England and America, Diss. Harvard 1940.

b) Kritische Literatur, einzelne Autoren
Jackson, H. J.: Coleridge's »Maxilian«, in: CL 33 (1981), 1, 38–49; *Ireland, Kenneth R.:* Urban Perspectives. Fantasy and Reality in Hoffmann and *Dickens*, in: CL 30 (1978), 133–156; *Viebrock, H.:* The Knocker. Physiognomical Aspects of a Motif in Hoffmann and *Dickens*, in: English Studies 43 (1962), 396–402; *Cohen, Hubert I.:* Hoffmann's »Der Sandmann«. A Possible Source for [Emerson's] »Rappacini's Daughter«, in: Emerson Society Quarterly 68 (1972), 148–153; *Rimer Becker, Allienne:* The fantastic in the fiction of Hoffmann and *Haw-*

thorne, Diss. Pennsylvania State Univ. 1984; *Currie, Robert: Wyndham Lewis*, E. T. A. Hoffmann, and »Tarr«, in: Review of English Studies 30 (1979), 169–181; *Mainland, W. F.:* A German Source for »The Shaving of Shagpat« [*Meredith*], in: MLR 31 (1936), 408–410; *Cobb, Palmer:* The Influence of E. T. A. Hoffmann on the Tales of Edgar Allan *Poe,* Chapel Hill 1908, Reprint: New York 1963; *Gruener, Gustav:* Notes on the Influence of E. T. A. Hoffmann upon E. A. *Poe,* in: PMLA 19 (1904), 1, 1–25; *Vitt-Maucher, Gisela:* E. T. A. Hoffmanns »Ritter Gluck« und *Poes* »The Man of the Crowd«. Eine Gegenüberstellung, in: GQ 43 (1970), 35–46; *Ball, Margaret:* Sir Walter *Scott* as a Critic of Literature, Port Washington, New York 1966; *Kaiser, Gerhard R.:* »impossible to subject tales of this nature to criticism«. Walter Scotts Kritik als Schlüssel zur Wirkungsgeschichte E. T. A. H.s im 19. Jh., in: Mennemeier Franz Norbert u. a. (Hg.): Deutsche Literatur in der Weltliteratur/Kulturnation statt politischer Nation, Tübingen 1986, 35–47.

5.1.3. Frankreich

Der Beginn der französischen H.-Rezeption fällt in eine Zeit gesellschaftlichen Umbruchs (Julirevolution) und literarischer Erneuerung (Stendhals *Racine et Shakespeare*, Hugos *Préface de Cromwell* mit der von H. unabhängigen Berufung auf Callot, »bataille d'*Hernani*«, Wandlung Balzacs vom Nachahmer Scotts zum Geschichtsschreiber der Pariser Gegenwart u. a.). Im Prozeß wachsender Distanzierung vom überkommenen Klassizismus spielt H. die Rolle eines wichtigen Katalysators. Nachdem vor allem die »Revue de Paris« eine Reihe von Übersetzungen veröffentlicht hatte, beginnt im November 1829 Loève-Veimars' H.-Übersetzung zu erscheinen, deren abschließender zwanzigster Band im Oktober 1833 vorliegt. Mit dieser Ausgabe, von der verschiedene Bände schon bald wiederaufgelegt werden, konkurrieren in den dreißiger Jahren die ebenfalls mehrbändig angelegten französischen H.-Ausgaben Toussenels, Egmonts und La Bédollières. Zu H.s französischen Übersetzern zählen mit Marmier (*Contes fantastiques*, 1843) und Champfleury (*Contes posthumes d'Hoffmann*, 1856) zwei der bedeutenderen Literaten und mit Gérard de Nerval (*Les aventures de la nuit de Saint-Sylvestre* [2. Kap.], 1831) einer der größten französischen Autoren des 19. Jh.s. Wie sehr H. noch heute als Teil der französischen Literaturgeschichte der 1830er Jahre verstanden wird, bezeugt das mit »L'initiateur allemand« überschriebene Kapitel von Castex' *Le conte fantastique en France de Nodier à Maupassant* (1951) ebenso wie Lamberts dreibändige Taschenbuchausgabe von Loève-Veimars' *Contes fantastiques* (1979–1982).

Der zeitliche Schwerpunkt der französischen H.-Rezeption liegt sicher in den 1830er Jahren, doch bildet das Jahr 1840, wie Lloyd 1979 herausgearbeitet hat, keineswegs den tiefen Einschnitt, als der es nach Teichmann (1961) erscheinen konnte. H. ist weiterhin gegenwärtig, wie die Stellungnahmen u. a. Baudelaires, Champfleurys und Barbey d'Aurevillys belegen. In der zweiten Hälfte des 19. Jh.s tritt H. allmählich in den Hintergrund, doch zeigen gelegentliche Anspielungen, in Huysmans' *A rebours,* in Rimbauds *Ce qu'on dit au poète à propos de fleurs* oder im *Journal* der Goncourts ebenso wie Maupassants variierende Aufnahme des Motivs vom verlorenen Spiegelbild in *Le horla* und Verweise in literarisch unspezifischem Schrifttum wie Jules Ferrys *Comptes fantastiques d'Haussmann,* daß er als feste Bezugsgröße gegenwärtig bleibt. Offenbachs Oper *Les contes d'Hoffmann* von 1880 schließlich (Librettist: Barbier nach Barbiers/Carrés gleichnamigem Drama von 1851) vermittelt wesentliche Züge des französischen H.-Bildes – absolutes Künstlertum, Dämonie des Alltags – an das zwanzigste Jahrhundert weiter.

In den 1830er/40er Jahren gab es kaum einen wichtigeren französischen Autor, der sich nicht zu H. geäußert hätte. Dies gilt etwa für Nodier, der H. 1830 in seinem Essay *Du fantastique en littérature* lobend hervorhebt; für Musset, der sich in *Namouna* H.s Interpretation der Don Juan-Figur anschließt; für Balzac, der H. wiederholt erwähnt und ihn u. a. in *L'élixir de longue vie* in Richtung des epochenspezifischen Themas der Geldherrschaft weiterschreibt; für Gautier (*Onuphrius ou Les Vexations fantastiques d'un admirateur d'Hoffmann* u. a.); für Aloysius Bertrand, der seinen *Gaspard de la Nuit* mit dem Untertitel *Fantaisies à la manière de Rembrandt et de Callot* versieht (so wie Nerval die Formel »voyageur enthousiaste« im Titel eigener Reiseberichte aufnimmt); für George Sand, die H. seit den frühen dreißiger Jahren kennt und noch 1864 *Meister Floh* unter dem Titel *La nuit de Noël* dramatisiert. Als Indiz dafür, wie sehr H. die französische Sensibilität in der Zeit der Julimonarchie getroffen hat, darf man auch das Interesse werten, mit dem die zwei führenden Männer der französischen Presse im 19. Jh., Girardin (der über H. in der »Revue de Paris« schrieb) und Janin (vgl. etwa *Kreyssler* und *Hoffmann et Paganini* aus den *Contes fantastiques et contes littéraires,* 1832), auf ihn reagierten.

Wenn die für H.s französischen Durchbruch in den späten zwanziger Jahren wichtige Zeitschrift »Le Globe« zwischen einem »merveilleux mythologique«, »allégorique«, »chrétien«, »mécanique« einerseits und einem »merveilleux d'Hoffmann« bzw. »merveilleux naturel« andererseits unterschied (Bd. VIII, 818 ff., nach Thurau 1896, 255), für welches sich alsbald der Begriff »fantastique« durchsetzte, so ist damit auf das serapiontische Erzählen als wichtigsten Ermöglichungsgrund der französischen Wirkung hingedeutet. Er konnte um so wirksamer werden, als H. die alltägliche »Basis der Himmelsleiter« (SB 599), sei es in der äußeren Welt, sei es in der Psyche, mit scharfen Strichen zeichnete und darin der realistisch-prägnanten Tradition der französischen Literatur ebenso entgegenkam wie mit seiner vom Deutsch-Anheimelnden denkbar weit abgelegenen Komik (»Rien de ce vague, de cet inachevé que souvent avec raison on reproche aux Allemands« vermerkte der »Globe« Bd. VII, 189, nach Thurau 1896, 252). In der zweiten Hälfte der dreißiger Jahre wurden dann, verstärkt durch den von Loève-Veimars begünstigten Mythos um seine Person, zunehmend H.s Bilder gefährdeten Künstlertums, vor allem seine literarischen Musiker-Gestalten, wichtig (vgl. Balzacs *Gambara*, 1837). In ihnen erblickte man Spiegelbilder der eignen, unter den Bedingungen des sich entfaltenden Kapitalismus zunehmend problematischen Existenz.

Baudelaire, dessen Kommentare einen späten Höhepunkt der französischen Rezeption darstellen, hat sowohl auf H.s Künstlerbild als auch auf seine Alltagsphantastik reagiert. Für die Vermittlung H.s an den Symbolismus und das zwanzigste Jahrhundert ist er aber auch noch in anderer Hinsicht die entscheidende Station: u. a. mit der an H.s *Berganza* anknüpfenden Unterscheidung zwischen »mémoire d'almanach« und »véritable mémoire« (Œuvres complètes, hg. von Le Dantec/Pichois, Paris 1961, 927), mit dem H.-Zitat von dem zur synästhetischen Wahrnehmung befreienden »Delirieren« (ebd., 884) – beide bilden eine Brücke zu Proust –, mit seiner Wertschätzung des Grotesk-Komischen eines Werkes wie der *Königsbraut*, in dem das »charakteristisch Komische« in Richtung des »absolut Komischen« überboten werde (ebd., 992), mit der Erkenntnis, daß H. u. a. in der als »catéchisme de haute esthétique« gepriesenen *Brambilla* (ebd., 992) eine spezifisch moderne Sprache des Chocs schrieb, die er selber primär innerhalb des lyrischen Genres entwickelte, mit seiner Fortführung von H.s autothematischen Ironisierungen der poetischen Existenz und des ästhetischen Erlösungsweges unter den Bedingungen der Moderne. Wenn in unserem Jahrhundert die Surrealisten keine positive Beziehung zu H. fanden, so vermutlich deswegen, weil H. längst in die herrschende Kultur Frankreichs integriert worden war und wegen eben jener scharf geprägten Bildlichkeit und souveränen Reflexivität, die schon H.s erste französische Rezeption begünstigt hatten (vgl. Magris 1980, 55).

Literatur

Kritische Literatur, allgemein

Béguin 1979 ([1]1937), Kap. 15 und passim; *Berczik, Arpád:* E. T. A. Hoffmann en France, in: Acta romanica 4 (1977), 7–21 a; *Braak, S.:* Introduction à une étude sur l'influence d'Hoffmann en France, in: Neophilologus 23 (1938), 271–278; *Breuillac, Marcel:* Hoffmann en France. Etude de littérature comparée, in: RHLF 13 (1906), 427–457, 14 (1907), 74–105; *Castex, Pierre-Georges:* Le conte fantastique en France de Nodier à Maupassant, Paris 1951, Kap. III und passim; *ders.:* Walter Scott contre Hoffmann. Les Episodes d'une Rivalité littéraire en France, in: Mélanges d'histoire littéraire offerts à Daniel Mornet, Paris 1951, 169–176; *Guichard, Léon:* Autour des »contes d'Hoffmann«, In: RLC 27 (1953), 136–147; *Hofmann, Ernst:* Ernest-Théodore-Amédée Hoffmann et la littérature française, in: Jahresbericht der Annenschule zu Dresden-Altstadt und Einladung zu den öffentlichen Prüfungen am 12. und 13. März 1913, 3–56; *Lambert, José:* Introductions zu: Hoffmann: Contes fantastiques. Traduction de Loève-Veimars, 3 Bde., Paris 1979–82, I, 7–35, II, 11–43, III, 11–34; *Lippe, George B. von der:* La vie de l'artiste fantastique. The Metamorphosis of the Hoffmann-Poe figure in France, in: Canadian review of comparative literature 6 (1979), 46–63; *Magris* 1980, 53–80; *Teichmann, Elizabeth:* La fortune d'Hoffmann en France, Genève, Paris 1961; *Thurau, Gustav:* E. T. A. Hoffmanns Erzählungen in Frankreich. Festschrift zum siebzigsten Geburtstage Oskar Schade dargebracht von seinen Schülern und Verehrern, Königsberg i. Pr. 1896, 239–288; *Vordtriede, Werner:* Novalis und die französischen Symbolisten. Zur Entstehungsgeschichte des dichterischen Symbols, Stuttgart, Berlin, Köln, Mainz 1968, passim.

Kritische Literatur, einzelne Autoren

Amblard, Marie-Claude: L'œuvre fantastique de *Balzac*. Sources et philosophie, Paris 1972, 119–126 und passim; *Guise, René: Balzac,* lecteur des »Elixirs du Diable«, in: L'Année balzacienne 1970, 57–67; *Wais, Kurt:* Le roman d'artiste: E. T. A. Hoffmann et *Balzac,* in: La littérature narrative d'imagination, Paris 1961, 137–155, dt. in: K. W.: Europäische Literatur im Vergleich, Tübingen 1983, 97–129; *Wanuffel, Lucie:* Présence d'Hoffmann dans les œuvres de *Balzac* (1829–1835), in: L'Année balzacienne 1970, 45–56; *Bauer, Roger: Baudelaire* und die deutsche Romantik, in: Euphorion 75 (1981), 430–443; *Hyslop, Lois Boe: Baudelaires* »Elévation« and E. T. A. Hoffmann, in: French Review 46 (1973), 5, 951–959; *Köhler, Ingeborg: Baudelaire* et Hoffmann, Uppsala 1979; *Lloyd, Rosemary: Baudelaire* et Hoffmann. Affinités et Influences, Cambridge, London, New York, Melbourne 1979; *Pichois, Claude:* Sur *Baudelaire* et Hoffmann, in: RLC 27 (1953), 98 f.; *Pommier, Jean: Baudelaire* et Hoffmann, In: Mélanges de philologie, d'histoire et de littérature offerts à Joseph Vianey, Paris 1934, 459–477; *ders.:* Dans les chemins de *Baudelaire,* Paris 1945, Kap. XIX und passim; *Ludwig, Albert:* Hoffmann und *Dumas.* Ein Beitrag zu Hoffmanns Schicksalen in Frankreich, in: Archiv 55 (1929), 1–21; *Chambers, Ross:* Two Theatrical Microcosmos. »Die Prinzessin Brambilla« and »Mademoiselle de Maupin« [*Gautier*], in: CL 27 (1975), 34–46; *Payr, Bernhard:* Théophile *Gautier* und E. T. A. Hoffmann. Ein Beitrag zur Geistesgeschichte der europäischen Romantik, Berlin 1932, Reprint: Nendeln 1967; *Le Sage, L.:* Jean *Giraudoux,* Hoffmann et »Le Dernier Rêve d'Edmond About«, in: RLC 24 (1950), 1, 103-107; *Martin, Marietta:* Le docteur *Koreff* (1783–1851). Un aventurier intellectuel sous la restauration et la monarchie de juillet, Paris 1925, Reprint: Genève 1977; *Oppeln-Bronikowski, Friedrich von:* David Ferdinand *Koreff.* Serapionsbruder, Magnetiseur, Geheimrat und Dichter . . ., Berlin, Leipzig 1928; *Köhler, Ingeborg:* Erstes Auftreten Hoffmanns in Frankreich. Der Fall *Latouche,* in: MHG 28 (1982), 45–49; *Holtus, Günter:* Die Rezeption E. T. A. Hoffmanns in Frankreich. Untersuchungen zu den Übersetzungen von A. F. *Loève-Veimars,* in: MHG 27 (1981), 28–54; *Giraud, Jean:* Alfred de *Musset* et Hoffmann, in: RHLF 18 (1911), 297–334; *Jeune, Simon:* Une étude inconnue de *Musset* sur Hoffmann, in: RLC 39 (1965), 422–427; *Mandach, André de:* E. T. A. Hoffmann und Jules *Barbiers* Darstellungen des musikalischen Robotmärchens »Olimpia«, die Vorlagen zu Alfred de *Mussets* »Blandina«, in: Zeitschrift für französische Sprache und Literatur 78 (1968), 54–68; *Dubruck, Alfred:* Gérard de *Nerval* and the German Heritage, London, The Hague, Paris 1965, Kap. II und passim; *Malandain, Gabrielle:* Récit, miroir, histoire. Aspects de la relation *Nerval*-Hoffmann, in: Romantisme 14 (1978), 20, 79–93; *Siganos, André:* Sur Hoffmann et George *Sand.* »L'histoire du véritable Gribouille« et »L'enfant étranger«, in: RLC 56 (1982), 1, 92–95.

5.1.4. Rußland/Sowjetunion

Schon im Todesjahr des Dichters erschien eine Übersetzung des *Fräulein von Scuderi,* und bis Ende der zwanziger Jahre folgten fast in jährlichem Abstand Übersetzungen weiterer Werke. Der entscheidende Durchbruch vollzog sich freilich erst in Anlehnung an H.s französischen Erfolg. 1829 erschien, aus dem Französischen übertragen, Scotts epochemachender Essay, 1830, ebenfalls in russisch, Loève-Veimars' Aufsatz *Les dernières années et la mort d'Hoffmann,* der sich wie der Scotts eng an Hitzig orientierte. Waren für 1829 nur zwei Übersetzungen H.scher Werke zu verzeichnen, so sind es für 1830 nicht weniger als zehn, für 1831 gar zwanzig (Ingham 1974, 272–275, vgl. 280).

Unter den führenden Autoren der russischen Literatur (Puschkin, Gogol, Dostojewskij) bzw. Literaturkritik (Herzen, Belinskij, Tschernischewskij) gibt es in den Jahrzehnten nach 1830 wohl keinen Namen, der in der inzwischen beträchtlich angewachsenen Spezialforschung nicht im Zusammenhang mit H. genannt worden wäre. Selbstverständlich ist die Nähe zu H. bei Autoren zweiter und dritter Ordnung, Pogorelskij etwa, sehr viel größer als bei solchen, denen die Begegnung mit dem Werk des Deutschen nur zu einem Element unter anderen wurde, das sie in die eigene Vision einschmolzen. Puschkin scheint keine nähere Beziehung zu H. gefunden zu haben, was ihn freilich nicht hinderte, einschlägige Passagen aus den *Elixieren des Teufels* und vor allem aus *Spielerglück* in seiner Meistererzählung *Pikdame* zu verarbeiten (Stein 1927, 256–301, dt. Zusammenfassung 322 f.; Ingham 1974, 118–140). H. sehr viel näher steht Gogol, der an die Phantastik des Deutschen u. a. im *Newskij Prospekt* und in der *Nase* gerade mit dem Ziel anknüpfte, das Illusionäre der angeblichen Versöhnungsutopien, die Absurdität des Doppelgängermotivs und mit ihr die der H.schen Formensprache und Künstlerkonzeption überhaupt zu erweisen. Noch die Parodie der *Nase* zehrte allerdings vom Reiz der Phantastik, und mit dem desillusionistischen *Newskij Prospekt* rannte Gogol offene Türen ein, werden die positiven Märchenfinale doch von H. selber schon als ästhetische Wunscherfüllungsphantasien fiktionsironisch kenntlich gemacht.

Je mehr man sich von dem Jahr 1830 entfernt, desto schwieriger wird es, die Bedeutung H.s für einzelne Autoren zu bestimmen, kommt doch zur übersetzerischen Vermittlung, von der man überwiegend ausgehen muß, diejenige durch Werke hinzu, die ihrerseits schon Anregungen H.s empfangen hatten. Das Problem stellt sich auch bei Dostojewskij, dessen Spielerthematik sowohl aus der direkten Kenntnis H.s als auch aus der von Puschkins *Pikdame* genährt ist und dessen Werk in vielfältiger Weise an den so stark von H. geprägten Gogol anknüpft. Für einige frühe Werke Dostojewskijs ist eine Anregung durch H. gesichert. So ist sein *Doppelgänger* der Doppelgängerthematik des Deutschen bis in einzelne motivliche Konkretisierungen verpflichtet. Keinen abschließenden Konsens hingegen hat Passages breit angelegter Versuch gefunden, die Bedeutung H.s selbst noch für das Spätwerk Dostojewskijs nachzuweisen (Passage 1954; dazu Inghams Kritik 1974, 11 f.).

Wenn es auch schwierig ist, einen gemeinsamen Nenner für die so breite wie vielfältige russische Rezeption H.s zu finden, dürfte doch Passages Formulierung, es handle sich um »a process of ›darkening‹«, »only slightly less than universal« (1963, 224 f.), konsensfähig sein. Angesprochen sind damit die Preisgabe jenes humoristisch-spielerischen Elements, das bei H. der Desillusion die Waage hält, und – auf der thematischen Ebene – die radikale Fortführung der H.schen Frage nach der psychosozialen Identität des aus den christlichen Bindungen entlassenen Menschen. Gerade diese Bindungen, vor allem die mitmenschlichen Verpflichtungen, werden ja in der russischen Literatur des 19. Jh.s vielfach bekräftigt, womit *ein* Grund der wachsenden Abkehr von H. benannt wäre.

Mit der religiös-sozialen Wende der russischen Literatur ist die russische Rezeption H.s lediglich unterbrochen, denn gegen Ende des 19 Jh.s und in den ersten Jahrzehnten des 20. Jh.s wird er in Rußland bzw. in der Sowjetunion wiederentdeckt: u. a. von den Symbolisten Balmont und Brjussow (Gibelli 1964, 131–134), später durch das anti-naturalistische Theater Meierholds (der seine Petersburger Studiobühne »Dr. Dappertutto« nannte, Cheauré 1979, 42) und Tairovs (der für das Moskauer Kammertheater die *Prinzessin Brambilla* und *Signor Formica* auf die Bühne brachte, Cheauré 1979, 48–100; Text der *Brambilla*-Bearbeitung mit deutscher Übersetzung ebd., 145–215), durch Majakowskij (*Wirbelsäulenflöte*, Becker-Glauch 1962, 44) und schließlich durch die sogenannten Serapionsbrüder von Petrograd, die sich gegen die orthodox-kommunistische Ästhetik auf H. als Fürsprecher einer freien Kunst beriefen. (Lev Lunc: *Warum wir Serapionsbrüder sind*, in: *Die Serapionsbrüder von Petrograd. Aus dem Russischen übers. und hg. von G. Drohla, F. a. M. 1982, st 844, 7, 12). Die stalinistische Ästhetik bzw. Kulturpolitik ihrerseits suchte sich H. gelegentlich als »revolutionären Klassiker« anzueignen (so Levit 1930 nach Cheauré 1979, 22), stand ihm insgesamt aber, obwohl auch Lukàcs ihn positiv aus der deutschen Romantik hervorhob, eher distanziert gegenüber. So konnte die wichtige Monographie des ukrainischen Formalisten und H.-Forschers Šamrai erst vor wenigeń Jahren gedruckt werden (Kanzog 1985). Die Wertschätzung H.s auch noch in jüngerer Zeit ist mehrfach bezeugt, so-

wohl was das Lesepublikum und die Wissenschaft als auch was
die literarisch produktiven Autoren betrifft (vgl. etwa Andrej
Sinjawskijs unter dem Pseudonym Abram Terz veröffentlichte
Zaches-Variation *Klein Zores.* Aus dem Russ. von Swetlana
Geier, F. a. M. 1982 [russ. Paris 1980]). Wie die englischsprachige Literatur – z. B. durch Scott, Poe – und die französische –
z. B. durch Balzac, Baudelaire – hat auch die russische mittelbar zur deutschen Rezeption H.s beigetragen. Das gilt u. a.
für Dostojewskij, dessen *Doppelgänger* wichtige Anstöße für
Kafkas *Verwandlung* gab, und für Bulgakow, dessen Roman
Der Meister und Margarita Christa Wolf in dem geheimnisvollen ersten Satz »Die Kater sahen nach Morgen aus!« ihrer
Neuen Lebensansichten eines Katers zitiert (Castein 1983,
49).

Literatur

Bibliographien
Sevčenko, G. A.: Bibliografija perevodov proizvedennii E. T. A. Gofmana na russkii jazik i kritičeskoj literatury o nem c 1964 g., in: Belza 1982, 288–292; *Žitomirskaja, Zinaida Viktorovna:* E. T. A. Gofman. Bibliografija russkich perevodov i kritičeskoj literatury, Moskva
1964 (130 S.; dazu Rez. von Siegfried Seifert, in: WB 12, 1966, 973–
976).

Kritische Literatur, allgemein
Becker-Glauch, Wulf: E. T. A. Hoffmann in russischer Literatur und
sein Verhältnis zu den russischen Serapionsbrüdern, in: MHG 9 (1962),
41–54; *Botnikova, Alla B.:* Gofman i russkaja literatura. Pervaja poli-
vina XIX veka. K probleme russko-nemeckich literaturnich svjazej,
Voronez 1977; *Cheauré, Elisabeth:* E. T. A. Hoffmann. Inszenierun-
gen seiner Werke auf russischen Bühnen. Ein Beitrag zur Rezeptionsgeschichte, Heidelberg 1979; *Gibelli, Vincenzo:* E. T. A. Hoffmann.
Fortuna di un poeta tedesco in terra di Russia, Milano 1964; *Gorlin,
Michel:* Hoffmann en Russie, in: RLC 15 (1935), 60–76; *Ingham, Norman W.:* E. T. A. Hoffmann's Reception in Russia, Würzburg 1974;
Kanzog, Klaus: Der Platz der Veröffentlichung des ukrainischen Formalisten Šamraj über E. T. A. Hoffmann in der neueren Hoffmann-
Forschung, in: Blochyn, J. Bojko (Hg.): Ukrainische Romantik und
Neuromantik vor dem Hintergrund der europäischen Literatur, Heidelberg 1985, 43–52 (vgl.: Šamraj, Agapij Fylippovyc: Ernst Teo-
dor Gofman. Zytta i tvorčist', Kijiv 1969); *Passage, Charles E.:* Dostoevski the Adapter. A Study in Dostoevski's Use of the Tales of Hoffmann, Chapel Hill 1954; *ders.:* The Russian Hoffmannists, The Hague
1963.

Castein, Hanne: Christa Wolfs »Neue Lebensansichten eines Katers«. Ein Beitrag zur Hoffmann-Rezeption in der DDR, in: MHG 29 (1983), 45–53 (auch über *Bulgakow*); *Botnikowa, Alla B.:* Die ästhetische Verarbeitung künstlerischer Prinzipien E. T. A. Hoffmanns im frühen Schaffen *Dostojewskijs*, in: Dahnke, Hans-Dietrich u. a. (Hg.): Parallelen und Kontraste. Studien zu literarischen Wechselbeziehungen in Europa zwischen 1750 und 1850, Berlin und Weimar 1983, 336–361; *Reber, Natalie:* Studien zum Motiv des Doppelgängers bei *Dostojewskij* und E. T. A. Hoffmann, Gießen 1964; *Gorlin, Michael:* N. V. *Gogol* und E. T. A. Hoffmann, Leipzig 1933; *Montandon, Alain:* Une source peu connue de la »Perspective Nevsky« de *Gogol*, in: RLC 50 (1976), 291–295; *Peters, Jochen-Ulrich:* Die Entthronung des romantischen Künstlers. *Gogol's* Dialog mit E. T. A. Hoffmann, in: Lachmann, Renate (Hg.): Dialogizität, München 1982, 155–167; *Chrenova, N. I.:* Gercen (*Herzen*) i Gofman, in: Koroljuk, V. D. (Hg.): Slavjano-germanskie kul'turnye svjazi i otnošenija, Moskva 1969, 285–294; *Dymschitz, A. L.:* Alexander *Herzen* als Kritiker E. T. A. Hoffmanns, in: WB 5 (1959), 305–322; *Botnikova, Alla B.:* Puškin i Gofman, in: Učenye zapiski Leningradskogo gosud. instituta, T. 343, Leningrad 1970, 148–160; *Stein, Sergej:* Puškin i Gofman. Sravnitelnoje istoriko-literaturnoje issledovanie. Mit einem deutschen Referat: Puschkin und E. T. A. Hoffmann, Derpt (Tartu) 1927.

5.1.5. Andere Länder

In den Jahren, in denen H. außerhalb des deutschen Sprachgebiets bekannt wurde, beherrschten Frankreich und Schottland bzw. England weitgehend die literarische Szene Europas und Nordamerikas. Dies war folgenreich für seine Rezeption nicht nur in Rußland und in den Vereinigten Staaten, sondern auch in anderen Ländern, vorab Italien und Spanien. Italien, das H. nie betrat, nach dem er sich so sehr sehnte und dessen Sprache, Literatur und Musik ihm vertraut waren, ist Schauplatz zahlreicher seiner Werke und vor allen in der *Prinzessin Brambilla* divinatorisch erfaßt worden. Im 19. Jh. hat es seinerseits H. diese Liebe nicht lohnen können. Die düstere und dämonische Seite des Deutschen dürfte einer positiven Einschätzung entgegengestanden haben. Wenig mehr nur als einige Erwähnungen H.s in Zeitschriften und den Nachweis einer vierbändigen Übersetzung durch Gaetano Barbieri (1835) weiß Gugenheim (1925, 49–52) zu vermelden. Lombrosos Äußerungen vom Ende des 19. Jh.s markieren den Tiefstand von H.s italienischer Rezeption, wenngleich sie ihn ungewollt vergleichend aufwerten (Der geniale Mensch, Hamburg 1890, 390). Eine angemessenere Einschätzung scheint sich erst mit Busonis die *Brautwahl* verarbeitender Oper *La sposa sorteggiata* (1907, Uraufführung Hamburg 1912) und seinem Geleitwort zu einer deutschen H.-Anthologie von 1914 angebahnt zu haben (Phantastische Geschichten. Eingeleitet von F. B., München, Bln. 1914). Bei Einaudi liegt seit 1969 eine knapp 3000 Seiten umfassende Ausgabe der *Romanzi e Racconti* vor, und Italo Calvino nannte 1968 H. als einen seiner »Lieblingsdichter« (Erné 1970, 26 f.). Einige der aspektreichsten Aufsätze über H. überhaupt stammen von dem italienischen Germanisten Magris (dt. 1980).

Spanien, dem H. vor allem durch Cervantes und Calderón verbunden war, hat ihn durch eine nach dem Französischen angefertigte Übersetzung von Scotts Essay kennengelernt. Blieb dieser auch ohne größere Wirkung (Tietz 1980, 58 f.), so orientierte doch die Vorherrschaft des Modells historischen Erzählens in Spanien gerade auf die am wenigsten fantastischen Erzählungen H.s. Übersetzt wurde er nicht aus dem Original, sondern nach den französischen Übersetzungen Loève-Veimars' und Egmonts. Tietz hat darauf hingewiesen, daß im Spanien des 19. Jh.s auch Tieck, Chamisso, Nodier und Poe ohne Resonanz blieben, und dies als Indiz dafür gewertet, daß in der spezifischen literarischen und politischen Situation »weder bei der geistigen Elite noch bei dem sich gerade erst ausbildenden breiteren Lesepublikum eine wirkliche Sensibilität für das Werk und die Fragestellungen eines E. T. A. Hoffmann« bestand (1980, 68).

In den skandinavischen Ländern dürfte H., sei es im Original, sei es in Übersetzungen aus dem Deutschen, verhältnismäßig viel gelesen worden sein. In Schweden erfreuten sich verständlicherweise *Die Bergwerke zu Falun* besonderer Aufmerksamkeit (Ljungdorff 1924, 361–381), und noch Strindberg konnte an H. anknüpfen (ebd., 416 ff.). Am breitesten und intensivsten dürfte er indes in Dänemark rezipiert worden sein. Greene-Gantzberg verzeichnet für 1819 acht, für 1821 gar vierzehn H.-Übersetzungen (1982, 63). Oehlenschläger hat H. besucht und konnte sich nach einem Abend, an dem auch Fouqué teilnahm, Serapions-Bruder nennen. Mit Ingemann und Heiberg zählen zwei weitere wichtige dänische Literaten zu jenen, die Anregungen von H. empfingen. Andersen bekannte sich in seiner Autobiographie als Schuldner H.s. Kierkegaard verdankte *Don Juan* viel für seine Konzeption des Verführers, und die über sein ganzes Werk verstreuten Bezüge auf H. weisen ihn als einen ebenso gründlichen wie subtilen Kenner des Deutschen aus.

Literatur

China
Yushu, Zhang: In China wird E. T. A. Hoffmann entdeckt, in: MHG 26 (1980), 73–75.

Dänemark
Greene-Gantzberg, Vivian: E. T. A. Hoffmann in Dänemark, in: MHG 28 (1982), 50–71.

Italien
Erné Nino: Hoffmann in Italien, in: MHG 16 (1970), 19–27; *ders.:* Der italienische Hoffmann, in: MHG 17 (1971), 72–79; *Gugenheim, Susanna:* E. T. A. Hoffmann e l'Italia, Milano 1925.

Japan
Imada, Jun: Ohgai Mori und E. T. A. Hoffmann. Rezeptionsgeschichte von E. T. A. Hoffmann in Japan (1), in: Yamaguchi Daigaku Dokufutsu Bungaku 6 (1984), 1–23; *ders.:* Über »Das Fräulein von Scuderi« von Ohgai Mori. Rezeptionsgeschichte von E. T. A. Hoffmann in Japan (2), in: Journal of the Faculty of liberal Arts, Yamaguchi Univ., Humanities and Social Sciences 18 (1984), 127–146.

Polen
Lindken, Hans-Ulrich: Polnische E. T. A. Hoffmann-Bibliographie, in: MHG 20 (1974), 74 f.

Spanien
Tietz, Manfred: E. T. A. Hoffmann und Spanien, in: MHG 26 (1980), 51–68.

Schweden
Ljungdorff, Vilhelm: E. T. A. Hoffmann och Sverige, in: Edda 10 (1919), 96–140, 249–295.

5.2. Musik/Musikkritik

H. hat vielfältige Wirkungen auf die Musikgeschichte des 19. und selbst noch des 20. Jh.s ausgeübt. Mittelbar diente denn auch vor allem die deutsche Musik des 19. Jh.s seinem eigenen

Ruhm. H.s Oper *Undine* bereitete, nach Webers Eingeständnis, den *Freischütz* mit vor (schon 1817 schrieb Weber über die *Undine:* »Das ganze Werk ist [. . .] das schöne Resultat der vollkommensten Vertrautheit und Erfassung des Gegenstandes, vollbracht durch tief überlegten Ideengang, Berechnung der Wirkungen des Kunst-Materials, zum Werke der schönen Kunst gestempelt durch schöne und innig gedachte Melodien«, zit. nach MHG, H. 2/3, März 1940, 34). Noch Lortzing empfing durch H.s Oper Anregungen für seine eigene *Undine*. Bahnbrechend waren H.s Musikkritiken, die der Musikrezension zu einer bis dahin unbekannten Dignität verhalfen. Schumann etwa steht als Musikschriftsteller in der durch H. begründeten Tradition. H. vor allem war es, von dem man lernte, Musik als Sprache der Empfindungen in Worten zu evozieren. Topoi der Musikkritik wie der Vergleich des Verhältnisses von Klavierauszug und Partitur mit dem von Stich und Gemälde gehen auf ihn zurück. Grundsätzlichen Erwägungen wie denen zur Zusammenarbeit von »Dichter« und »Komponist« gab er entscheidende Anstöße. Für die Wirkungsgeschichte des im engeren Sinn literarischen Werkes sind Kompositionen wichtig, die H.s erzählerischem Werk stoffliche Vorlagen bzw. Anstöße zur Entwicklung des eigenen ästhetischen Materials verdankten. Schumann ist hier wieder zu nennen, dessen Klavierkompositionen *Kreisleriana* »durch den Beziehungsreichtum im vordergründig Konstrastierenden« (Edler 1982, 130) mit musikalischen Mitteln jene Integration des Heterogenen verfolgten, die H. literarisch angestrebt hatte. Wagner hat den *Kampf der Sänger* für den *Tannhäuser* und *Meister Martin* für die *Meistersinger* mit benutzt und eine Oper nach den *Bergwerken zu Falun* geplant, die aber über das Textbuch nicht hinausgedieh. Er las H. bis in die letzten Lebensjahre immer wieder; besonders interessant ist, wie Walter 1984 in seiner Auswertung von Cosimas Tagebüchern zeigte, daß Wagner aus seinem persönlichen Kanon der besten Werke H.s ironisch gebrochene wie die *Brambilla* und den *Zaches* zugunsten der eher »mystisch« vereinnahmbaren ausschied und in Briefen der siebziger Jahre an Nietzsche das Verhältnis zu diesem durch den Verweis auf Lindhorsts Meisterrolle gegenüber Anselmus zu bestimmen suchte (mit Wagner verfällt übrigens später auch H. Nietzsches Kritik, Werke, hg. von K. Schlechta, III, München 1956, 647). Der H.s Bild entscheidend prägende Musiker aber war Offenbach. Nachdem sein in Zusammenarbeit mit Sardou entstandener *Roi Carotte* (nach der *Königsbraut*) durch die Abdankung

Napoleons III. der Aktualität zum Opfer gefallen war, verband er in seiner postum aufgeführten Oper *Les contes d'Hoffmann* gerade auch in den Stimmungsbrüchen der musikalischen Sprache den über Loève-Veimars nach Frankreich gelangten H.-Mythos mit der exponierten Künstler-Thematik des literarischen Werkes. An Vorlagen H.s bzw. nach H. orientierten sich auch Tschaikowskij in seinem *Nußknacker*-Ballet sowie, im zwanzigsten Jahrhundert, Busoni in *La sposa sorteggiata* (nach der *Brautwahl*) und Hindemith in *Cardillac* (nach dem *Fräulein von Scuderi*). Ein neuerer Biograph Schumanns nannte als wichtigste Absicht seiner Monographie den Versuch, »zu zeigen, daß die Dekomposition der Persönlichkeitsstruktur Schumanns ein Paradigma darstellt für die ins Immense wachsenden Schwierigkeiten, unter den sich im 19. Jahrhundert herausbildenden Bedingungen ein schöpferischer Musiker zu sein« (Edler 1982, 8). Damit ist wohl der wichtigste Punkt benannt, der Schumann an der Gestalt Kreislers wie noch ein Jahrhundert später Hindemith an der des Goldschmied-Künstlers Cardillac und, zeitlich in der Mitte zwischen beiden, Offenbach um 1880 an Krespel und Antonie, vor allem aber an H. selber faszinierte.

Literatur

Allgemein

Ferlan, Françoise: Le thème d'Ondine dans la littérature et l'opéra allemands au XIXe siècle, Bern, Frankfurt a. M., New York, Paris 1987; *Gorski, Gisela:* »Das Fräulein von Scuderi« in Schauspiel, Oper, Film und Fernsehen, in: MHG 26 (1980), 76–87; *Schläder, Jürgen:* Undine auf dem Musiktheater. Zur Entwicklungsgeschichte der deutschen Spieloper, Bonn-Bad Godesberg 1979; *Teichmann, Elizabeth:* Von Hoffmanns Erzählungen zu »Hoffmanns Erzählungen«. E. T. A. Hoffmanns Gestalten auf der Musikbühne, in: MHG 22 (1976), 36–52.

Einzelne Komponisten

Kahlbeck, Max: Johannes *Brahms*, 4 Bde., Berlin 1908–14 , passim; *Bloch, Ernst:* Über Hoffmanns Erzählungen (Klemperers Krolloper, Berlin 1930), in: E. B.: Verfremdungen, 1962, I, 91–96 und in: Literarische Aufsätze, Frankfurt a. M. 1965, 284–288 (*Offenbach*); *Brecht, Bertolt:* Offenbachs »Hoffmanns Erzählungen« in einer neuen Vision, in: B. B.: Texte für Filme, Bd. 2, Berlin und Weimar 1971, 350–354; *Csampai, Attila* u. a. (Hg.): *Offenbach, Jacques:* Hoffmanns Erzählungen. Texte, Materialien, Kommentare. Mit einem Essay von Egon Voss, Hamburg 1984; *Huffman, Richard S.:* »Les Contes d'Hoffmann«. Unity of Dramatic Form in the Libretto, in: SiR 15 (1976), 97–117 (*Of-*

fenbach); *Abendroth, Walter:* Hans *Pfitzner*, München 1935, passim; *Célis, Raphaël:* L'art et l'aspiration à l'unité »magique« de la vie dans le romantisme allemand. Méditations sur les affinités destinales des »Kreisleriana« d'E. T. A. Hoffmann et de R. *Schumann*, in: R. C. (Hg.): Littérature et musique Brüssel, 1982, 111–137; *Edler, Arnfried:* Robert *Schumann* und seine Zeit, o. O. 1982, passim; *Dechant, Hermann:* Der Einfluß auf Richard *Wagners* Oper »Die Meistersinger von Nürnberg«, in: E. T. A. Hoffmann: Meister Martin der Küfner und seine Gesellen, Bamberg 1984, II, 111–117; *Eberl, Monika:* Richard *Wagner* und E. T. A. Hoffmann. Berührungspunkte zwischen Utopisten, in: Musika 40 (1986), 4, 333–338; Guggenheimer, Hedwig: E. T. A. Hoffmann und Richard *Wagner,* in: Richard Wagner-Jahrbuch 2 (1907), 165-203; *Siegel, Linda: Wagner* and the romanticism of E. T. A. Hoffmann, in: Musical Quarterly 51 (1965), 4, 597–613; *Walter, Jürgen:* Richard Lindhorst und Anselm Nietzsche. Ein Nachtrag zum Thema »E. T. A. Hoffmann und Richard *Wagner*«, in: MHG 30 (1984), 69–72; *Wolzogen, Hans von:* E. T. A. Hoffmann und Richard *Wagner.* Harmonien und Parallelen, Berlin o. J. (1906); *Valentin, H. E.:* E. T. A. Hoffmann und Carl Maria von *Weber* oder Von Mozart zu Wagner, in: Acta Mozartiana 23 (1976), 2, 25–30; *Werbeck, Walter:* E. T. A. Hoffmann und C. M. v. *Webers* Kammermusik, in: MHG 24 (1978), 14–25.

5.3. Bildende Kunst / Illustrationen

H. hat die bildende Kunst vielfältig stimuliert. Die zeitgenössischen H.-Porträts – Hensels idealisierende Bleistiftzeichnung von 1821, die durch Passinis ins »Süßliche« (Hitzig) gewendeten Stich Verbreitung fand (Riemer 1976, Abb. 141, 142), und mehr noch Buchhorns Stich von 1823 nach einem verschollenen Selbstbildnis des Dichters, der Hitzigs Biographie vorangestellt war (ebd., Abb. 153) – haben neben zahlreichen anderen Quellen zu einer nicht abreißenden Reihe von bildnerischen H.-Vergegenwärtigungen geführt. Unter ihnen ragt, wegen ihrer Intensität, Menzels Steinzeichnung von 1835 besonders hervor (ebd., Abb. 154), an ihrem vorläufigen Ende stehen u. a. Radierungen bzw. Lithographien von Janssen und Prechtl (ebd., Abb. 152, 156, 160). Auch über die Vermittlung solcher Porträts hat H. literarisch gewirkt, wie Lemuds Lithographie von 1839 belegt (ebd., Abb. 157), dessen H. Champfleury 1856 mit den Worten »Il paraît en proie à ses rêveries« beschrieb (*Contes posthumes d'Hoffmann.* Traduits par Ch., Paris 1856, 84) und die Baudelaires Vorstellung des Dichters entscheidend geprägt haben dürfte (Pichois 1953).

Illustrationsgeschichte ist Wirkungsgeschichte par excellence, in quantitativer Hinsicht (Verbreitung) ebenso wie in qualitativer (Deutung): Der gleiche Baudelaire, der 1845 Lemuds H.-Porträt in seinem Arbeitszimmer aufgehängt hatte, gewinnt im *Salon de 1846* an Zeichnungen Curzons zu *Meister Martin* (Riemer, Abb. 80, 81) eine anschauliche Vorstellung von dem Werk H.s, das, wie er Hitzig und Loève-Veimars nachspricht, »le moins fantastique de tous« sei (Œuvres complètes, hg. von Le Dantec/Pichois, Paris 1961, 919). H. ist einer der meistillustrierten Autoren der deutschen, ja der Weltliteratur. Dafür hat Elke Riemer in ihrem grundlegenden Buch »E. T. A. Hoffmann und seine Illustratoren« drei Gründe namhaft gemacht: erstens die Wirkungsgeschichte des Werkes selbst, vor allem die französische Rezeption in den 1830er Jahren und die deutsche in den drei ersten Jahrzehnten unseres Jahrhunderts (eine Baisse der H.-Illustration fällt bezeichnenderweise in die zweite Hälfte des 19. Jahrhunderts); zweitens die Stellung von Kunst und Künstler in H.s Werk, die es als Medium indirekter Selbstaussage der Illustratoren geeignet erscheinen ließ; drittens schließlich – und vielleicht am wichtigsten – H.s bildhaften, häufig ausgesprochenen karikaturistischen Erzählstil. Szenen wie Zaches zu Pferde (*Klein Zaches genannt Zinnober*), der an die vermauerte Tür schlagende Daniel (*Das Majorat*) und der Doppelgänger auf Medardus' Rücken (*Die Elixiere des Teufels*) entspringen dem gleichen künstlerischen Impuls wie H.s Zeichnung vom tanzenden Kreisler (Riemer, Abb. 28). Die erzählten Szenen fordern geradezu die bildnerische Umsetzung und haben denn auch die Illustratoren von den Romantikern über die Jugendstilkünstler bis zu den Vertretern des phantastischen Realismus immer wieder gereizt. Zu den meistillustrierten Werken gehören mit *Nußknacker und Mausekönig, Das Fräulein von Scuderi, Der goldne Topf, Der Sandmann, [Rat Krespel], Klein Zaches genannt Zinnober* und *Meister Martin der Küfner und seine Gesellen* (Reihenfolge nach Riemers Illustrationsstatistik, 135–140) denkbar verschiedene Typen von Erzählungen, überwiegend solche, welche die besondere Gunst der Leser genossen.

Unter den Illustratoren finden sich nicht nur bekannte Künstler wie Moritz von Schwind, der sich 1825 an den – laut SB 471 – »gemütlichen« *Meister Martin* hielt (Riemer, Abb. 75, 78, 79), und Karl Blechen, der ein Jahr später, denkbar gegensätzlich dazu, einen in Schrecken erstarrten *Pater Medardus* malte (ebd., Abb. 62), sondern auch weniger bekannte. Deren

Entdeckung bzw. Aufwertung ist ein besonderes Verdienst der Arbeit von Elke Riemer. Auf Hugo Steiner-Prags Radierungen zu den *Elixieren des Teufels* (Riemer, Abb. 63, 64, 67), die Karl Georg Hemmerichs u. a. zur Gestalt Kreislers (ebd., Abb 29–31), beide Zyklen vom Beginn unseres Jahrhunderts, auf Alexandre Alexeieffs Illustrationen von 1960 zu *[Rat Krespel]* (ebd., Abb. 136), *Die Jesuiterkirche in G.* und *Der Sandmann* (ebd., Abb. 9) und auf Jacob Landaus Farblithographien *Kingdom of Dreams* von 1969 (ebd., Abb. 12, 25, 52, 110) hat sie nachdrücklich hingewiesen. Delacroix schuf 1831 u. a. eine Sepiazeichnung, *Du loge,* zu *Don Juan* (ebd., Abb. 83; Wiedergabe zweier weiterer H.-Illustrationen Delacroix' bei Busch 1987). Von den großen französischen Buch-Illustratoren des 19. Jh.s haben sich mit Gavarni und Bertall bezeichnenderweise zwei ausgesprochene Karikaturisten H. zugewandt (ein möglicher Zusammenhang zwischen der *Königsbraut* und Grandville bleibt, auch als möglicher weiterer mittelbarer Zugang Baudelaires zu H., zu prüfen). Natürlich brachte die Industrialisierung des Literaturbetriebes auch zahlreiche Illustrationen minderer Qualität mit sich, doch haben auch die schwächeren das Bild H.s bei der Nachwelt mit bestimmt. Wegen ihres kongenialen Humors verdient Paul Klees Farblithographie zum *Goldnen Topf, Hoffmanneske Märchenszene,* von 1921 besonders hervorgehoben zu werden (Riemer, 55, Abb. 95). Die Lithographie Klees könnte zum Anlaß werden, den je spezifisch interpretativen Gehalt der bildnerischen Vergegenwärtigungen, beispielsweise die antisemitische Auslegung des *Klein Zaches* durch Divéky (ebd., Abb. 21), zu thematisieren. Dafür hat Riemer auch dadurch Voraussetzungen geschaffen, daß sie ihr gesamtes Bildmaterial der E. T. A. Hoffmann-Gesellschaft überließ, die es in der Bayerischen Staatsbibliothek in Bamberg zugänglich gemacht hat.

Literatur

Becker, Ingeborg: Die groteske Welt des E. T. A. Hoffmann, in: Von Odysseus bis Felix Krull. Gestalten der Weltliteratur in der Buchillustration des 19. und 20. Jahrhunderts. Katalog zur Ausstellung der Kunstbibliothek Berlin mit Museum für Architektur, Modebild und Grafik-Design, Berlin 1982, 323–341; *Busch, Günter:* Imagination und Einfachheit. Delacroix und E. T. A. Hoffmann, in: Neue Zürcher Zeitung, 30. 5. 87, 50; *Grützmacher, Curt:* E. T. A. Hoffmann. Illustrierte Bücher 1840–1980. Eine Bibliographie, Berlin 1981; *Helmke, Ulrich:*

E. T. A. Hoffmann illustriert, in: Antiquariat, Beilage: Der Bibliophile 19 (1969), 6/7, 97–102; *Pichois, Claude:* Sur Baudelaire et Hoffmann, in: RLC 27 (1953), 98 f.; *Riemer, Elke:* Karl Friedrich Schinkels Bühnenbildentwürfe zu E. T. A. Hoffmanns Oper »Undine« erstmals beschrieben, in: MHG 17 (1971), 20–36; *dies.* 1976, 1978; *Walter, Jürgen:* »Hoffmanneske Märchenszene«. E. T. A. Hoffmann und Paul Klee, in: Antaios 9, Jan. 1968, 466–482.

6. Geschichte, Schwerpunkte und Desiderate der Forschung

6.1. Grundlagensicherung

Die 1894 erschienene Monographie »E. T. A. Hoffmann. Sein Leben und seine Werke« stellte nach der zutreffenden Einschätzung ihres Verfassers Ellinger den »ersten größeren Versuch« dar, H. »gerecht zu werden« (VIII). Chronologisch gegliedert, vermittelte sie Informationen sowohl zum Leben und zum politischen bzw. kulturellen Umfeld als auch zu den Hauptwerken und zum Weiterwirken H.s in Literatur und Musik. Dabei griff Ellinger schon in diesem frühen Werk auf ungedruckte Quellen zurück; überdies war es ihm gelungen, eine Reihe von Texten H. erstmals sicher zuzuweisen. Seine Darstellung blieb in einzelnen Wertungen konventionell, doch hat er durch den beharrlich für H. werbenden Ton ebenso wie durch mehrere Einzelurteile, etwa das Lob der *Königsbraut,* für die alsbald einsetzende Neubewertung H.s wichtige Anstöße geben.

Die folgenden Jahrzehnte sind durch eine starke Tendenz zu wissenschaftlicher Arbeitsteilung gekennzeichnet. Sie kommt einer genaueren, aus neuen Quellen gewonnenen Kenntnis von H.s Leben zugute. Holtze lieferte verschiedene Beiträge zur dritten Berliner Zeit (1904 ff., Voerster, Nr. 462 ff.), von Müller schrieb über die Beziehung zu dem Leipziger Musikalienverlag Breitkopf & Härtel (1908, Voerster, Nr. 801), Ellinger stellte nach den Akten des Geheimen Staatsarchivs das Disziplinarverfahren gegen H. dar, und es gelang ihm, die unzensierte Gestalt des *Meister Floh* zu rekonstruieren (1906/08). Auffällig sind die zahlreichen psychiatrischen bzw. psychologischen Studien über H. So nahm Klinke 1903 H. gegen das Entartungsverdikt Lombrosos in Schutz (205 f., 225, 235); ihm erschienen nun umgekehrt die ästhetischen Werke als scharfsinnige Darstellungen psychischer Erkrankungen, aus denen die Wissenschaft lernen könne (107 ff., 125).

In Übereinstimmung mit dem positivistischen Methodenparadigma bildete neben der biographischen die Quellenforschung einen zweiten – quantitativ weniger gewichtigen – Schwerpunkt der frühen H.-Philologie. Cerny schrieb über Jean Pauls Bedeutung für H. (1907), Orth über die Kleists (1920). Die gründlichste und immer noch mit Gewinn zu nutzende Arbeit kam aus Frankreich; Sucher, »Les sources du merveilleux chez E. T. A. Hoffmann« (1912), konnte nicht nur wichtige Quellen H.s wie den animalischen Magnetismus und die romantische Naturphilosophie nachweisen, sondern er verstand es auch, über das positivistische Paradigma hinausgehend, das Quellenmaterial als Kontrastfolie für ein besseres Verständnis H.s zu nutzen (vgl. etwa S. 107 über *Die Automate* und S. 139 über die Verarbeitung Schuberts durch H.). Die Aufarbeitung der so breiten wie an Widersprüchen reichen Wirkungsgeschichte H.s wurde für Frankreich u. a. durch Thurau (1896) und Breuillac (1906 f.) in Angriff genommen. Siebert (1908) und Uhlendahl (1919) widmeten der Bedeutung H.s für Heine umfänglichere Studien. Einen vergleichsweise ausführlichen Überblick über das weite Feld der von H. ausgegangenen Wirkungen gaben die drei ersten Kapitel von Sakheims H.-Monographie (1908). Über H. als Musiker/Musikschriftsteller bzw. über die Bedeutung der Musik für sein literarisches Schaffen haben schon früh ausführlicher Truhn (1839, Voerster Nr. 1172), Guggenheimer (1907, Voerster Nr. 330), Kroll (1909, Voerster Nr. 582), Schaeffer (1909) und Katz (1911) gearbeitet.

Ein Großteil der frühen H.-Forschung ist durch spätere Arbeiten überholt, doch bleibt manches wegen des Fehlens neuerer Spezialuntersuchungen vorerst weiter von Bedeutung. Außer den gründlichen bibliographischen Nachweisen Rosenbaums im »Goedeke« (1905) sind besonders die Ergebnisse der biographischen und der Quellenforschung in die beiden großen kommentierten H.-Ausgaben von Maassens (1908 ff., unvollendet) und Ellingers (1912, ²1927) eingegangen. In vieler Hinsicht darf man diese Editionen als zusammenfassenden Abschluß der ersten Phase der wissenschaftlichen Auseinandersetzung mit H. betrachten. Ihnen an die Seite zu stellen sind die – inzwischen überholten – Tagebuch- und Brief-Editionen von Müllers (1915 bzw. 1912, Voerster S. 137).

6.2. »Geistesgeschichtliche« Syntheseversuche bei fortschreitender Differenzierung

Die wissenschaftliche Konjunktur H.s hielt in den zwanziger Jahren an, in den dreißiger Jahren ging sie zurück. H. zählte weder zu den von den Faschisten kanonisch vereinnahmten Autoren, noch wurde er wie sein kritischer Bewunderer Heine stigmatisiert. In Fortführung der stark positivistisch geprägten frühen Phase der Forschung entstehen zahlreiche Einzelstudien, oft Dissertationen, die sich um die weitere literaturgeschichtliche Einordnung (z.B. Jost über H. und Tieck, 1921), um H.s Verhältnis zu Drama und Bühne (Mausolf 1920), um seinen Stil (Schmerbach 1929), um einzelne Gattungen und Motive (Reimann, 1926, über das Märchen, Kuttner, 1936, über den Doppelgänger), gelegentlich auch schon um einzelne Werke (Dahmen, 1925, über den *Goldnen Topf*, Loepp, 1925, über *Der Kampf der Sänger*) bemühen.

Die stetig wachsende Fülle neuen Wissens führte zu zahlreichen Detailkorrekturen bzw. -ergänzungen des H.bildes, wie es maßgeblich Ellinger entworfen hatte. Daneben machte sich, parallel zur »geistesgeschichtlichen« Wende der Germanistik, das Bedürfnis nach einem neuen Gesamtbild des Dichters geltend. Ihm suchte von Harich über Egli und Heilborn bis zu von Schenck eine Reihe von Gelehrten, teilweise im Blick auf ein breiteres Publikum, zu entsprechen, nicht selten akademische Außenseiter wie schon von Maassen und von Müller, die die erste Phase der H.-Forschung maßgeblich getragen hatten. Wie sehr H. dem gewandelten Publikumsgeschmack der zwanziger Jahre entgegenkam, zeigt der Erfolg von Walther Harichs umfangreicher Darstellung »E.T.A. Hoffmann. Das Leben eines Künstlers« von 1920, der in rascher Folge weitere Auflagen folgten, ebenso wie seine (ihrer Gruppierungen wegen problematische) H.-Ausgabe (1924) und seine Kompilation »Dämon Kunst. Das Leben E.T.A. H.s. Aus Briefen, Tagebuch und den autobiographischen Stellen seiner Schriften zusammengestellt und eingeleitet« (1926). In kritischer Wendung gegen Ellingers nüchternes H.-Bild unternahm es Harich, ein möglichst detailgenaues Porträt zu erarbeiten, es gleichzeitig aber gegen allen »Historismus« ([4]o.J., I, 9) im Sinne eines exemplarischen Künstlerlebens zu überhöhen. Die idealistisch-idealisierende Tendenz machte sich auf den verschiedensten Ebenen geltend, im Aufbau, im ausgesprochen »poetischen« Duktus der Rede, in der scharf wertenden Trennung der Märchen und der beiden

Romane einerseits und andererseits der »kläglichen Unterhaltungsliteratur« H.s (II, 288), vor allem aber in der lebensphilosophisch inspirierten Gleichsetzung H.s mit der Schelling-/ Schubertschen Identitätsphilosophie und der daraus abgeleiteten Wertung der Märchen und Romane als »visionärer Anschauung der Wirklichkeit als des kosmischen Mythos« (I, 10). Idealistisch befangen blieb auch Egli in seiner Monographie »E. T. A. Hoffmann. Ewigkeit und Endlichkeit in seinem Werk« (1927), die H. als »Priester und Jünger« Christi hinstellte, der sich »gesandt« gefühlt habe, »das höchste Mittlertum des Geistes stetsfort von neuem zu leben und der leidenden Kreatur den Weg zu weisen zum vollendeten Sein« (9). Ernst Heilborn, »E. T. A. Hoffmann. Der Künstler und die Kunst« (1926), ging in der Einschätzung von Hoffmanns »Künstlertum in seiner Magie, in seiner Leidenschaftlichkeit, in seiner Verklärung« (10) insofern noch über Harich hinaus, als er H. vom Schellingschen Identitätsdenken abrückte, gerade dadurch aber die künstlerische Synthesis allererst in ihr exklusives Recht einsetzte (189). Trotz grundsätzlicher Schwächen verdient Heilborn, wie auch Harich und Egli, wegen manch origineller Beobachtung und Wertung weiterhin gelesen zu werden.

Wie schlecht der H.-Forschung die Entfernung von der Nüchternheit eines Ellinger, von Müller und von Maassen bekommen konnte, zeigt das in der Tradition »geistesgeschichtlicher« Synthesen stehende und dabei dem faschistischen Ungeist Tribut zollende Werk Willimcziks »E. T. A. Hoffmann. Die drei Reiche seiner Gestaltenwelt« (1939). Willimczik legte, beipflichtend, H.s ambivalentes Verhältnis zum Judentum eindeutig antisemitisch aus, zog aus den *Elixieren* die Essenz, daß das »Blut« das »Schicksal« sei (122) und verbog Krespel zu einer betont »volkstümlichen deutschen Gestalt« (277). Gewichtiger noch ist die Auflösung der für H. konstitutiven Ambivalenzen in einer hierarchischen Stufung, das »Reich des Alltags«, das »Reich der Träume« und das »Reich der Wahrheit«. Am Ende solch spekulativer Zurichtung stehen H.s Meistergestalten als Prototypen des zeitgenössischen »Führertums« da, wohingegen H. sie als ästhetische Vehikel seiner Wunscherfüllungsphantasien bzw. Angstvisionen nahezu ausnahmslos ironisch gekennzeichnet hatte.

Daß ein »geistesgeschichtlich« geprägter Ansatz nicht notwendig in der Sackgasse Willimcziks enden mußte, belegt das ebenfalls 1939 und ebenfalls in Berlin erschienene Buch des Deutschschweizers von Schenck »E. T. A. Hoffmann. Ein

Kampf um das Bild des Menschen«. Der Vf. verfolgte die Frage, die sein Untertitel zu erkennen gibt, nicht durch opportunistische Aktualisierung bei gleichzeitiger Absehung von den Quellen, sondern umgekehrt dadurch, daß er der H.forschung wichtige neue Quellen erschloß (u. a. okkultistische Traditionen, die romantische Kritik der neuzeitlichen Wissenschaft, Solgers Theorie des Humors) und indem er – verdeckt – H.s »Kampf um das Bild des Menschen« gerade dadurch von dem der Faschisten abhob, daß er ihn als gegen den »Usurpator Napoleon« (267–270) wie gegen jegliche Tyrannei gerichtet auswies. Wissenschaftsgeschichtlich bedeutend ist auch Ochsners Studie »E.T. A. Hoffmann als Dichter des Unbewußten. Ein Beitrag zur Geistesgeschichte der Romantik« (1936) mit ihrer gründlichen Aufarbeitung des für H. grundlegenden Zusammenhangs zwischen Schellingscher Philosophie und romantischer Medizin (unter Berufung auf Einsichten Nietzsches, Jungs und Freuds, der schon 1919 in dem Essay »Das Unheimliche« den *Sandmann* und die *Elixiere* behandelt hatte).

6.3. Weitere Differenzierung, Ansätze zu neuer Synthese

In den späten vierziger und in den fünfziger Jahren entstehen einige zum Teil hervorragende Arbeiten wie Mays ungedruckt gebliebene Dissertation »E.T. A. Hoffmanns theatralische Welt« (1950); doch steht H. nicht im Zentrum des literaturwissenschaftlichen Interesses, ja vereinzelt, z. B. bei Korff (1953), wirkt die aus dem 19. Jh. überlieferte Abwertung des Dichters nach. Ein entschiedener Neuansatz zeichnet sich erst in den späten fünfziger und den sechziger Jahren ab. Sichtbarster Ausdruck dafür waren die H.-Editionen des Aufbau- und des Winkler-Verlages. In der DDR hatten die von Lukàcs H. verschiedentlich zugesprochene Sonderstellung H.s innerhalb der deutschen Romantik und Hans Mayers Stilisierung H.s zum oppositionellen Autor der Restaurationsepoche die Voraussetzungen für eine marxistische Interpretation geschaffen, wie sie H.-G. Werner 1962 vorlegte. Der sozialgeschichtliche Ansatz blieb vorerst freilich mit der Hypothek manch inkorrekter Lesart und, gewichtiger noch, mit der negativ wertenden Evasionsbzw. Irrationalismus-These behaftet. Immerhin war hier ein Weg eingeschlagen worden, der sich in den folgenden Jahrzehnten in Arbeiten unterschiedlichster Zielrichtung als fruchtbar erweisen sollte, vor allem in Einzelinterpretationen wie der Walters zu *Klein Zaches* (1973) oder, mit verdeckt aktualistischem Bezug, denjenigen Fühmanns u. a. zum *Goldnen Topf* und zum *Ignaz Denner* (1980).

Der sozialgeschichtliche Ansatz verband sich vielfältig mit anderen thematisch-methodischen Präferenzen, in den genannten Arbeiten Fühmanns zum Beispiel mit einem sozialpsychologischen Frageinteresse. Die Rezeption Freuds und Jungs ist gelegentlich schon in der H.-Forschung der dreißiger, vierziger und frühen fünfziger Jahre wirksam (außer bei Ochsner, 1936, auch bei der Jung-Schülerin Jaffé, 1950), tritt aber verstärkt, nun häufig in Verbindung mit der Lacans, erst seit den siebziger Jahren hervor. Vor allem Freuds Essay »Das Unheimliche« hat in einem Ausmaß psychoanalytische Lesarten provoziert, daß man inzwischen von einer eigenen *Sandmann*-Philologie sprechen kann. Freuds zweites Textzeugnis, die *Elixiere,* wurde hingegen erstaunlicherweise recht selten in psychoanalytischer Hinsicht abgehandelt, noch weniger andere Werke (vgl. freilich Böhme, 1981, über *Die Bergwerke zu Falun,* Milners an Lacan orientierte H.-Analysen, 1982, und Schmidts Deutung des *Ignaz Denner;* McGlathery, 1981/1985, lenkte zwar zu Recht die Aufmerksamkeit auf die Sexualität in H.s Werk, konnte sich dabei aber nicht von reduktionistischen Kurzschlüssen freihalten).

Sowohl von sozialgeschichtlichen als auch von psychologischen bzw. psychoanalytischen Fragestellungen aus führten Wege zu einem weiteren Schwerpunkt der neueren Forschung, einer Richtung nämlich, die u. a. an Sucher (1912) anknüpfend H.s Verbindungen mit der romantischen Medizin, speziell den mesmeristischen Tendenzen, nachgeht. Nettesheims Interpretation des *Magnetiseur* (1967) beweist die Fruchtbarkeit dieses Ansatzes ebenso wie Segebrechts grundlegende Studie »Krankheit und Gesellschaft. Zu E. T. A. Hoffmanns Rezeption der Bamberger Medizin« (1977), die Dissertationen seiner Schüler Loquai (»Künstler und Melancholie in der Romantik«, 1984) und Auhuber (»In einem fernen dunklen Spiegel. E. T. A. Hoffmanns Poetisierung der Medizin«, 1986) sowie Reuchleins »Das Problem der Zurechnungsfähigkeit bei E. T. A. Hoffmann. Zum Verhältnis von Literatur, Psychiatrie und Justiz im frühen 19. Jahrhundert« (1985) und »Bürgerliche Gesellschaft, Psychiatrie und Literatur« (1986). Die wichtigsten neueren Arbeiten zum juristischen Aspekt des Zurechnungsproblems sind außer den genannten Büchern Reuchleins und Kolkenbrock-

Netz' Auslegung des *[Einsiedler Serapion]* (1985) Segebrechts Aufsätze »E. T. A. Hoffmanns Auffassung vom Richteramt und vom Dichterberuf. Mit unbekannten Zeugnissen aus Hoffmanns juristischer Tätigkeit« (1967b) und »Beamte, Künstler, Außenseiter. Analogien zwischen der juristischen und der dichterischen Praxis E. T. A. Hoffmanns« (1984).

Neben den genannten neueren methodischen bzw. thematischen Ansätzen, die sämtlich (wie auch Dobats »Musik als romantische Illusion. Eine Untersuchung zur Bedeutung der Musikvorstellung E. T. A. Hoffmanns für sein literarisches Werk«, 1984, und Lees »Die Bedeutung von Zeichen und Malerei für die Erzählkunst E. T. A. Hoffmanns«, 1985) über den Bereich von Literatur bzw. Philosophie hinaus ausgreifen, wurden endlich auch die von der H.-Forschung lange vernachlässigten poetologischen Fragestellungen verfolgt. Kayser (1957), Strohschneider-Kohrs (1960), Preisendanz (1963), Cramer (1966), Köhn (1966), Heine (1974) u. a. haben grundlegende Arbeiten zur Fundierung der H.schen Poetik und Poetologie, besonders des Grotesken, der Vieldeutigkeit, des Ironie- bzw. Humorkonzepts, im romantischen Umfeld vorgelegt, von Matt (1971) und Segebrecht (1967a) wichtige Studien zum serapiontischen Prinzip. Gattungsgeschichtlichen Fragestellungen sind u. a. Segebrecht (autobiographische Themen und Strukturen, 1967a), Leopoldseder (Nachtstücke, 1973) und De Loecker (Märchen, 1983) nachgegangen. Eilert (1977) überzeugte mit dem Nachweis, daß H.s Erzählkunst außerordentlich stark aus seinen Theatererfahrungen schöpft. Überwiegend von ausländischen Wissenschaftlern stammen umfangreiche Arbeiten zu H.s weltliterarischer Wirkung (Passage, 1954, 1963, Teichmann, 1961, Ingham, 1974). Weiterhin erscheinen zahlreiche Studien zu einzelnen Werken, teilweise in Buchumfang (Sdun, 1961, über die *Prinzessin Brambilla,* Schau 1966, über *Klein Zaches,* Spiegelberg, 1973, über *Ritter Gluck,* Chon-Choe, 1986, über *Meister Floh*), in die sowohl die aus dem Text gewonnene Einsicht konstitutiver Vieldeutigkeit H.schen Erzählens wie auch die fortgeschrittene Differenzierung der Spezialforschung zunehmend Eingang findet. U. a. bei Fühmann (1980), Magris (1980) und Safranski (1984) sind, über alle Detailforschung und Einzelinterpretationen hinaus, die Umrisse eines neuen H.-Bildes zu erkennen.

6.4. Desiderate der Forschung

Die H.-Forschung ist durchweg weiter differenzierungsfähig und im einzelnen natürlich korrekturbedürftig. Die wichtigsten Desiderate betreffen zum einen H.s Stellung in der literarischen Reihe (so sein Verhältnis zu Shakespeare, Goethe und Kleist sowie seine mögliche Teilhabe am romantischen Antisemitismus), seine deutsche Wirkungsgeschichte, auch seine poetisch-poetologische Modernität, einschließlich der prekären Balance zwischen dem Sich-Einlassen aufs Unbewußt-Triebhafte und analytischer Ratio bzw. artistischem Kalkül (wichtig wäre es, dabei die unausgesprochene Kontroverse zwischen Segebrecht, 1967a – S. 140: »erlebte Wirklichkeit«, S. 143: »Selbsterkenntnis« – und von Matt, 1971 – S. 18: »absolute Autonomie der produktiven Einbildungskraft«, S. 74: »autistische Daseinserfahrung« – auszutragen). Sie betreffen zum zweiten die spezifischen Textmerkmale – Stil, Struktur, Metaphorik u. a. –, die es H. erlauben, die unterschiedlichsten, historischen wie zeitgenössischen, Diskursangebote zu in besonderer Weise deutungsfähigen bzw. sinnverweigernden Gebilden zu verfugen (Ansätze schon bei Köhn 1966; insbesondere H.s zitathafter Stil bedürfte neuer texttheoretisch inspirierter Analyse). Drittens schließlich wäre es wünschenswert, die bislang vernachlässigten und geringgeschätzten Erzählungen, denen die Forschung sich erst in den letzten Jahren zuzuwenden beginnt, in ihrem inneren Zusammenhang mit, aber auch in ihrer Differenz zu den von H. selbst am höchsten geschätzten Werken unter Berücksichtigung genologischer Aspekte interpretativ zu vermitteln und damit die Einheit des so heterogenen H.schen Erzählwerks zu bedenken (vgl. dazu Miller 1978 und von Matt 1971, 60, Anm. 9). Verdeckter Bezugspunkt aller drei Fragerichtungen wäre die oft apostrophierte, doch selten einsichtig gemachte Modernität H.s. Mit deren Ausweis aber erst, dem u. a. Magris (1980) und Momberger (1986) vorgearbeitet haben, könnte ein wissenschaftlich abgesichertes neues H.-Bild entstehen, für das Safranski 1984 mit der Formel vom »skeptischen Phantasten« eine vorläufig akzeptable Formulierung angeboten hat.

Register der literarischen Werke Hoffmanns
(einschließlich der Libretti)

Abenteuer der Silvester-Nacht, Die 39 f., 44, 54, 97, 99, 142–144, 161, 180 f., 186

[Ästhetische Teegesellschaft, Die] 80

[Alte und neue Kirchenmusik] 71 f., 84

Artushof, Der 67 f., 83, 143, 145

Automate, Die 68, 70, 83, 143 f., 198

[Baron von B., Der] 75, 77, 85, 170

Bergwerke zu Falun, Die 67 f., 83, 99, 121, 142 f., 156, 172, 189, 191, 202

Brautwahl, Die 74, 84, 94, 132, 138 f., 144, 146, 189, 192

Briefe aus den Bergen 108

Datura fastuosa 93, 98 f., 105

Dey von Elba in Paris, Der 26, 108

Dichter und der Komponist, Der 65 f., 70, 82, 132, 148, 154, 191

Doge und Dogaresse 69, 71, 84

Don Juan 35 f., 43, 129 f., 181, 189, 195

Doppeltgänger, Die 98, 105, 136, 144

Drei verhängnisvolle Monate 79, 108

[Einsiedler Serapion, Der] 65 f., 82, 203

Elementargeist, Der 96 f., 105, 142

Elixiere des Teufels, Die 3, 26, 37, 45–51, 76 f., 80, 88 f., 97–99, 117, 120, 123, 125, 137, 144, 149, 156, 159, 171, 173, 177, 181, 185, 194 f., 200, 202

Erscheinungen 78 f., 86

Fantasiestücke in Callots Manier 3, 25–27, 33–45, 51, 54, 65, 69, 81, 87, 107, 110, 125, 128 f., 132, 136 f., 147, 156 f., 169, 181

Feind, Der 101 f., 106, 147

Fermate, Die 65 f., 82, 145

Feuersbrunst, Die 108

Fräulein von Scuderi, Das 56, 72, 75–77, 85, 96, 101, 169–171, 173, 192, 194

Fragment eines humoristischen Aufsatzes 107

Fragment aus dem Leben dreier Freunde, Ein 67 f., 82

Fremde Kind, Das 71, 73, 77, 84, 140, 142

Geheimnisse, Die 94 f., 104, 143

Geheimnisvolle, Der 19

Gelübde, Das 52, 58 f., 62, 178

Genesung, Die 100 f., 106

Goldne Topf, Der 26–28, 37 f., 43–45, 68, 74 f., 79, 89, 93, 103, 133, 137, 143 f., 147, 149–153, 155, 157 f., 161, 174 f., 177, 191, 194 f., 199, 202

Haimatochare 93 f., 99, 104, 156

Ignaz Denner (Der Revierjäger) 51 f., 54 f., 60 f., 97, 202

Irrungen, Die 94 f., 104, 143

Jaques Callot 33 f., 37, 41 f., 100, 132, 137, 139, 145, 154, 157

Jesuiterkirche in G., Die 20, 52, 55 f., 60 f., 132, 142–145, 195

Kampf der Sänger, Der 69 f., 83, 144, 156, 161, 191, 199

Klein Zaches, genannt Zinnober 74, 81, 89 f., 92 f., 103 f., 107, 138, 142, 144 f., 147 f., 153 f., 156, 158 f., 191, 194 f., 202 f.

Königsbraut, Die 77, 80 f., 86, 96 f., 133, 135, 138 f., 142, 144, 161, 174, 182, 191, 195, 197

Kreisleriana I und II 34–36, 40–43, 87, 129, 132, 142, 149 f., 173, 181, 191 f., 195

Lebens-Ansichten des Katers Murr 3, 75, 86–92, 119, 129, 132, 136–138, 142, 146 f., 152, 156, 161, 169, 173 f., 181,. 192, 195, 200

Liebe und Eifersucht (Die Schärpe und die Blume) 108

Magnetiseur, Der 36 f., 40, 43, 57, 69, 74, 125, 143, 202

Majorat, Das 51 f., 57 f., 62, 97, 123, 171, 177–179, 194

Marquise de la Pivardière, Die 96, 105

Maske, Die 20, 107 f.

Meister Floh 28 f., 59, 87, 90, 102 f., 106, 121, 123, 132, 142–144, 147, 156–158, 170, 174, 181, 197, 203

Meister Johannes Wacht 24, 99 f., 105, 123, 136

Meister Martin der Küfner und seine Gesellen 1, 71 f., 84, 99, 101 f., 157, 171, 173, 191, 194

[Nachricht aus dem Leben eines bekannten Mannes] 73 f., 84

Nachricht von den neuesten Schicksalen des Hundes Berganza 36 f., 39, 43, 115, 132, 142, 148, 159, 172, 175, 182

Nachtstücke 3, 45, 51–62, 117, 156 f., 174, 181, 203

Nußknacker und Mausekönig 67 f., 77, 83, 135, 140, 142, 147, 156, 178, 192, 194

Öde Haus, Das 54, 56 f., 62

Olimpia (deutsche Bearbeitung) 108

Preis, Der 22, 107, 147

Prinzessin Blandina 41, 81, 108, 147, 155, 159

Prinzessin Brambilla 63, 71, 78, 80 f., 86, 90, 94–96, 98, 102–105, 108, 119, 132, 136, 138–140, 142–145, 147–150, 156–161, 169 f., 172, 182, 186, 188, 191, 203

Räuber, Die 97 f., 105, 161

[Rat Krespel] 65–67, 82, 192, 194 f., 200

Renegat, Der 107

Ritter Gluck 22 f., 34–37, 42, 64, 110, 119 f., 132 f., 157 f., 203

Roman en quatre 98

Sanctus, Das 52, 55 f., 62

Sandmann, Der 1, 51–54, 57, 60 f., 102 f., 107, 125, 137, 144, 152–154, 171, 173, 177 f., 194 f., 202

Schreiben eines Klostergeistlichen an seinen Freund in der Hauptstadt 22, 157, 159

Schreiben an den Herausgeber (des »Zuschauers«) 132

Seltsame Leiden eines Theater-Direktors (Die Kunstverwandten) 3, 62 f., 132, 135, 148 f.

Serapions-Brüder, Die 3, 50–52, 56, 64–86, 94, 98, 107, 125,

132 f., 135, 139 f., 154, 165, 169, 186

Signor Formica 78–80, 85, 135, 145–147, 149, 186

Spielerglück 75, 77, 85, 143, 185

[Spukgeschichte, Eine] 68–70, 83

Steinerne Herz, Das 52, 58–60, 62, 138, 174

Über die Aufführung der Schauspiele des Calderon de la Barca auf dem Theater in Bamberg 108, 132

Undine (Mitarbeit an Fouqués Libretto) 3, 26–28, 63, 113, 115, 128, 191

Unheimliche Gast, Der 73–75, 85

[Vampirismus] 80, 86

Vetters Eckfenster, Des 100 f., 105 f., 132 f., 142, 144, 147, 157 f., 174

Vision auf dem Schlachtfelde bei Dresden, Die 26, 79, 108

[Zacharias Werner] 78 f., 86

Zusammenhang der Dinge, Der 80, 86

Personenregister

(Namen aus den Literaturangaben wurden nicht aufgenommen)

Alexeieff, A. 195
Allroggen, G. 128 f.
Andersen, H. Ch. 189
Arnim, A. v. 93, 161
Asche, S. 154
Auhuber, F. 126, 156, 202

Bachelard, G. 56, 144, 179
Bachtin, M. M. 138, 153, 160
Balmont, K. D. 186
Balzac, H. de 77, 97, 134, 180–182, 187
Barbey d'Aurevilly, J. 181
Barbier, J. 181
Barbier, J. / Carré, M. 181
Barbieri, G. 188
Baudelaire, Ch. 79, 81, 100 f., 130, 149–151, 157, 161, 172, 179, 181 f., 187, 193 f.–195
Becker-Glauch, W. 186
Beckett, S. 138
Beethoven, L. van 24, 35, 71, 109, 111, 130, 158
Belinskij, W. G. 185
Benjamin, W. 100, 149 f., 155, 172
Berger, W. R. 39
Bernhard, Th. 151
Bernhardi, Au. F. 27, 98
Bertall 195
Bertrand, A. 181
Bessière, I. 57
Binder, H. 173
Blechen, K. 194
Blei, F. 172
Block, E. 175
Boccaccio, G. 64
Böhme, H. 202

Börne, L. 169
Böschenstein, R. 171
Bollnow, O. F. 38
Brentano, C. 18, 22, 27, 41, 117, 161
Breughel, P. 47
Brewster, D. 139
Briegleb, K. 102
Brjussov, V. J. 186
Brontë, E. 178
Brüggemann, H. 100
Brüggemann, W. 65, 87
Brühl, C. v. 113
Buchhorn, L. 8, 193
Buchmann, R. 143
Büchner, G. 41, 123, 170 f.
Bulgakow, M. 187
Busch, G. 195
Busoni, F. 189, 192

Calderón de la Barca, P. 25, 36, 108, 158 f., 189
Callot, J. 33, 95, 137, 145, 147, 156, 170 f., 180
Calvino, I. 189
Carlyle, Th. 177
Carter, A. 179
Castein, H. 187
Castex, P.-G. 180
Cazotte, J. 97
Cellini, B. 76, 160
Cerny, J. 198
Cervantes Saavedra, M. de 36, 65, 87, 156, 158–160, 189,
Chamisso, A. v. 23, 27, 39, 64, 93 f., 98 f., 189
Champfleury 180 f., 193

Cheauré, E. 186
Chon-Choe, M. S. 102 f., 203
Cimarosa, D. 111
Cixous, H. 67
Cotta, J. F. v. 109
Cramer, Th. 7, 203
Cuno, H. 24
Curzon, A. de 194

Dadelsen, G. v. 5
Dahmen, H. 199
Dechant, H. 128
Delacroix, Eu. 195
Devrient, L. 19, 27, 63, 113
Diderot, D. 36, 87, 159 f.
Dieterle, B. 147
Divéky, J. v. 195
Dobat, K.-D. 129 f., 203
Doerffer, Charlotte Wilhelmine
  18
Doerffer, Johanna Sophia 18
Doerffer, Johann Ludwig 20, 115
Doerffer, Lovisa Sophie 18, 122
Doerffer, Otto Wilhelm 18
Doerffer, Wilhelmine (Minna)
  20 f.
Doppler, A. 47
Dostojewskij, F. M. 77, 153, 185–
  187
Drohla, G. 186
Dümmler, F. 86
Dürer, A. 101 f.
Dürrenmatt, F. 138
Duncker, C. F. W. / Humblot, P.
  45
Duval, A. 22

Edler, A. 191 f.
Egli, G. 199 f.
Egmont, H. 180, 189
Eich, G. 94, 175
Eichendorff, J. v. 27, 160 f., 171
Eilert, H. 63, 95, 148 f., 203
Einaudi 189
Ellinger, G. 3 f., 7, 102, 172, 197–
  200
Erné, N. 189
Eunicke, J. 27, 113

Ewers, H.-H. 67, 73

Feilchenfeldt, K. 170
Feldges, B. 72 f.
Feldges, B. / Stadler, U. 72 f., 76
Feldmann, H. 41
Feldt, M. 69, 71
Fernow, C. L. 135
Ferry, J. 181
Feudel, W. 39
Feuerbach, L. A. 161
Fichte, J. G. 119 f.
Fischer, J. 63
Follen, Au. A. L. 28
Fontane, Th. 171
Fouqué, F. de la Motte 26 f., 96–
  98, 161, 189
Frank, R. 117
Freud, S. 48, 52 f., 172 f., 201 f.
Fricke, G. 171
Friedrich, H. 128, 136
Friedrich d. Gr. 17
Friedrich Wilhelm I. 17
Friedrich Wilhelm III. 21, 28
Fühmann, Franz 54, 63, 155, 174,
  202 f.

Gahse, Zs. 175
Gall, F. J. 8, 40, 125 f.
Gautier, Th. 181
Gavarni, P. 93, 195
Geck, M. 72
Geier, S. 187
Gervinus, G. G. 171
Gibelli, V. 186
Gide, A. 154
Gillies, R. P. 177
Girardin, E. de 181
Gluck, Ch. W. v. 23, 34, 111
Goethe, J. W. v. 7, 19, 21, 33, 36,
  45, 55, 63 f., 76, 87–89, 95 f.,
  98, 100, 138, 144, 149 f., 159–
  161, 170, 204
Gogol, N. W. 174, 185
Goncourt, E. und J. de 181
Gozzi, C. 41, 63, 159
Graepel, G. 25
Grandville 195

Greene-Gantzberg, V. 189
Grillparzer, F. 77, 170
Grisebach, E. 2, 172
Grosse, K. 19, 97, 158
Günzel, K. 64, 67
Gugenheim, S. 188
Guggenheimer, H. 198
Gugitz, G. 117

Haag, R. 117
Hackert, Ph. 55
Händel, G. F. 23
Härtel, G. 25, 77, 113
Hampe, J. 113
Handke, P. 175
Harich, W. 172, 199 f.
Hasselberg, F. 3, 7 f.
Hatt, D. 19 f.
Haupt, J. 97
Haussmann, G. Eu. de 181
Hawthorne, N. 178
Hebbel, F. 171
Hebel, J. P. 68
Hegel, G. W. F. 94, 170
Hegewald, W. 174
Heilborn, E. 155, 159 f.
Heine, H. 102, 170, 173, 198 f.
Heine, R. 38, 154, 203
Helmke, U. 5, 8, 41, 66, 103
Hemmerich, G. 79, 135
Hemmerich, K. G. 195
Hempel, G. 2
Henisch, P. 174
Hensel, W. 8, 74, 193
Herzen, A. I. 185
Hesse, H. 173
Hilbig, W. 174
Hindemith, P. 192
Hippel, Th. G. v. 19
Hippel, Th. G. v. (Neffe des
    Vorigen) 19, 21, 26, 45, 113,
    122
Hirschberg, L. 2
Hitzig, J. E. 8, 22, 26 f., 39, 87,
    98, 100, 117, 123 f., 157, 170,
    177 f., 185, 193 f.
Hölderlin, F. 173
Hoffmann, Cäcilia 22 f.

Hoffmann, Christoph Ludwig
    17 f.
Hoffmann, Johann Ludwig 17
Hoffmann, Louisa Albertina
    17 f., 20
Hoffmann, Marianna Thekla
    Michaelina (Mischa) 21–23,
    25 f., 115
Hofmannsthal, H. v. 172
Hogarth, W. 95, 108, 145
Hohoff, U. 53
Holbein, F. v. 20, 24 f.
Holtze, F. 197
Holzhausen, H.-D. V, 6
Horn, W. 45
Hosemann, Th. 2
Hufeland, Ch. W. 125
Hugo, V. 180
Hummel, J. E. 145
Hunter-Lougheed, R. 117
Huysmans, J. K. 181

Ibsen, H. 49
Iffland, Au. W. 20, 159
Ingemann, B. S. 189
Ingham, N. W. 185 f., 203
Irving, W. 178

Jaffé, A. 38, 202
Jahn, F. L. 28
Janin, J. 181
Janssen, H. 93, 193
Jean Paul 19–21, 33, 59, 111, 114,
    116, 125, 135, 137, 156, 158–
    160, 169 f., 198
Jost, W. 199
Jünger, E. 173
Jung, C. G. 201 f.

Kafka, F. 138, 173 f., 187
Kaiser, G. 171
Kaiser, G. R. 93
Kamptz, K. A. v. 28 f., 102
Kant, I. 119 f.
Kanzog, K. 57, 186
Karoli, Ch. 33
Katz, M. 198
Kayser, W. 203

210

Keller, G. 171
Keller, W. 171
Kierkegaard, S. 81, 189 f.
Klee, P. 195
Kleist, H. v. 25, 58 f., 67, 69, 76, 96, 98, 108, 115, 120, 159 f., 173, 198, 204
Klingemann, E. Au. F. 52, 116–118, 161
Klinke, O. 126, 197
Kluge, C. A. F. 119, 125
Köhn, L. 7, 140, 158, 203 f.
Kohlhase, Th. 5
Kolbe, C. 71
Kolbe, J. 171
Kolkenbrock-Netz, J. 66, 124, 202 f. .
Kontje, T. 39
Koreff, D. F. 27, 57
Korff, H. Au. 201
Kościuszko, Th. 58
Kraus, G. M. 95
Kretschmann, K. F. 100
Kroll, D. 198
Kruse, H.-J. 2
Kubin, A. 93, 172
Kühnel, A. 23
Kunz, C. F. 24 f., 37 f., 41, 46 f., 54, 113, 126, 169
Kunz, W. 115
Kuttner, M. 199

La Bédollière, E. de 180
Lacan, J. 202
Lambert, J. 180 f.
Langbein, Au. F. E. 93, 159
Landau, J. 195
Laufer, Ch. 39
Le Dantec, Y.-G. / C. Pichois 194
Lee, H.-S. 60, 146 f., 203
Lehmann, W. 171
Lehne, H. 123
Lemud, Ai. de 193
Leopoldseder, H. 52, 203
Lesage, A. R. 117
Lessing, G. E. 33, 146, 161
Leuwenhoek, A. van 103
Levit, T. 186

Lewis, M. G. 45, 159
Lichtenberg, G. Ch. 95, 108, 138, 145, 160 f.
Lichtenhahn, E. 72
Lichtenstein, H. 99
Ljungdorff, V. 189
Lloyd, R. 181
Loecker, A. De 38, 203
Loepp, F. 199
Loève-Veimars, M. 180–182, 185, 189, 192, 194
Lombroso, C. 188, 197
Longfellow, H. W. 178
Loquai, F. 126, 202
Lortzing, A. 191
Ludwig, O. 171
Lukàcs, G. 173, 186, 201
Lunc, L. 186

Maassen, C. G. v. 3 f., 41, 117, 172, 198–200
Magris, C. 48 f., 70, 117, 120, 134, 152, 161, 183, 189, 203 f.
Mainland, W. F. 178
Majakowskij, W. W. 186
Manheimer, V. 95
Mann, H. 173
Mann, Th. 70, 173
Marc, Franziska 25
Marc, Juliane (Julie, Julchen) 25 f., 37, 39, 81, 89, 113, 115 f.
Marcus, A. F. 24, 125
Martens, W. 48
Marx, K. 170
Matt, P. v. 45, 48, 132 f., 156, 161, 203 f.
Maupassant, G. de 180 f.
Mausolf, W. 199
Max, J. 92
May, J. 148 f., 201
Mayer, H. 173, 201
McGlathery, J. M. 7, 160, 202
Meierhold, W. E. 186
Menzel, A. v. 193
Menzel, W. 171
Meredith, G. 178
Mesmer, F. A. 69, 125
Meyer, H. 87, 153

Meyer, R. M. 117
Miller, N. 95, 128 f., 136 f., 145, 169, 204
Milner, M. 144, 202
Molinary, A. 20
Molinos, M. de 80
Momberger, M. 204
Moritz, K. Ph. 138, 147, 160
Mozart, W. A. 18, 35, 58, 72, 110 f., 128–130, 137, 156, 158
Mühlher, R. 33, 57
Müller, H. v. 1, 5, 81, 88, 113–117, 197–200
Müller-Seidel, W. 46, 50, 89, 93, 102
Murat, J. 24
Musil, R. 50, 151, 154, 172
Musset, A. de 181

Nägeli, H. G. 113
Napoleon 17, 22, 25 f., 97, 108, 201
Napoleon III. 192
Negus, K. 58
Nehring, W. 45 f.
Nerval, G. de 180
Nettesheim, J. 37, 126, 202
Neuherr, N. 25, 115
Neumann, P. H. 94
Neumann, W. 98
Nietzsche, F. 49, 172, 191, 201
Nodier, Ch. 180 f., 189
Novalis 52, 70, 93, 119, 132, 147, 159–161
Nygaard, L. C. 38

Ochsner, K. 201 f.
Oehlenschläger, A. 189
Oehler-Klein, S. 40, 126
Oesterle, G. 38, 60, 100, 138, 147, 158
Offenbach, J. 93, 181, 191 f.
Ohl, H. 37
Orth, W. 198

Paganini, N. 181
Palestrina, G. P. A. P. da 72 f.
Panizza, O. 172

Paracelsus 97
Passage, Ch. E.
Pichois, C. 193
Pinel, Ph. 125
Pitaval, F. G. de 96
Podbielski, Ch. W. 160
Poe, E. A. 100 f., 172, 178 f., 187, 189
Pörnbacher, K. 171
Pogorelskij, A. 185
Polheim, K. K. 147
Porterfield, A. W. 160
Prawer, S. S. 34, 37
Prechtl, M. 193
Preisendanz, W. 89, 151, 203
Proust, M. 50, 79, 120, 151, 172, 182
Puschkin, A. S. 185

Raabe, W. 171
Rabelais, F. 138, 159 f.
Racine, J. de 180
Reichardt, J. F. 20 f.
Reil, J. Ch. 119, 125
Reimann, O. 199
Reimer, G. 2, 64
Rembrandt 52, 108
Reuchlein, G. 123 f., 126, 202
Richer, F. 96
Riemer, E. 8, 192–194
Rimbaud, A. 70, 134, 181
Rippmann, I. und P. 169
Ritter, J. W. 119
Rochlitz, F. 24–26, 34, 119
Röschlaub, A. 125
Rogge, H. 67
Rohrmann (= Rothmann, J.?) 22
Rorer-Trzciński, M. 21
Rosa, S. 79
Rosenbaum, A. 172, 198
Rosenkranz, K. 170
Rossetti, D. G. 178
Rotermund, E. 87 f., 90, 111, 129, 147
Rousseau, J.-J. 19, 87, 159 f.
Rüdiger, H. 102

Saemann 19

Safranski, R. 19, 79, 119, 124, 203 f.
Sakheim, A. 198
Salice-Contessa, C. W. 27, 98
Šamrai, A. F. 186
Sand, G. 181
Sardou, V. 191 f.
Schädlich, H. J. 174
Schaeffer, C. 129
Schau, P. 148, 203
Schaukal, R. v. 173
Schelling, F. W. J. v. 116, 119 f., 125, 157, 200 f.
Schenck, E. v. 79, 199–201
Scher, S. P. 87
Scherer, W. 172
Scheyer, E. 66
Schiller, F. v. 19, 22, 58, 97 f., 160 f.
Schlechta, K. 191
Schlegel, A. W. v. 108, 125
Schlegel, F. v. 34, 125, 132, 138, 147
Schmerbach, H. 199
Schmidt, A. 174
Schmidt, H.-W. 55, 202
Schmidt, Jochen 34, 53, 77
Schmidt, Julian 171 f.
Schmolling, D. 6, 66, 122 f.
Schnapp, F. 1, 5, 8, 18, 64, 98, 109, 114 f., 117, 122, 128, 132, 157
Schneider, G. 2
Schnitzler, A. 172
Schöne, A. 17
Schubert, G. H. 38, 52, 68, 119–121, 125–127, 130, 134, 146, 157, 161, 198, 200
Schütz, Ch. 52, 64
Schütz, J. G. 95
Schumann, R. 191 f.
Schweikert, U. 133, 170
Schweitzer, Ch. E. 66
Schwind, M. v. 194
Scott, W. 52, 58, 170 f., 177 f., 180, 184 f., 187, 189
Sdun, W. 148, 203
Seconda, J. 25 f.

Segebrecht, U. / Segebrecht, W. 72
Segebrecht, W. 46, 50, 69, 77 f., 87, 89, 94, 98, 100, 102, 114–116, 122–126, 134, 137, 156, 173, 202–204
Seghers, A. 174
Seidel, G. 2
Shakespeare, W. 36, 63, 74, 92, 97, 110, 114, 132, 137, 156, 158–161, 180, 204
Siebert, W. 198
Sinjawskij, A. 187
Slusser, G. E. 87
Soden, J. v. 23 f.
Solger, K. W. F. 201
Spallanzani, L. 56
Spengler, O. 173
Speyer, F. 37, 113, 125 f.
Spiegelberg, H. 203
Spitzweg, K. 152
Spontini, G. 108, 111
Stadler, U. 76
Steffens, H. 125
Stein, S. 185
Steinecke, H. 3, 52, 57 f., 60, 62, 88, 169
Steiner, R. E. 170
Steiner-Prag, H. 195
Stendhal 180
Sterne, L. 19, 87, 114, 158–160, 170
Storm, Th. 171
Strauss, H. 46
Strindberg, Au. 189
Strohschneider-Kohrs, I. 95, 203
Sucher, P. 38, 198, 202
Swammerdamm, J. 103, 121
Swift, J. 19, 159
Symanski, J. D. 132

Tairov, A. Ja. 186
Teichmann, E. 181, 203
Thackeray, W. M. 178
Thalmann, M. 46
Thimme, G. 117
Thomasius, Ch. 74
Thurau, G. 182, 198

Tieck, L. 27, 39, 41, 64, 68, 102, 111, 119, 133, 147, 159–161, 169, 189, 199
Tietz, M. 189
Todorov, T. 151
Toggenburger, H. 94, 96, 98, 101, 156
Toussenel, Th. 180
Trautwein, W. 74 f.
Tretter, F. G. 161
Trützschler und Falkenstein, F. v. 122
Truhn, H. 198
Tschaikowskij, P. I. 192
Tschernischewskij, N. G. 185

Uber, W. 126
Uhlendahl. H. 198

Varnhagen von Ense, K. A. 98
Varnhagen von Ense, R. 169 f.
Vilmar, Au. F. Ch. 171
Vischer, F. Th. 170
Voerster, J. 2, 197 f.
Voltaire 147
Vulpius, Ch. Au. 158

Wackenroder, W. H. 102, 119, 129, 161
Wagenseil, J. Ch. 70

Wagner, C. 191
Wagner, R. 66, 129, 191
Walter, Eu. 76
Walter, J. 191, 202
Weber, C. M. v. 27, 128, 191
Wellek, R. 179
Werckmeister, R. 23
Werner, H.-G. 133 f., 137, 155, 201 f.
Werner, L. H. 18
Werner, Z. 18, 22, 78 f.
Wetzel, F. G. 116, 169
Wickmann, D. 117
Wieland, Ch. M. 111, 133, 161
Wilhelm, Herzog in Bayern 24
Williams, J. 178
Willimczik, K. 173, 200
Wilmans, Gebrüder 28
Winckelmann, J. J. 135
Wittkop-Ménardeau, G. 8
Wolf, Ch. 174, 187
Wolff, P. A. 63

Zastrow, W. v. 21
Zehl Romero, Ch. 45
Zerkaulen, H. 173
Zeydel, E. H. 68, 169
Zigler, H. A. v. 59
Zimmermann, I. 174
Zylstra, H. 177–179

SAMMLUNG METZLER

SM	1	Raabe *Einführung in die Bücherkunde*
SM	5	Moser *Annalen der deutschen Sprache*
SM	6	Schlawe *Literarische Zeitschriften 1885–1910*
SM	7	Hoffmann *Nibelungenlied*
SM	9	Rosenfeld *Legende*
SM	10	Singer *Der galante Roman*
SM	12	Nagel *Meistersang*
SM	13	Bangen *Die schriftliche Form germanist. Arbeiten*
SM	14	Eis *Mittelalterliche Fachliteratur*
SM	15	Weber/Hoffmann *Gottfried von Straßburg*
SM	16	Lüthi *Märchen*
SM	18	Meetz *Friedrich Hebbel*
SM	24	Schlawe *Literarische Zeitschriften 1910–1933*
SM	25	Anger *Literarisches Rokoko*
SM	26	Wodtke *Gottfried Benn*
SM	27	von Wiese *Novelle*
SM	28	Frenzel *Stoff-, Motiv- und Symbolforschung*
SM	29	Rotermund *Christian Hofmann von Hofmannswaldau*
SM	30	Galley *Heinrich Heine*
SM	32	Wisniewski *Kudrun*
SM	33	Soeteman *Deutsche geistliche Dichtung des 11. u. 12. Jh.s*
SM	36	Bumke *Wolfram von Eschenbach*
SM	40	Halbach *Walther von der Vogelweide*
SM	41	Hermand *Literaturwissenschaft und Kunstwissenschaft*
SM	44	Nagel *Hrotsvit von Gandersheim*
SM	45	Lipsius *Von der Bestendigkeit. Faksimiledruck*
SM	46	Hecht *Christian Reuter*
SM	47	Steinmetz *Die Komödie der Aufklärung*
SM	49	Salzmann *Kurze Abhandlungen. Faksimiledruck*
SM	50	Koopmann *Friedrich Schiller I: 1759–1794*
SM	51	Koopmann *Friedrich Schiller II: 1794–1805*
SM	52	Suppan *Volkslied*
SM	53	Hain *Rätsel*
SM	54	Huet *Traité de l'origine des romans. Faksimiledruck*
SM	57	Siegrist *Albrecht von Haller*
SM	58	Durzak *Hermann Broch*
SM	59	Behrmann *Einführung in die Analyse von Prosatexten*
SM	60	Fehr *Jeremias Gotthelf*
SM	61	Geiger *Reise eines Erdbewohners i. d. Mars. Faksimiledruck*
SM	63	Böschenstein-Schäfer *Idylle*
SM	64	Hoffmann *Altdeutsche Metrik*
SM	65	Guthke *Gotthold Ephraim Lessing*
SM	66	Leibfried *Fabel*
SM	67	von See *Germanische Verskunst*
SM	68	Kimpel *Der Roman der Aufklärung (1670–1774)*
SM	70	Schlegel *Gespräch über die Poesie. Faksimiledruck*
SM	71	Helmers *Wilhelm Raabe*
SM	72	Düwel *Einführung in die Runenkunde*
SM	74	Raabe/Ruppelt *Quellenrepertorium*
SM	75	Hoefert *Das Drama des Naturalismus*
SM	76	Mannack *Andreas Gryphius*

SM 77   Straßner *Schwank*
SM 78   Schier *Saga*
SM 79   Weber-Kellermann/Bimmer *Einführung in die Volkskunde/Europäische Ethnologie*
SM 80   Kully *Johann Peter Hebel*
SM 81   Jost *Literarischer Jugenstil*
SM 82   Reichmann *Germanistische Lexikologie*
SM 84   Boeschenstein *Gottfried Keller*
SM 85   Boerner *Tagebuch*
SM 86   Sjölin *Einführung in das Friesische*
SM 87   Sandkühler *Schelling*
SM 88   Opitz *Jugendschriften. Faksimiledruck*
SM 90   Winkler *Stefan George*
SM 92   Hein *Ferdinand Raimund*
SM 93   Barth *Literarisches Weimar. 16.–20. Jh.*
SM 94   Könneker *Hans Sachs*
SM 95   Sommer *Christoph Martin Wieland*
SM 96   van Ingen *Philipp von Zesen*
SM 97   Asmuth *Daniel Casper von Lohenstein*
SM 98   Schulte-Sasse *Literarische Wertung*
SM 99   Weydt *H. J. Chr. von Grimmelshausen*
SM 101   Grothe *Anekdote*
SM 102   Fehr *Conrad Ferdinand Meyer*
SM 103   Sowinski *Lehrhafte Dichtung des Mittelalters*
SM 104   Heike *Phonologie*
SM 105   Prangel, *Alfred Döblin*
SM 107   Hoefert *Gerhart Hauptmann*
SM 109   Otto *Sprachgesellschaften des 17. Jh.*
SM 110   Winkler *George-Kreis*
SM 111   Orendel *Der Graue Rock (Faksimileausgabe)*
SM 112   Schlawe *Neudeutsche Metrik*
SM 113   Bender *Bodmer/Breitinger*
SM 114   Jolles *Theodor Fontane*
SM 115   Foltin *Franz Werfel*
SM 116   Guthke *Das deutsche bürgerliche Trauerspiel*
SM 117   Nägele *J. P. Jacobsen*
SM 118   Schiller *Anthologie auf das Jahr 1782 (Faksimileausgabe)*
SM 119   Hoffmeister *Petrarkistische Lyrik*
SM 120   Soudek *Meister Eckhart*
SM 121   Hocks/Schmidt *Lit. u. polit. Zeitschriften 1789–1805*
SM 122   Vinçon *Theodor Storm*
SM 123   Buntz *Die deutsche Alexanderdichtung des Mittelalters*
SM 124   Saas *Georg Trakl*
SM 126   Klopstock *Oden und Elegien (Faksimileausgabe)*
SM 127   Biesterfeld *Die literarische Utopie*
SM 128   Meid *Barockroman*
SM 129   King *Literarische Zeitschriften 1945–1970*
SM 131   Fischer *Karl Kraus*
SM 133   Koch *Das deutsche Singspiel*
SM 134   Christiansen *Fritz Reuter*
SM 135   Kartschoke *Altdeutsche Bibeldichtung*
SM 136   Koester *Hermann Hesse*
SM 140   Groseclose/Murdoch *Ahd. poetische Denkmäler*
SM 141   Franzen *Martin Heidegger*

SM 142 Ketelsen *Völkisch-nationale und NS-Literatur*
SM 143 Jörgensen *Johann Georg Hamann*
SM 144 Schutte *Lyrik des deutschen Naturalismus (1885–1893)*
SM 145 Hein *Dorfgeschichte*
SM 146 Daus *Zola und der französische Naturalismus*
SM 147 Daus *Das Theater des Absurden*
SM 148 Grimm u. a. *Einführung in die frz. Lit.wissenschaft*
SM 149 Ludwig *Arbeiterliteratur in Deutschland*
SM 150 Stephan *Literarischer Jakobinismus in Deutschland*
SM 151 Haymes *Das mündliche Epos*
SM 152 Widhammer *Literaturtheorie des Realismus*
SM 153 Schneider *A. v. Droste-Hülshoff*
SM 154 Röhrich-Mieder *Sprichwort*
SM 155 Tismar *Kunstmärchen*
SM 156 Steiner *Georg Forster*
SM 157 Aust *Literatur des Realismus*
SM 158 Fähnders *Proletarisch-revolutionäre Literatur*
SM 159 Knapp *Georg Büchner*
SM 160 Wiegmann *Geschichte der Poetik*
SM 161 Brockmeier *François Villon*
SM 162 Wetzel *Romanische Novelle*
SM 163 Pape *Wilhelm Busch*
SM 164 Siegel *Die Reportage*
SM 165 Dinse/Liptzin *Jiddische Literatur*
SM 166 Köpf *Märchendichtung*
SM 167 Ebert *Historische Syntax d. Deutschen*
SM 168 Bernstein *Literatur d. deutschen Frühhumanismus*
SM 169 Leibfried/Werle *Texte z. Theorie d. Fabel*
SM 170 Hoffmeister *Deutsche u. europ. Romantik*
SM 171 Peter *Friedrich Schlegel*
SM 172 Würffel *Das deutsche Hörspiel*
SM 173 Petersen *Max Frisch*
SM 174 Wilke *Zeitschriften des 18. Jahrhunderts I: Grundlegung*
SM 175 Wilke *Zeitschriften des 18. Jahrhunderts II: Repertorium*
SM 176 Hausmann *François Rabelais*
SM 177 Schlütter/Borgmeier/Wittschier *Sonett*
SM 178 Paul *August Strindberg*
SM 179 Neuhaus *Günter Grass*
SM 180 Barnouw *Elias Canetti*
SM 181 Kröll *Gruppe 47*
SM 182 Helferich *G. W. Fr. Hegel*
SM 183 Schwenger *Literaturproduktion*
SM 184 Naumann *Literaturtheorie u. Geschichtsphilosophie, Teil I*
SM 185 Paulin *Ludwig Tieck*
SM 186 Naumann *Adalbert Stifter*
SM 187 Ollig *Der Neukantianismus*
SM 188 Asmuth *Dramenanalyse*
SM 189 Haupt *Heinrich Mann*
SM 190 Zima *Textsoziologie*
SM 191 Nusser *Der Kriminalroman*
SM 192 Weißert *Ballade*
SM 193 Wolf *Martin Luther*
SM 194 Reese *Literarische Rezeption*
SM 195 Schrimpf *Karl Philipp Moritz*

SM 196 Knapp *Friedrich Dürrenmatt*
SM 197 Schulz *Heiner Müller*
SM 198 Pilz *Phraseologie*
SM 199 Siegel *Sowjetische Literaturtheorie*
SM 200 Freund *Die literarische Parodie*
SM 201 Kaempfer *Ernst Jünger*
SM 202 Bayertz *Wissenschaftstheorie u. Paradigma-Begriff*
SM 203 Korte *Georg Heym*
SM 205 Wisniewski *Mittelalterliche Dietrichdichtung*
SM 206 Apel *Literarische Übersetzung*
SM 207 Wehdeking *Alfred Andersch*
SM 208 Fricke *Aphorismus*
SM 209 Alexander *Das deutsche Barockdrama*
SM 210 Krull *Prosa des Expressionismus*
SM 211 Hansen *Thomas Mann*
SM 212 Grimm *Molière*
SM 213 Riley *Clemens Brentano*
SM 214 Selbmann *Der deutsche Bildungsroman*
SM 215 Wackwitz *Friedrich Hölderlin*
SM 216 Marx *Die deutsche Kurzgeschichte*
SM 217 Schutte *Einführung in die Literaturinterpretation*
SM 218 Renner *Peter Handke*
SM 219 Lutzeier *Linguistische Semantik*
SM 220 Gmünder *Kritische Theorie*
SM 221 Kretschmer *Christian Morgenstern*
SM 222 Schmidt *Ernst Bloch*
SM 223 Dietschreit/Dietschreit-Heinze *Hans Magnus Enzensberger*
SM 224 Hilzinger *Christa Wolf*
SM 225 Obenaus *Literarische und politische Zeitschriften 1830–1848*
SM 226 Schulz *Science fiction*
SM 227 Meid *Barocklyrik*
SM 229 Obenaus *Literarische und politische Zeitschriften 1848–1880*
SM 230 Vinçon *Frank Wedekind*
SM 231 Lowsky *Karl May*
SM 232 Barton *Dokumentar-Theater*
SM 233 Winter *Jakob Michael Reinholz Lenz*
SM 234 Hoffmeister *Deutsche und europäische Barocklyrik*
SM 235 Paech *Literatur und Film*
SM 236 Marx *Rainer Maria Rilke*
SM 237 Mayer *Eduard Mörike*
SM 238 Huß-Michel *Literarische und politische Zeitschriften des Exils 1933–1945*
SM 239 Perlmann *Arthur Schnitzler*
SM 240 Wichmann *Heinrich von Kleist*
SM 241 Mahoney *Roman der Goethezeit*
SM 242 Bartsch *Ingeborg Bachmann*
SM 243 Kaiser *E. T. A. Hoffmann*
SM 244 Schweikle *Minnesang*
SM 245 Dietschreit, Frank *Lion Feuchtwanger*
SM 246 Eagleton, Terry *Einführung in die Literaturtheorie*
SM 247 Cowen, Roy C. *Deutsches Drama im 19. Jahrhundert*

J. B. METZLER